Jörg Bialon, Uwe Springer

Fälle zum Eingriffsrecht

Fälle zum Eingriffsrecht

von

Jörg Bialon M.A.

Kriminalhauptkommissar beim Polizeipräsidium Duisburg und
Lehrbeauftragter an der FHöV NRW

Uwe Springer

Polizeidirektor und hauptamtlicher Dozent an der FHöV NRW

2015

C.H.BECK

Zitiervorschlag: Bialon/Springer Fälle EingriffsR

www.beck.de

ISBN 978 3 406 68599 6

Wilhelmstraße 9, 80801 München
Druck: Druckhaus Nomos
In den Lissen 12, 76547 Sinzheim

Satz: Fotosatz Buck,
Zweikirchener Straße 7, 84036 Kumhausen

Umschlagkonzeption: Martina Busch Grafikdesgin, Homburg Saar

Gedruckt auf säurefreiem, alterungsbeständigem Papier
(hergestellt aus chlorfrei gebleichtem Zellstoff)

Vorwort

Immer wieder werden wir Lehrenden von Studentinnen und Studenten gefragt, wo man denn eine Musterlösung für die in den Lehrveranstaltungen genutzten Sachverhalte bekommen kann. Nachdem wir für das Fach Eingriffsrecht ein Lehrbuch geschrieben haben, möchten wir jetzt mit dieser Fallsammlung ein Arbeitsbuch anbieten, mit dem Studierende lernen und üben können, Lösungen im Gutachtenstil zu schreiben. Das ist eine der besten und auch wichtigsten Methoden, um sich auf Klausuren und auch auf Fachgespräche vorzubereiten. Es ist auch die Voraussetzung, um später in der Praxis Anzeigen, Berichte und Äußerungen sachgerecht und professionell abfassen zu können. Das Buch folgt im Aufbau dem Studienverlauf für das Fach Eingriffsrecht an der Fachhochschule für öffentliche Verwaltung NRW. Um eine Verknüpfung zwischen Lehrbuch und den in diesem Buch angebotenen Musterlösungen herzustellen, wurde an vielen Stellen angegeben, unter welchen Randnummern man im Lehrbuch sein Wissen ergänzen und vertiefen kann. Es wird darauf verzichtet, weitere Quellen in Fußnoten anzugeben. Wir möchten dazu auf die Angaben im Lehrbuch verweisen.

Bei den Fällen zum Grundstudium (Fälle 1–13) haben wir uns bemüht, den Gutachtenstil ausführlich und umfangreich zu schreiben. Bei den Fällen für Hauptstudium 1 (Fälle 14–21) und 2 (Fälle 22–25) haben wir bewusst an geeigneter Stelle, wenn ein Prüfschritt rechtlich unproblematisch ist, einen gekürzten Gutachtenstil angewendet. Die Fälle 26–28 beinhalten Maßnahmen aus verschiedenen Modulen und sind umfangreicher als die vorhergehenden Fälle.

Auf Wunsch von Studierenden haben wir das Prüfschema, wie es vom Landesfacharbeitskreis Eingriffsrecht 2008 empfohlen wurde, mit ergänzenden und erklärenden Anmerkungen versehen und in dieses Buch aufgenommen.

Wichtig erscheint uns auch, ein Kapitel zu schreiben, wie man mit diesem Buch möglichst wirksam und auch zeitsparend arbeiten kann.

Einen herzlichen Dank sagen wir Frau Rechtsanwältin Anja Sollmann, die das gesamte Buch Korrektur gelesen und eine Vielzahl von Verbesserungsvorschlägen unterbreitet hat. Wir möchten uns auch bei den Studentinnen und Studenten bedanken, mit denen wir zusammen das komplizierte Gebiet des Eingriffsrechts immer tiefer kennenlernen und von denen wir dafür eine Vielzahl von Anregungen und weiterführende Fragen gestellt bekommen haben.

Für Hinweise und Anregungen zu diesem Buch sind wir aufgeschlossen und bedanken uns schon im Voraus dafür.

Duisburg und Düsseldorf, August 2015 *Jörg Bialon und Uwe Springer*

Inhaltsverzeichnis

Abkürzungsverzeichnis

aA .... anderer Auffassung/andere Ansicht
Abs. .... Absatz
APR .... Allgemeines Persönlichkeitsrecht
Art. .... Artikel
Aufl. .... Auflage
BGB .... Bürgerliches Gesetzbuch
BGHSt .... Amtliche Entscheidungssammlung für Strafsachen des BGH
BPA .... Bundespersonalausweis
bzw. .... beziehungsweise
ca. .... circa
D .... Definition
dh. .... das heißt
EGGVG .... Einführungsgesetz zum Gerichtsverfassungsgesetz
EingriffsR .... Eingriffsrecht
EMS .... Einsatzmehrzweckstock
EUR .... Euro
f./ff. .... folgende/fortfolgende
FamFG .... Gesetz über das Verfahren in Familiensachen und in den Angelegenheiten der freiwilligen Gerichtsbarkeit
FHöV .... Fachhochschule für öffentliche Verwaltung
Fustkw .... Funkstreifenkraftwagen
g .... Gramm
gem. .... gemäß
GewSchG .... Gewaltschutzgesetz
GG .... Grundgesetz
ggf. .... gegebenenfalls
ggü. .... gegenüber
GKG .... Gerichtskostengesetz
GR-Eingriff .... Grundrechtseingriff
GVG .... Gerichtsverfassungsgesetz
hM .... herrschende Meinung
Hyp .... Hypothese
IDF .... Identitätsfeststellung
idR .... in der Regel
iSd .... im Sinne des
iSv .... im Sinne von
iVm .... in Verbindung mit
Kfz .... Kraftfahrzeug
KHK .... Kriminalhauptkommissar
KK .... Kriminalkommissar
KOK .... Kriminaloberkommissar
KPB .... Kreispolizeibehörde
MIK .... Ministerium für Inneres und Kommunales
Min. .... Minute(n)
Nr. .... Nummer

NRW	Nordrhein-Westfalen
ÖPNV	Öffentlicher Personennahverkehr
PHK	Polizeihauptkommissar
PK	Polizeikommissar
Pkw	Personenkraftwagen
POG NRW	Polizeiorganisationsgesetz Nordrhein-Westfalen
PolG NRW	Polizeigesetz des Landes Nordrhein-Westfalen
POK	Polizeioberkommissar
PP	Polizeipräsidium
PVD	Polizeivollzugsdienst
PsychKG	Gesetz über Hilfen und Schutzmaßnahmen bei psychischen Krankheiten
RdErl.	Runderlass
RIS	Recht auf informationelle Selbstbestimmung
Rn.	Randnummer
RSG	Reizstoffsprühgerät
RTW	Rettungswagen
S	Subsumtion
S./s.	siehe
SF	Schlussfolgerung
sog.	sogenannt(e)
StA	Staatsanwaltschaft
StGB	Strafgesetzbuch
StPO	Strafprozessordnung
SV	Sachverhalt
TBM	Tatbestandsmerkmal
TierSchG	Tierschutzgesetz
usw	und so weiter
v.	vom
VA	Verwaltungsakt
VV	Verwaltungsvorschrift
VwGO	Verwaltungsgerichtsordnung
VwVfG NRW	Verwaltungsverfahrensgesetz für das Land Nordrhein-Westfalen
zB	zum Beispiel
ZEVIS	Zentrales Verkehrs-Informationssystem
Ziff.	Ziffer

Zum Gebrauch dieses Buches

Der Aufbau des Buches orientiert sich an der Modulstruktur des Studiengangs für Polizeivollzugsbeamte an der FHöV NRW. Zu Beginn wird das Prüfschema mit entsprechenden Erläuterungen sowohl für Fälle der Gefahrenabwehr als auch für solche zur Strafverfolgung dargestellt. Teilweise finden sich dort auch schon Formulierungsvorschläge. Es schließen sich Fallbearbeitungen für das Grundstudium an (Fälle 1–13). **Bei der ersten und der fünften Falllösung sind am Rand des Buchs die einzelnen Schritte des Gutachtenstils kenntlich gemacht**. Das soll den Studierenden den Einstieg in den Gutachtenstil erleichtern. Auch bei den weiteren Lösungen wird überwiegend der ausführliche Gutachtenstil beibehalten. Bei den Fallbearbeitungen zum Hauptstudium 1 (Fälle 14–21) und 2 (Fälle 22–25) wird häufiger eine verkürzte Form gewählt. Dadurch soll die Fähigkeit erlernt werden, Begründungserfordernisse von unwesentlichen Standardformulierungen zu unterscheiden.

Bei jedem Kapitel ist zu Anfang aufgeführt, welche Themen schwerpunktmäßig behandelt werden. In den Fußnoten wird auf das Lehrbuch ***Bialon/Springer*** **Eingriffsrecht** verwiesen. Damit soll das Auffinden der entsprechenden Prüfschritte und die Nachbereitung von Stoffinhalten im Lehrbuch erleichtert werden. Diese Fallsammlung ersetzt in keinem Fall Lehrbücher! Sie stellt eine Ergänzung dar und soll Anleitung geben, Sachverhalte in Klausuren und Fachgesprächen erfolgreich zu bearbeiten.

Zu Anfang der jeweiligen Fallbearbeitung wird eine Lösungsskizze angeboten. Dort ist auch angegeben, wie lange die schriftliche Ausformulierung der Lösung in etwa dauernd sollte. Der Zeitansatz bezieht sich auf die Anforderungen, die in einer Klausur gestellt werden. Es lohnt sich, bei der Bearbeitung eine Uhr auf den Arbeitsplatz zu stellen und zu versuchen, die angegebenen Zeitansätze einzuhalten. Das wird zu Anfang sicher schwierig sein, wird aber durch fortwährende Übungen immer einfacher. In einer Klausur ist es wichtig, die zur Verfügung stehende Zeit sinnvoll einzuteilen und dann beim Lösen der Aufgaben die jeweiligen Zeitansätze auch einzuhalten! Die Fälle 26–28 sind modulübergreifend und umfangreich. Hier wurde auf Lösungsskizzen verzichtet.

Nach der Lösungsskizze folgt eine ausformulierte Lösung. Dabei wird die Systematik des Prüfschemas strikt eingehalten. Das soll Studierenden helfen, den Prüfaufbau zu verinnerlichen. Prüfschritte, die keine Bedeutung für die Falllösung haben, sind in hellgrau aufgeführt.

Sie werden feststellen, dass in gleichartigen Sachverhalten oder Teilbereichen von Sachverhalten unterschiedliche Formulierungen verwendet wurden. Das wurde bewusst so gemacht, denn in der Rechtswissenschaft gibt es eine Vielzahl von möglichen Argumentationsweisen und Formulierungen, die Sie auf diesem Weg im Rahmen Ihres Studiums kennen lernen sollen.

Folgende Varianten schlagen wir vor, um mit diesem Buch zu arbeiten:

1. Das ganze Buch durcharbeiten

Das ist sicher die anspruchsvollste Art, die Fallsammlung zu nutzen. Wer regelmäßig Sachverhalte schriftlich löst, wird im Laufe der Zeit sicher und präzise juristisch formulieren können. Auf diese Weise lernt man auch, eine Prüfung systematisch und sinnvoll aufzubauen. Es ist der beste Weg, um sich auf Klausuren und Fachgespräche vorzubereiten. Das mag zu Anfang einen vermeintlich kaum zu bewältigenden Arbeitsumfang darstellen. Wenn man sich das Lernen in sinnvolle Abschnitte eingeteilt hat und gleichmäßig arbeitet, wird der Arbeitsaufwand überschaubar.

2. Fälle für die Nachbereitung der Präsenzlehre nutzen

Es bietet sich an, den in den Lehrveranstaltungen vermittelten Stoff anhand des oben erwähnten Lehrbuchs zu vertiefen und anschließend sein Wissen zu überprüfen, indem man einen zum Thema passenden Sachverhalt schriftlich löst.

3. Fälle für die Vorbereitung der Präsenzlehre nutzen

Je weiter jemand im Studium gekommen ist, desto mehr Wert wird auf das eigenständige Selbststudium gelegt. Um ein Thema in der Präsenzlehre besser zu verstehen ist es sinnvoll, sich darauf gründlich vorzubereiten. Auch dazu sind Lehrbücher unabdingbar. Ergänzend kann es – jedenfalls im Hauptstudium – von Vorteil sein, schon einen Sachverhalt zu bearbeiten und zu versuchen, ihn selbstständig zu lösen. Dabei hat die Erfahrung gezeigt, dass es zielführend ist, aufkommende Fragen, die sich mit den Lehrbüchern nicht beantworten lassen, in die Präsenzveranstaltungen mitzubringen und dort gemeinsam nach Antworten zu suchen. Aus der Lernpsychologie ist bekannt, dass unser Gehirn bei Lernprozessen neue Strukturen bildet. Wenn später in den Lehrveranstaltungen das Thema behandelt wird, fällt es leichter, das Gehörte mit dem bereits Gelesenen und Vorbereiteten zu verknüpfen. Der Lernerfolg ist so wesentlich größer, als wenn man sich davon „überraschen" lässt, was die Dozentin/der Dozent „heute so anbietet".

4. Klausurtraining

Es wurde oben schon erwähnt, dass die schriftliche Fallbearbeitung eine der wichtigsten Voraussetzungen ist, um Klausuren zu bestehen. Wenigstens für fünf Sachverhalte sollte man die Lösung schriftlich ausformulieren. Das ist viel Arbeit – aber ohne diesen Aufwand geht es nicht.

5. Die Lösungsskizzen nutzen

Zum Klausurtraining gehört es, dass man den behandelten Stoff wiederholt und vertieft. Dabei bietet sich unter anderem die Möglichkeit an, zu einem Sachverhalt eine Lösungsskizze zu erarbeiten. Bei einer Klausur, die vier Zeitstunden umfasst, sollte man etwa 20–30 Min. für die Skizze ansetzen. Vielen Studierenden erscheint das zu lange. Sie wollen möglichst direkt mit der Reinschrift beginnen und nicht erst eine Lösungsskizze anfertigen. Rechtlich zu beurteilende Sachverhalte sind regelmäßig so komplex, dass man bei der Ausformulierung der Lösung schnell den Überblick verlieren kann. Das führt dann dazu, dass mit „Sternchen" auf Ausführungen verwiesen wird, die erst einige Seiten später geschrieben werden. Noch schlimmer ist es, wenn man den Überblick verliert und ganze Absätze oder sogar ganze geschriebene Seiten durchstreichen muss, weil zu spät auffällt, dass die Ausführungen nicht passen. All das kann vermieden werden, wenn zu Beginn eine Lösungsskizze angefertigt wird. Auch das muss unbedingt trainiert werden! Deshalb lohnt es sich, mit den vorliegenden Sachverhalten Lösungsskizzen zu erstellen und dann mit der im Buch angebotenen Skizze zu vergleichen. Das hat auch den Vorteil, dass die so zu leistende Arbeit überschaubar ist. Außerdem lassen sich Unsicherheiten in einem Thema erkennen, sodass mit Lehrbüchern und Mitschriften der jeweiligen Stoff noch einmal wiederholt und vertieft werden kann.

6. Bestimmte Prüfschritte üben

Es zeigt sich, dass bestimmte Prüfschritte den meisten Studierenden größere Schwierigkeiten bereiten. Zu Beginn des Studiums gehört dazu die Formulierung im Gutachtenstil. Um die zu leistende Arbeit zeitlich zu begrenzen bietet es sich an, einzelne Prüfschritte herauszugreifen, gutachterlich zu bearbeiten und das Ergebnis mit der im Buch angebotenen Lösung zu vergleichen. Gerade die Fälle 1 und 5 sind genau dazu gedacht, weil dort am Rand der jeweilige Schritt der gutachterlichen Lösung kenntlich gemacht ist.

Zu Beginn des Studiums fällt es vielen schwer, die sachlichen Zuständigkeiten zu prüfen. Statt nun eine komplette Lösung für einen Fall zu schreiben – was zu Anfang sicher mehrere Stunden dauern dürfte – erscheint es sinnvoll, sich bei einem Fall nur mit der sachlichen Zuständigkeit zu beschäftigen. Auch hier sollte eine eigene Formulierung aufgeschrieben und dann mit der Lösung im Buch verglichen werden.

In gleicher Weise kann man auch mit anderen Prüfschritten, zum Beispiel dem Tatbestand der Ermächtigungsgrundlage oder der Verhältnismäßigkeit im weiteren Sinn, vorgehen. Der Vorteil dabei ist, dass sich der zeitliche Aufwand in Grenzen hält. Das ist vor allem für Menschen wichtig, die Arbeit gerne auf einen späteren Zeitpunkt verschieben.

7. Schreiben, schreiben, schreiben

Vorsicht, Falle! Wenn man zu einem bestimmten Thema eine Vorlesung gehört bzw. eine Lehrveranstaltung besucht hat und dann auch noch selbstständig in einem Lehrbuch und mit seinen Mitschriften das Gehörte vertieft und gefestigt hat, kommt man leicht zu dem Ergebnis, für eine Klausur gut vorbereitet zu sein. Es stimmt, dass damit eine Grundlage gelegt ist. Es zeigt sich jedoch durchgehend, dass zwischen dem Verstehen eines juristischen Bereichs und dem selbstständigen schriftlichen Formulieren einer Lösung ein großer Unterschied besteht. Daher ist es unbedingt nötig, regelmäßig und am besten ab der zweiten oder dritten Studienwoche im ersten Semester mit dem schriftlichen Ausformulieren von Lösungen zu beginnen.

8. Gemeinsam sind wir stark – in einer Lerngruppe arbeiten

Es hat sich bewährt, mit anderen Studierenden eine Lerngruppe zu bilden. Die Gruppe sollte 3–5 Mitglieder umfassen und sich einmal in der Woche treffen und gemeinsam lernen. Dabei bietet sich als Übung an, eine schriftlich ausformulierte Lösung an ein Mitglied der Lerngruppe weiterzugeben und von diesem korrigieren zu lassen. Ebenso können alle Mitglieder der Lerngruppe einen vorher ausgesuchten Fall selbstständig lösen und dann die Lösungen diskutieren und mit der angebotenen Lösung im Buch vergleichen.

9. Bleiben Sie dran – Sie schaffen es!

Es stimmt: es ist noch kein Meister vom Himmel gefallen. Gerade zu Anfang ist das Arbeiten in den juristischen Fächern anstrengend, verwirrend und aufwändig. Die Erfahrung zeigt, dass derjenige, der regelmäßig und beharrlich dran bleibt und sich nicht unterkriegen lässt, irgendwann durchblickt und die juristische Fallbearbeitung beherrscht. Daher soll ein mongolisches Sprichwort den Schluss dieses Kapitels bilden:

„Sage von einem Pass nie, er sei unüberwindlich! Wenn du nur hinaufsteigst und keine Anstrengung scheust, wirst du ihn überschreiten. Und sage auch nicht, es sei zu weit und ihr könntet es nicht schaffen! Wer geht, kommt schließlich auch an.“

Prüfschema Eingriffsrecht mit erklärenden Anmerkungen

Gefahrenabwehr	Strafverfolgung
I. Ermächtigungsgrundlage **1. Grundrechtseingriff** **Hypothese aufstellen** (zB: Mit der Gewahrsamnahme könnte in die Bewegungsfreiheit eingegriffen werden.) **Definition des Schutzbereichs** des Grundrechts **Subsumtion des Sachverhalts** (welches Verhalten erlaubt das Grundrecht grundsätzlich der betroffenen Person?) **Definition des Eingriffs** **Subsumtion des Sachverhalts** (wird durch das polizeiliche Einschreiten in den Schutzbereich des Grundrechts eingegriffen?) **Ergebnis** (Grundrechtseingriff liegt vor oder auch nicht) **2. Zielrichtung der Maßnahme:** präventiv	**I. Ermächtigungsgrundlage** **1. Grundrechtseingriff** **Hypothese aufstellen** (zB: Mit der Festnahme könnte in die Bewegungsfreiheit eingegriffen werden.) **Definition des Schutzbereichs** des Grundrechts **Subsumtion des Sachverhalts** (welches Verhalten erlaubt das Grundrecht grundsätzlich der betroffenen Person?) **Definition des Eingriffs** **Subsumtion des Sachverhalts** (wird durch das polizeiliche Einschreiten in den Schutzbereich des Grundrechts eingegriffen?) **Ergebnis** (Grundrechtseingriff liegt vor oder auch nicht) **2. Zielrichtung der Maßnahme:** repressiv
II. Formelle Rechtmäßigkeit **1. Zuständigkeit** **a) sachliche Zuständigkeit** **Hypothese:** Die sachliche Zuständigkeit könnte sich aus *§ 1 I 1 und 3 PolG NRW iVm § 11 I Nr. 1 POG NRW* ergeben **Gefahr definieren** **Öffentliche Sicherheit definieren** (Rechtsgüter des Einzelnen, zB Leben, Gesundheit, Freiheit, Eigentum; die gesamte materielle Rechtsordnung; der Staat und seine Einrichtungen und staatliche Veranstaltungen) **Sachverhalt subsumieren** **Schlussfolgerung** Bei **Selbstgefährdungen** prüfen, ob öffentliches Interesse an der Gefahrenabwehr besteht. Prüfen, ob die **eigentlich zuständige Behörde nicht oder nicht rechtzeitig einschreiten kann.**	**II. Formelle Rechtmäßigkeit** **1. Zuständigkeit** **a) sachliche Zuständigkeit** **Hypothese:** Die sachliche Zuständigkeit könnte sich aus (§ 1 IV PolG NRW iVm) § 163 I 1 StPO iVm § 11 I Nr. 2 POG NRW ergeben. Wird § 1 IV PolG NRW mit geprüft, so erfolgt hier die Feststellung, dass eine der zugewiesenen Aufgaben auf einem anderen Rechtsgebiet die Strafverfolgung ist. **Anfangsverdacht einer Straftat definieren** (§ 152 II StPO) **Sachverhalt subsumieren** = welche Straftat liegt hier vor? **Legalitätsprinzip** = die Polizei muss einschreiten Sachlich zuständig ist nach § 11 I Nr. 2 POG NRW die KPB.

Gefahrenabwehr	Strafverfolgung
Feststellen, dass die Polizei subsidiär zuständig ist. Sachlich zuständig ist nach § 11 I Nr. 1 POG NRW die KPB. **Feststellen, dass die einschreitenden Polizeibeamten der sachlich zuständigen KPB angehören.** **Hypothese:** Die sachliche Zuständigkeit könnte sich aus *§ 1 I 1 und 2 PolG NRW iVm § 11 I Nr. 1 POG NRW* ergeben **Gefahr definieren** **Öffentliche Sicherheit definieren** **Sachverhalt subsumieren** **Schlussfolgerung** **Prüfen, ob das Einschreiten der Polizei darauf abzielt, Straftaten zu verhüten.** **Feststellen, dass die Polizei originär zuständig ist.** Sachlich zuständig ist nach § 11 I Nr. 1 POG NRW die KPB. **Feststellen, dass die einschreitenden Polizeibeamten der sachlich zuständigen KPB angehören.** **Hypothese:** Die sachliche Zuständigkeit könnte sich aus *§ 1 I 1 und II PolG NRW iVm § 11 I Nr. 1 POG NRW* ergeben **Gefahr definieren** **Öffentliche Sicherheit definieren** (hier Gefahr für ein Individualrechtsgut und die materielle Rechtsordnung/Anspruch aus dem BGB) **Sachverhalt subsumieren** **Schlussfolgerung** **Prüfen, ob der zivilrechtliche Anspruch ausreichend glaubhaft gemacht werden kann.** **Prüfen, ob gerichtlicher Schutz nicht rechtzeitig zu erlangen ist.** **Prüfen, ob ohne polizeiliche Hilfe die Verwirklichung des Rechts vereitelt oder wesentlich erschwert würde.**	**Feststellen, dass die einschreitenden Polizeibeamten der sachlich zuständigen KPB angehören.**

Gefahrenabwehr	Strafverfolgung
Feststellen, dass die Polizei subsidiär zuständig ist. Sachlich zuständig ist nach § 11 I Nr. 1 POG NRW die KPB. **Feststellen, dass die einschreitenden Polizeibeamten der sachlich zuständigen KPB angehören.**	
b) Örtliche Zuständigkeit Die örtliche Zuständigkeit ergibt sich aus § 7 I POG NRW (regelmäßig erübrigt sich hier eine Begründung).	**b) Örtliche Zuständigkeit** Die örtliche Zuständigkeit ergibt sich aus § 7 I POG NRW (regelmäßig erübrigt sich hier eine Begründung).
2. Allgemeine Verfahrensvorschriften Hier ist zuerst zu klären, ob ein **Verwaltungsakt** nach § 35 VwVfG NRW erlassen wurde oder ob es sich bei der Maßnahme um einen **Realakt** handelt. Bei einem VA sind folgende Verfahrensvorschriften zu prüfen: § 28 VwVfG NRW: Anhörung des Betroffenen, Abs. 1 bzw. Verzicht auf die Anhörung, Abs. 2. § 41 I VwVfG NRW: Bekanntgabe des VA § 43 I VwVfG NRW: Wirksamkeit des VA	**2. Allgemeine Verfahrensvorschriften** Bestehen für StPO-Maßnahmen nicht.
3. Formvorschrift § 37 II VwVfG NRW: Formfreiheit (mündlich, schriftlich, elektronisch, in anderer Form = Zeichen und Weisungen) Wenn sich aus dem Sachverhalt keine Angaben entnehmen lassen, kann die Beachtung der §§ 28, 37, 41, 43 VwVfG NRW unterstellt werden.	**3. Formvorschrift** Grundsätzlich gilt die Pflicht zur Dokumentation, s. § 168b StPO; mündliche Anordnungen sind zulässig.
III. Materielle Rechtmäßigkeit **1. Tatbestand der Ermächtigungsgrundlage** **Hypothese** (die Ermächtigung könnte sich ergeben aus …) **Erstes Tatbestandsmerkmal** (nennen, definieren, subsumieren, schlussfolgern)	**III. Materielle Rechtmäßigkeit** **1. Tatbestand der Ermächtigungsgrundlage** **Hypothese** (die Ermächtigung könnte sich ergeben aus …) **Erstes Tatbestandsmerkmal** (nennen, definieren, subsumieren, schlussfolgern)

Gefahrenabwehr	Strafverfolgung
Zweites Tatbestandsmerkmal (s. oben) usw. **2. Soweit vorhanden** (außer bei Generalklausel, § 8 I PolG NRW, und vorübergehender Platzverweis, § 34 I PolG NRW, eigentlich immer): **a) Besondere Verfahrensvorschriften** (zB Vorführung vor den Richter, Hinzuziehen von Zeugen, Belehrungen usw.) **b) Anordnungsbefugnis** (nur, wenn die Anordnung besonders geregelt ist: Richter oder Behördenleiter, bei Gefahr im Verzug auch die in der Norm genannten Personen)	**Zweites Tatbestandsmerkmal** (s. oben) usw. **2. Soweit vorhanden** (außer bei der Generalklausel, § 163 I 2 StPO, eigentlich immer): **a) Besondere Verfahrensvorschriften** (zB Vorführung vor den Richter, Hinzuziehen von Zeugen, Belehrungen usw.) **b) Anordnungsbefugnis** (nur, wenn die Anordnung besonders geregelt ist: Richter oder Behördenleiter, Gefahr im Verzug auch StA und die Ermittlungspersonen der StA)
3. Adressat Häufig ergibt sich die Richtung der Maßnahme (= der Adressat) aus der Ermächtigungsgrundlage, zB § 35 PolG NRW: der Adressat ist jeweils in der Ermächtigung näher beschrieben. Falls sich der Adressat nicht aus der Ermächtigungsgrundlage ergibt, sind die §§ 4–6 PolG NRW anzuwenden: § 4 PolG NRW – Verhaltensverantwortlicher § 5 PolG NRW – Zustandsverantwortlicher § 6 PolG NRW – Nichtstörer	**3. Adressat** Der Adressat ergibt sich immer aus der Ermächtigungsgrundlage (Tatverdächtiger, Beschuldigter, andere Personen = Zeuge/Geschädigter/Sachverständiger)
4. Rechtsfolge **a) Die getroffene Maßnahme entspricht der zugelassenen Rechtsfolge** (Definition der zugelassenen Rechtsfolge, Subsumtion der im Sachverhalt getroffenen Maßnahme, Schlussfolgerung, ob die getroffene Maßnahme zur zugelassenen Rechtsfolge passt)	**4. Rechtsfolge** **a) Die getroffene Maßnahme entspricht der zugelassenen Rechtsfolge** (Definition der zugelassenen Rechtsfolge, Subsumtion der im Sachverhalt getroffenen Maßnahme, Schlussfolgerung, ob die getroffene Maßnahme zur zugelassenen Rechtsfolge passt)

Gefahrenabwehr	Strafverfolgung
b) hinreichende (= ausreichende) **Bestimmtheit** des VA, s. § 37 I VwVfG NRW (nur prüfen, wenn sich aus dem Sachverhalt Zweifel daran ergeben, dass der ausgesprochene VA der Norm entspricht, zB beim Platzverweis)	**b)** entfällt bei StPO-Maßnahmen
c) Ermessen **Entschließungsermessen** („Ob" die Polizei tätig wird oder nicht)	**c) Ermessen** **Entschließungsermessen** („Ob" die Polizei tätig wird oder nicht – in der StPO gilt für die Polizei das Legalitätsprinzip, § 163 I 1 StPO = die Polizei muss tätig werden = es gibt kein Entschließungsermessen)
Auswahlermessen („Wie" die Polizei tätig wird) Regelmäßig reicht der Satz: Ermessensfehler sind aus dem Sachverhalt nicht zu erkennen.	**Auswahlermessen** („Wie" die Polizei tätig wird) Regelmäßig reicht der Satz: Ermessensfehler sind aus dem Sachverhalt nicht zu erkennen.
d) Verhältnismäßigkeit im weiteren Sinn/Übermaßverbot **Geeignetheit** (die getroffene Maßnahme fördert das Erreichen des polizeilichen Ziels = eine dauerhafte und wirksame Gefahrenabwehr wird damit gefördert)	**d) Verhältnismäßigkeit im weiteren Sinn/Übermaßverbot** **Geeignetheit** (die getroffene Maßnahme fördert das Erreichen des polizeilichen Ziels = die Maßnahme trägt dazu bei, die Wahrheit zu ermitteln)
Erforderlichkeit (Legaldefinition aus § 2 I PolG NRW = Gibt es keine Maßnahme, die weniger in die Grundrechte des Betroffenen und der Allgemeinheit eingreift?)	**Erforderlichkeit** (Legaldefinition aus § 2 I PolG NRW analog = Gibt es keine Maßnahme, die weniger in die Grundrechte des Betroffenen und der Allgemeinheit eingreift?)
Verhältnismäßigkeit im engeren Sinn/Angemessenheit (Legaldefinition aus § 2 II PolG NRW) = auf der einen Seite zeitliche Dauer und Schwere des Grundrechtseingriffs durch die getroffene Maßnahme; auf der anderen Seite Bedeutung der zu schützenden Rechtsgüter und mögliche Folgen, wenn die Polizei nicht einschreitet; eine Abwägung ergibt, dass ein deutliches Missverhältnis (nicht) zu erkennen ist	**Verhältnismäßigkeit im engeren Sinn/Angemessenheit** (Legaldefinition aus § 2 II PolG NRW analog) = auf der einen Seite zeitliche Dauer und Schwere des Grundrechtseingriffs durch die getroffene Maßnahme; auf der anderen Seite im Gesetz angedrohtes Strafmaß für die möglicherweise begangene Straftat und eingetretenen Folgen der Straftat; eine Abwägung ergibt, dass ein deutliches Missverhältnis (nicht) zu erkennen ist

Gefahrenabwehr	Strafverfolgung
IV. Ergebnis Die Maßnahme ist **rechtmäßig/** Die Maßnahme ist **unrechtmäßig** = rechtswidrig (für diesen Fall gilt, dass die Prüfung an der Stelle abzubrechen ist, an der sich ergibt, dass die Maßnahme rechtswidrig ist)	**IV. Ergebnis** Die Maßnahme ist **rechtmäßig/** Die Maßnahme ist **unrechtmäßig** = rechtswidrig (für diesen Fall gilt, dass die Prüfung an der Stelle abzubrechen ist, an der sich ergibt, dass die Maßnahme rechtswidrig ist)

Fall 1: Baby fuhr nackt auf dem Fahrrad mit

Schwerpunkte: Subsidiäre Zuständigkeit der Polizei zur Gefahrenabwehr, Anhalten und Befragen einer Person, Generalklausel in der Gefahrenabwehr

Sachverhalt

Weil ihre eineinhalbjährige Tochter nichts anziehen wollte, ist eine Mutter mit der splitternackten Kleinen auf dem Fahrrad durch Düsseldorf gefahren. Bei 11 Grad Celsius Außentemperatur und kaltem Herbstwind erklärte die Juristin der Polizei, es sei ein Eingriff in die „Persönlichkeitsrechte des Kleinkindes", wenn das Mädchen gegen seinen eigenen Willen Kleidung tragen sollte. Als die Beamten die 32-jährige Mutter stoppten, saß das frierende Kind mit bläulich gefärbten Lippen in dem am Gepäckträger befestigten Sitz. Sie als Mutter habe den Kindeswunsch zu akzeptieren, erklärte die als Rechtsanwältin arbeitende Frau weiter. Außerdem sei dem Kind gar nicht zu kalt, es sitze ja in ihrem Windschatten.

Erst nachdem die Beamten die 32-Jährige aufgefordert hatten, dem Mädchen unverzüglich etwas anzuziehen, legte die Mutter dem Kind eine Jacke über. Danach konnten beide die Fahrt fortsetzen.

Aufgabe: Prüfen Sie in einem Gutachten die Rechtmäßigkeit des polizeilichen Einschreitens.

Lösungsskizze

Aufzählung der getroffenen Maßnahmen:[1]
- Anhalten der Radfahrerin
- Befragen der Frau
- Aufforderung, dem Kind etwas anzuziehen

A. Anhalten und Befragen der Radfahrerin[2]

Bearbeitungszeit: ca. 45 Min.

I. Ermächtigungsgrundlage

1. Grundrechtseingriffe
- Art. 2 II 2 GG, Bewegungsfreiheit (+)
- Art. 2 I iVm Art. 1 I GG, Recht auf informationelle Selbstbestimmung (RIS) (+)

2. Zielrichtung der Maßnahme
Präventiv, Gefahr für die öffentliche Sicherheit (+)

II. Formelle Rechtmäßigkeit

1. Zuständigkeit

a) sachliche Zuständigkeit
- § 1 I 1 und 3 PolG NRW iVm § 11 I Nr. 1 POG NRW (+)
- für die Gesundheit des Kindes (+)
- Eilzuständigkeit statt Jugendamt, subsidiäre Zuständigkeit (+)

b) örtliche Zuständigkeit
§ 7 I POG NRW

2. Allgemeine Verfahrensvorschriften
§§ 28, 37 I, 41, 43 VwVfG NRW als beachtet unterstellt (+)

3. Formvorschrift
§ 37 II VwVfG NRW als beachtet unterstellt (+)

III. Materielle Rechtmäßigkeit

1. Tatbestand der Ermächtigungsgrundlage
§ 9 I PolG NRW
- Tatsachen rechtfertigen die Annahme (+)
- befragte Person kann sachdienliche Angaben machen (+)
- Erfüllung einer bestimmten polizeilichen Aufgabe (+)
- Erforderlichkeit der Befragung (+)

2. a) Besondere Verfahrensvorschriften
§ 9 III–VI PolG NRW (+)

b) Anordnungsbefugnis
Durch jeden Polizeibeamten (+)

3. Adressat
Aus der Ermächtigung und § 9 III PolG NRW, die Radfahrerin (+)

4. Rechtsfolge

a) Zugelassene Rechtsfolge
- Anhalten der Person, § 9 I 2 PolG NRW (+)
- Befragen der Person, § 9 I 1 PolG NRW (+)

---

[1] **Hinweis:** Wenn die Aufgabenstellung die zu prüfenden Maßnahmen nicht aufzählt, dann ist es sinnvoll, sich zu Anfang der Lösungsskizze einen Überblick zu verschaffen, was alles zu prüfen ist.

[2] **Hinweis:** Die beiden Maßnahmen, Anhalten und Befragen, gehören zur Rechtsfolge des § 9 I PolG NRW. Daher ist es sinnvoll, diese Handlungen zusammen zu prüfen.

b) Hinreichende Bestimmtheit
Hier nicht zu prüfen

c) Ermessen
- Entschließungsermessen – akute Gefahr für die Gesundheit des Babys = Ermessensreduzierung auf Null
- Auswahlermessen (+)

d) Verhältnismäßigkeit im weiteren Sinn
Anhalten und Befragen
- geeignet, s. oben (+)
- erforderlich, s. oben (+)
- angemessen (+)

IV. Ergebnis
Anhalten und Befragen (+)

B. Aufforderung, dem Kind etwas anzuziehen

Bearbeitungszeit: ca. 30 Min.

I. Ermächtigungsgrundlage

1. Grundrechtseingriffe
Art. 2 I GG: Allgemeine Handlungsfreiheit (+)

2. Zielrichtung der Maßnahme
s. oben

II. Formelle Rechtmäßigkeit
s. oben

III. Materielle Rechtmäßigkeit

1. Tatbestand der Ermächtigungsgrundlage
§ 8 I PolG NRW
- Konkrete Gefahr (+)
- Keine spezielle Regelung in den §§ 9–46 PolG NRW (+)

2. a) Besondere Verfahrensvorschriften
keine

b) Anordnungsbefugnis
Durch jeden Polizeibeamten (+)

3. Adressat
§ 4 I PolG NRW (+)

4. Rechtsfolge

a) Zugelassene Rechtsfolge
- Erforderliche Maßnahmen
- Aufforderung ist
  - geeignet (+)
  - erforderlich (+)

b) Hinreichende Bestimmtheit
Hier nicht zu prüfen

c) Ermessen
s. oben

d) Verhältnismäßigkeit im weiteren Sinn
Aufforderung, das Kind anzuziehen geeignet und erforderlich s. oben, angemessen (+)

IV. Ergebnis
Aufforderung, das Kind anzuziehen (+)

Lösungsvorschlag

A. Anhalten und Befragen der Radfahrerin

I. Ermächtigungsgrundlage

1. Grundrechtseingriffe[3]

Die Radfahrerin wird von der Polizei angehalten.

Hyp:[4] Damit könnte ein Eingriff in die Bewegungsfreiheit, Art. 2 II 2 GG, erfolgt sein.

D: Die Bewegungsfreiheit schützt das Recht jedes Menschen, jeden tatsächlich und rechtlich zugänglichen Ort aufzusuchen, dort zu verweilen und den Ort auch wieder zu verlassen.

S: Somit dürfte die Frau weiterfahren, ohne sich von jemandem aufhalten lassen zu müssen.

D: Ein Grundrechtseingriff ist gegeben, wenn eine staatliche Maßnahme nicht nur ganz unerheblich den Schutzbereich eines Grundrechts beeinträchtigt.

S: Durch den Anhaltevorgang der Polizei muss die Frau vor Ort bleiben, bis die polizeiliche Maßnahme beendet ist.

SF: Es liegt ein Eingriff in die Bewegungsfreiheit vor.

Hyp: Der Eingriff könnte in Form einer Freiheitsbeschränkung erfolgt sein.

D: Eine Freiheitsbeschränkung ist gegeben, wenn eine Person für kurze Zeit angehalten oder festgehalten wird, um eine andere Maßnahme durchzuführen.

S: Das Anhalten dient dazu, die Frau zu befragen, warum das Baby nackt auf dem Fahrrad mitfährt. Anschließend kann die Frau weiterfahren.

SF: Somit liegt eine Freiheitsbeschränkung vor.

Die Frau wird gefragt, warum das Kind nackt auf dem Fahrrad mitfährt.

Hyp: Damit könnte ein Eingriff in das Recht auf informationelle Selbstbestimmung (RIS), Art. 2 I iVm Art. 1 I GG, vorliegen.

D: Das RIS erlaubt jedermann selber darüber zu bestimmen, welche personenbezogenen Daten preisgegeben werden und wie mit diesen Daten weiter umgegangen werden darf.

S: Daher darf die Frau selber entscheiden, was sie über ihr Verhalten und das ihres Kindes offenlegt und was nicht.

D: Ein Grundrechtseingriff ist gegeben, wenn eine staatliche Maßnahme nicht nur ganz unerheblich den Schutzbereich eines Grundrechts beeinträchtigt.

S: Die Polizei fordert die Frau auf, ihr Verhalten zu erklären. Sie soll also personenbezogene Daten von sich preisgeben.

SF: Damit liegt ein Eingriff in das RIS vor.

---

[3] *Bialon/Springer* EingriffsR Rn. 259 f.

[4] Hyp = Hypothese, D = Definition, S = Subsumtion, SF = Schlussfolgerung, TBM = Tatbestandsmerkmal.

2. Zielrichtung der Maßnahme

Hyp: Die Maßnahme könnte der Gefahrenabwehr dienen.

TBM: Dann müsste eine Gefahr für die öffentliche Sicherheit oder Ordnung vorliegen.

D: Gefahr bedeutet ein Verhalten oder einen Zustand, bei dem bei ungehindertem Geschehensablauf in absehbarer Zeit mit hinreichender Wahrscheinlichkeit mit einem Schadenseintritt für ein Rechtsgut der öffentlichen Sicherheit oder Ordnung zu rechnen ist.

D: Zur öffentlichen Sicherheit gehört unter anderem das Individualrechtsgut Gesundheit.[5/6]

S: Das Baby ist nackt und friert, die Außentemperatur beträgt 11 Grad Celsius und es weht ein kalter Herbstwind. Wenn dem Kind nichts angezogen wird, dann wird es stark unterkühlen und es ist mit gesundheitlichen Schäden zu rechnen.

SF: Somit liegt eine Gefahr für die Gesundheit des Kindes vor.

Hyp: Die Abwehr der Gefahr für die Gesundheit des Kindes müsste im öffentlichen Interesse stehen.

D: Öffentliches Interesse an der Gefahrenabwehr besteht unter anderem dann, wenn die betroffene Person nicht in der Lage ist, sich selbst zu helfen.

S und **SF:** Da ein eineinhalbjähriges Kind noch nicht für sich selber sorgen kann, liegt die Abwehr der Gefahr im öffentlichen Interesse.

II. Formelle Rechtmäßigkeit

1. Zuständigkeit

a) sachliche Zuständigkeit[7]

Hyp: Die sachliche Zuständigkeit könnte sich aus § 1 I 1 und 3 PolG NRW iVm § 11 I Nr. 1 POG NRW ergeben.

TBM: Dann müsste eine Gefahr für die öffentliche Sicherheit vorliegen, § 1 I 1 PolG NRW.

S und **SF:** Dass eine Gefahr für die öffentliche Sicherheit iSd § 1 I 1 PolG NRW vorliegt, wurde bereits oben begründet.

Hyp: Die eigentlich zuständige Behörde dürfte nicht oder nicht rechtzeitig eingreifen können, § 1 I 3 PolG NRW.

S: Die Abwehr der Gefahr fällt in die Zuständigkeit des Jugendamtes. Da kein Mitarbeiter dieser Behörde vor Ort ist, würde es zu lange dauern, das Jugendamt zu verständigen, damit es tätig werden kann. In der Zwischenzeit ist mit einer zu starken Unterkühlung des Kindes zu rechnen. Es muss sofort gehandelt werden.

---

5 **Hinweis:** Statt alle Bereiche der öffentlichen Sicherheit (Individualrechtsgüter, Integrität der Rechtsordnung, Schutz des Staates und seiner Einrichtungen) aufzuführen, ist es zulässig, nur diese zu nennen, die für den Sachverhalt infrage kommen.

6 *Bialon/Springer* EingriffsR Rn. 35 ff.

7 *Bialon/Springer* EingriffsR Rn. 54 f.

SF: Für diesen Eilfall ist die Polizei nach § 1 I 3 PolG NRW subsidiär zuständig.[8]

TBM: Gemäß § 11 I Nr. 1 POG NRW sind die KPB für die Gefahrenabwehr zuständig.

S und SF: Es wird unterstellt, dass die einschreitenden Beamten der sachlich zuständigen KPB angehören.

b) örtliche Zuständigkeit[9]

Die örtliche Zuständigkeit ergibt sich aus § 7 I POG NRW.

2. Allgemeine Verfahrensvorschriften[10]

Hyp: Die Aufforderung anzuhalten könnte ein Verwaltungsakt iSd § 35 VwVfG NRW sein.

D: Ein Verwaltungsakt liegt unter anderem vor, wenn die Polizei eine Verfügung erteilt, die auf ein Handeln, Dulden oder Unterlassen gerichtet ist.

S: Die Polizei erteilt hier die Verfügung, dass die Frau anhalten soll.

SF: Somit liegt ein Verwaltungsakt iSd § 35 VwVfG NRW vor.

TBM: Wird ein Verwaltungsakt erteilt, sind die §§ 28, 37 I, 41, 43 VwVfG NRW zu beachten.

S und SF: Da der Sachverhalt keine näheren Angaben dazu macht, wird die Beachtung unterstellt.

3. Formvorschrift

TBM: Die Form des Verwaltungsaktes ergibt sich aus § 37 II VwVfG NRW. Unter anderem kann der Verwaltungsakt mündlich erlassen werden.

S: Die Anhalteverfügung wird mündlich erteilt.

SF: § 37 II VwVfG NRW wird beachtet.

III. Materielle Rechtmäßigkeit

1. Tatbestand der Ermächtigungsgrundlage[11]

Hyp: Als Ermächtigungsgrundlage könnte § 9 I PolG NRW infrage kommen.

TBM: Dann müssten Tatsachen gegeben sein, dass die Radfahrerin sachdienliche Angaben machen kann.[12]

---

[8] **Hinweis:** Hier besteht für die Polizei eine Benachrichtigungspflicht an das Jugendamt, § 1 I 4 PolG NRW. Das Verhalten der Frau entspricht nicht dem, was man von ihr als Mutter erwarten kann. Vom Jugendamt ist nachträglich zu prüfen, ob erziehungsunterstützende oder -regulierende Maßnahmen erforderlich sind.

[9] **Hinweis:** Da rechtliche Probleme bei der örtlichen Zuständigkeit fast nie eine Rolle spielen, s. dazu § 44 III Nr. 1 VwVfG NRW, kann die örtliche Zuständigkeit in einem Satz festgestellt werden. Eine gutachterliche Prüfung kann hier entfallen.

[10] *Bialon/Springer* EingriffsR Rn. 113 ff.

[11] *Bialon/Springer* EingriffsR Rn. 263 ff.

[12] **Hinweis:** Hier werden die ersten beiden Tatbestandsmerkmale zusammen geprüft, weil es unzweckmäßig wäre, sie getrennt voneinander zu untersuchen.

S: Es spricht viel dafür, dass die Radfahrerin die Mutter oder eine enge Bezugsperson des Babys ist und Auskunft geben kann, warum das Kind nackt ist. Die Fragen an die Frau dienen der in der sachlichen Zuständigkeit begründeten Gefahrenabwehr und damit einer bestimmten polizeilichen Aufgabe.

Hyp: Fraglich ist, ob die Befragung erforderlich ist.

TBM: Dazu müsste die Maßnahme zuerst geeignet sein.

D: Geeignet ist eine Maßnahme, wenn sie das Erreichen des polizeilichen Ziels zumindest fördert.

S: Mit den Informationen durch die Radfahrerin kann die Polizei entscheiden, ob ein Einschreiten überhaupt nötig ist.

SF: Damit ist die Befragung zur Gefahrenabwehr geeignet.

D: Die Definition der Erforderlichkeit ergibt sich aus §2 I PolG NRW.

S: Ein milderes Mittel als die Fragen an die Frau ist nicht zu erkennen.

SF: Somit ist die Befragung erforderlich.

2. a) Besondere Verfahrensvorschriften[13]

TBM: Bei der Befragung sind §9 III–VI PolG NRW zu beachten.

S und **SF:** Da der Sachverhalt hierzu nichts Näheres aussagt, wird die Beachtung unterstellt.

b) Anordnungsbefugnis

TBM, S und **SF:** Die Maßnahme kann durch jeden Polizeibeamten angeordnet werden.

3. Adressat[14]

Hyp: Der Adressat der Befragung könnte sich aus §§4 IV, 9 I PolG NRW ergeben.

D: Nach §9 I PolG NRW richtet sich die Befragung an die Person, die sachdienliche Angaben machen kann. Damit wird der Adressat in der Ermächtigung konkretisiert und nach §4 IV PolG NRW sind §4 I–III PolG NRW nicht anzuwenden.

S: Die Person, die sachdienliche Angaben machen kann, ist die Radfahrerin. Sie soll Auskunft über ihr Verhalten und das ihres Kindes geben.

SF: Somit ist die Frau die richtige Adressatin der Maßnahme.

4. Rechtsfolge

a) Zugelassene Rechtsfolge[15]

TBM: Für die Zeit der Befragung darf die betroffene Person angehalten werden, §9 I 2 PolG NRW. Weiter lässt §9 I 1 PolG NRW als Rechtsfolge zu, dass die Polizei der betroffenen Person Fragen stellen darf.

---

[13] *Bialon/Springer* EingriffsR Rn. 267 ff.
[14] *Bialon/Springer* EingriffsR Rn. 151.
[15] *Bialon/Springer* EingriffsR Rn. 278 ff.

S: Genau das passiert im Sachverhalt.

SF: Damit entsprechen die getroffenen Maßnahmen der zugelassenen Rechtsfolge.

b) Hinreichende Bestimmtheit

Hier nicht zu prüfen.

c) Ermessen[16]

TBM, S und **SF:** Da eines der höchsten Rechtsgüter, die Gesundheit des Babys, gefährdet ist, reduziert sich das Entschließungsermessen auf null.

TBM, S und **SF:** Fehler beim Auswahlermessen sind aus dem Sachverhalt nicht ersichtlich.

d) Verhältnismäßigkeit im weiteren Sinn[17]

TBM, S und **SF:** Wie oben geprüft, sind das Anhalten und das Befragen geeignet und erforderlich.

Hyp: Die Maßnahme müsste verhältnismäßig im engeren Sinn sein.

D: Die Definition ergibt sich aus § 2 II PolG NRW.

S: Die Frau wird nur für kurze Zeit aufgehalten. Die von ihr erfragten personenbezogenen Daten sind privater Natur. Allerdings handelt es sich nicht um höchstpersönliche Informationen. Insgesamt dürfte es sich um geringe Grundrechtseingriffe handeln. Die Maßnahmen dienen dem Schutz der Gesundheit des Kindes. Wägt man die betroffenen Grundrechte mit dem angestrebten polizeilichen Ziel ab, so ist ein Missverhältnis nicht zu erkennen.

SF: Die Maßnahmen sind angemessen.

IV. Ergebnis

SF: Anhalten und Befragen der Radfahrerin sind rechtmäßig.

B. Aufforderung, dem Kind etwas anzuziehen

I. Ermächtigungsgrundlage

1. Grundrechtseingriffe

Hyp: Die Aufforderung an die Mutter könnte ein Eingriff in die allgemeine Handlungsfreiheit, Art. 2 I GG, darstellen.

D: Geschützt ist jedes Tun und Unterlassen.

S und **SF:** Die Mutter hat entschieden, dem Kind nichts anzuziehen. Das gehört zum Schutzbereich des Artikels 2 I GG.

S und **SF:** Die Aufforderung der Polizei, das Kind anzukleiden, greift in dieses Grundrecht ein.

---

[16] *Bialon/Springer* EingriffsR Rn. 118 ff.
[17] *Bialon/Springer* EingriffsR Rn. 124 ff.

2. Zielrichtung der Maßnahme und II. Formelle Rechtmäßigkeit

Es wird auf die obigen Ausführungen verwiesen.

III. Materielle Rechtmäßigkeit

1. Tatbestand der Ermächtigungsgrundlage

Hyp: § 8 I PolG NRW könnte als Ermächtigungsgrundlage dienen.[18]

TBM: Dann müsste eine konkrete Gefahr für die öffentliche Sicherheit gegeben sein.

D: Konkret ist eine im Einzelfall bestehende Gefahr. Ort, Zeit und betroffene Personen können näher bestimmt werden.

S: Dass eine Gefahr für die öffentliche Sicherheit vorliegt, wurde oben bereits bejaht. Gefährdet ist das Kind. Ort und Zeit sind im Sachverhalt genau beschrieben.

SF: Die Gefahr für die öffentliche Sicherheit ist somit konkret.

TBM: Die getroffene Maßnahme darf als Rechtsfolge nicht in den §§ 9–46 PolG NRW geregelt sein.

S: Die Aufforderung, dem Kind etwas anzuziehen, ist keine Rechtsfolge, die in den §§ 9–46 PolG NRW geregelt ist.

SF: Damit ist der Rückgriff auf die Generalklausel, § 8 I PolG NRW zulässig.

2. a) Besondere Verfahrensvorschriften

Zur Generalklausel sind keine besonderen Verfahrensvorschriften erlassen worden.

b) Anordnungsbefugnis

Die Maßnahme kann durch jeden Polizeibeamten angeordnet werden.

3. Adressat[19]

Hyp: Die Richtung der Maßnahme könnte sich aus § 4 I PolG NRW ergeben, da die Generalklausel den Adressaten nicht bestimmt.

D: § 4 I PolG NRW regelt die Verhaltensverantwortlichkeit. Dann müsste die betroffene Person durch ihr Verhalten die Gefahrenschwelle unmittelbar überschreiten.

S: Die Mutter hat entschieden, dem Kind nichts anzuziehen und es nackt auf dem Fahrrad mitzunehmen. Durch dieses Verhalten droht das Kind zu unterkühlen.

SF: Damit ist die Mutter des Kindes die Verhaltensverantwortliche.[20]

---

[18] *Bialon/Springer* EingriffsR Rn. 161 ff.

[19] *Bialon/Springer* EingriffsR Rn. 137 und 166.

[20] **Hinweis:** Denkbar wäre auch, § 4 II PolG NRW als Adressatenregelung heranzuziehen. Denn Adressat nach § 4 I PolG NRW könnte auch das Kind selbst sein. Da eine

4. Rechtsfolge

a) Zugelassene Rechtsfolge[21]

TBM: §8 I PolG NRW lässt als Rechtsfolge erforderliche Maßnahmen zu. Die getroffene Maßnahme muss also geeignet und erforderlich sein.

S: Die Aufforderung, dem Kind etwas anzuziehen, verhindert ein weiteres Unterkühlen des Kindes und ist daher zur Gefahrenabwehr geeignet. Ein milderes Mittel ist hier nicht denkbar.

SF: Damit ist die Maßnahme auch erforderlich.

b) Hinreichende Bestimmtheit

Hier nicht zu prüfen.

c) Ermessen

Es wird auf die obigen Ausführungen verwiesen.

d) Verhältnismäßigkeit im weiteren Sinn

TBM und **SF:** Die Maßnahme müsste geeignet und erforderlich sein. Das wurde oben schon geprüft und bejaht.

TBM: Die Maßnahme muss verhältnismäßig im weiteren Sinn sein.

S: Die Aufforderung an die Mutter stellt einen geringen Grundrechtseingriff dar. Das polizeiliche Ziel wurde oben beschrieben. Eine Abwägung lässt auch hier kein Missverhältnis erkennen.

SF: Die Maßnahme ist angemessen.

IV. Ergebnis

SF: Die Aufforderung, das Kind anzuziehen, ist rechtmäßig.

Aufforderung an ein Baby ungeeignet ist, kann auch die aufsichtspflichtige Person als Adressat herangezogen werden.

[21] *Bialon/Springer* EingriffsR Rn. 168.

Fall 2: Vernehmungen nach Schlägerei

Schwerpunkte: Generalklausel zur Strafverfolgung, Informatorische Befragung, Beschuldigtenvernehmung, Spontanäußerung

Sachverhalt

Heute bekommen Fustkw Egon 13/32 und Egon 13/34 um 16:25 Uhr einen Einsatz zur Bruckhausener Straße in Duisburg-Beeck, Grund: Schlägerei zwischen rivalisierenden Rockerbanden. Am Einsatzort sehen die Beamten einen am Kopf blutenden Mann auf dem Boden liegen. Um ihn herum stehen etwa 30 Personen, viele von ihnen mit typischer Bekleidung, wie sie Rocker tragen. PHK W kümmert sich um die verletzte Person. POK'in R befragt die anwesenden Personen, wer etwas über die Schlägerei sagen könne. Die meisten Personen schütteln verneinend den Kopf, nur Chantal D meldet sich und berichtet, ohne dass R bereits danach gefragt hätte, dass zehn Männer auf Motorrädern in die Kneipe auf der Bruckhausener Straße 29 gekommen seien, und dort den Wirt und die 25 anwesenden Gäste mit Baseballschlägern und Pfefferspray attackiert hätten. Die Schlägerei hätte sich dann nach draußen auf die Straße verlagert. Mehr möchte sie dazu auch nicht sagen. R nimmt die Personalien von D auf. Durch weitere Ermittlungen ergibt sich ein dringender Tatverdacht gegen Harry L. Er soll als Anführer der zehnköpfigen Motorradgruppe die Schlägerei angezettelt haben. KOK K lädt den L zur Vernehmung vor. L erscheint auch, wird von K formell über seine Rechte belehrt und unterschreibt dann, dass er aussagen will. Die anschließende Vernehmung dauert zwei Stunden.

Aufgaben:

1. Prüfen Sie in einem Gutachten, ob die Frage der R an die am Einsatzort anwesenden Personen, wer etwas von der Schlägerei gesehen habe, rechtmäßig ist.
2. Prüfen Sie in einem Gutachten die Rechtmäßigkeit der Vernehmung des L.
3. Wie ist die Aussage der D rechtlich einzuordnen?

Bearbeitungshinweis: Die örtliche Zuständigkeit wird als gegeben unterstellt.

Lösungsskizze

Aufgabe 1: Frage der R an die am Einsatzort anwesenden Personen

Bearbeitungszeit: ca. 60 min.

I. Ermächtigungsgrundlage

1. Grundrechtseingriff
Art. 2 I iVm Art. 1 I GG, RIS (+)

2. Zielrichtung der Maßnahme
Repressiv, Verdacht §§ 223, 224, 231, 124, 125, 125a StGB (+)

II. Formelle Rechtmäßigkeit

1. Zuständigkeit

a) sachliche Zuständigkeit
§ 1 IV PolG NRW iVm § 163 I 1 StPO iVm § 11 I Nr. 2 POG NRW (+)

b) örtliche Zuständigkeit
S. Bearbeitungshinweis

2. Allgemeine Verfahrensvorschriften
Bestehen für StPO-Maßnahmen nicht

3. Formvorschrift
Die mündliche Anordnung ist zulässig, später ist die Maßnahme zu dokumentieren, § 168b StPO

III. Materielle Rechtmäßigkeit

1. Tatbestand der Ermächtigungsgrundlage
§ 163 I 2 StPO
Anfangsverdacht einer Straftat, 152 II StPO (+)

2. a) Besondere Verfahrensvorschriften
Keine

b) Anordnungsbefugnis
Jeder Polizeibeamte

3. Adressat
Anwesende Personen (+)

4. Rechtsfolge

a) Zugelassene Rechtsfolge
Informatorische Befragung (+)

b) Hinreichende Bestimmtheit
Hier nicht zu prüfen

c) Ermessen
- Entschließungsermessen – Legalitätsprinzip
- Auswahlermessen (+)

d) Verhältnismäßigkeit im weiteren Sinn
Informatorische Befragung
- geeignet (+)
- erforderlich (+)
- angemessen (+)

IV. Ergebnis
Informatorische Befragung rechtmäßig (+)

Aufgabe 2: Vernehmung des L

Bearbeitungszeit: ca. 40 Min.

I. Ermächtigungsgrundlage

1. Grundrechtseingriff
Art. 2 I iVm Art. 1 I GG, RIS (+)

2. Zielrichtung der Maßnahme
S. oben

II. Formelle Rechtmäßigkeit
S. oben

III. Materielle Rechtmäßigkeit

1. Tatbestand der Ermächtigungsgrundlage
§ 163a IV StPO
- Anfangsverdacht einer Straftat, 152 II StPO (+)
- Beschuldigter, hier der L (+)

2. a) Besondere Verfahrensvorschriften
§§ 163a IV 1, 136 I 2–4, 136a StPO (+)

b) Anordnungsbefugnis
Jeder Polizeibeamte

3. Adressat
Beschuldigter, hier der L (+)

4. Rechtsfolge

a) Zugelassene Rechtsfolge
Vernehmung (+)

b) Hinreichende Bestimmtheit
Hier nicht zu prüfen

c) Ermessen
- Entschließungsermessen – Legalitätsprinzip
- Auswahlermessen (+)

d) Verhältnismäßigkeit im weiteren Sinn
Vernehmung
- geeignet (+)
- erforderlich (+)
- angemessen (+)

IV. Ergebnis
Vernehmung des L rechtmäßig (+)

Aufgabe 3: Rechtliche Bewertung der Aussage der D

Bearbeitungszeit: ca. 10 Min.

- Spontanäußerung (+)
- Kein Grundrechtseingriff (+)
- Formelle Rechtmäßigkeit liegt vor, s. oben (+)

Lösungsvorschlag

Aufgabe 1: Frage der R an die am Einsatzort anwesenden Personen

I. Ermächtigungsgrundlage

1. Grundrechtseingriff[1]

Die Frage, ob anwesende Personen die Schlägerei beobachtet haben, könnte ein Eingriff in das RIS, Art. 2 I iVm Art. 1 I GG, darstellen. Das RIS gibt jedermann das Recht, selber zu entscheiden welche personenbezogenen Daten er von sich preis gibt und wie solche erhobenen Daten weiter verwendet werden dürfen. Danach haben die anwesenden Personen auf der Bruckhausener Straße das Recht, dazu zu schweigen, ob sie etwas von der Schlägerei mitbekommen haben oder nicht. Ein Grundrechtseingriff ist gegeben, wenn eine staatliche Maßnahme nicht nur ganz unerheblich den Schutzbereich eines Grundrechts beeinträchtigt. Die Aufforderung der R an die Anwesenden dient der Informationsbeschaffung und greift damit in das RIS ein.

2. Zielrichtung der Maßnahme

Die Maßnahme könnte der Strafverfolgung dienen. Dann müsste der Anfangsverdacht einer Straftat vorliegen.[2] Nach § 152 II StPO ist ein Anfangsverdacht einer Straftat gegeben, wenn zureichende tatsächliche Anhaltspunkte vorliegen, dass eine Straftat geschehen ist. Die im Sachverhalt beschriebene Schlägerei begründet den Anfangsverdacht für Straftaten nach den §§ 223, 224, 231, 124, 125, 125a StGB. Die Frage der R an die anwesenden Personen dient dazu diese Straftat aufzuklären. Somit wird die Polizei zur Strafverfolgung tätig.

II. Formelle Rechtmäßigkeit

1. Zuständigkeit

a) sachliche Zuständigkeit[3]

Die sachliche Zuständigkeit könnte sich aus § 1 IV PolG NRW iVm § 163 I 1 StPO iVm § 11 I Nr. 2 POG NRW ergeben. Nach § 1 IV PolG NRW nimmt die Polizei auch Aufgaben auf anderen Rechtsgebieten wahr. § 163 I 1 StPO weist der Polizei die Aufgabe der Strafverfolgung zu. Dass der Anfangsverdacht von Straftaten gegeben ist, wurde oben bereits belegt. Somit ist die Polizei nach dem Legalitätsprinzip verpflichtet, einzuschreiten. Die Aufgabe der Strafverfolgung wird nach § 11 I Nr. 2 POG NRW den KPB zugewiesen. Es wird unterstellt, dass R und W der sachlich zuständigen KPB angehören.

b) örtliche Zuständigkeit

Die örtliche Zuständigkeit ist laut Bearbeitungshinweis zu unterstellen.

---

[1] *Bialon/Springer* EingriffsR Rn. 284.
[2] *Bialon/Springer* EingriffsR Rn. 44.
[3] *Bialon/Springer* EingriffsR Rn. 82 ff.

2. Allgemeine Verfahrensvorschriften

Bestehen für StPO-Maßnahmen nicht.

3. Formvorschrift

Die mündliche Anordnung ist zulässig, später ist die Maßnahme zu dokumentieren, § 168b StPO.

III. Materielle Rechtmäßigkeit

1. Tatbestand der Ermächtigungsgrundlage

Als Ermächtigung kommt § 163 I 2 StPO in Betracht.[4] Dann müsste der Anfangsverdacht einer Straftat, § 152 II StPO, vorliegen. Dies wurde oben bereits geprüft.

2. a) Besondere Verfahrensvorschriften

Zur Generalklausel, § 163 I 2 StPO, gibt es keine besonderen Verfahrensvorschriften.

b) Anordnungsbefugnis

Anordnungsbefugt ist jeder Polizeibeamte.

3. Adressat

Der Wortlaut des § 163 I 2 StPO gibt nicht her, an wen sich die Maßnahme richtet.[5] Dies ist nach dem Sinn der jeweiligen Maßnahme zu bestimmen. Im vorliegenden Sachverhalt sind es die Personen, die durch eigene sinnliche Wahrnehmung etwas zu dem Geschehen sagen können. Die Maßnahme richtet sich also an die anwesenden Personen als potentielle Zeugen.

4. Rechtsfolge

a) Zugelassene Rechtsfolge[6]

Fraglich ist, wie die Frage der R an die anwesenden Personen am Einsatzort rechtlich einzuordnen ist. Es könnte sich um eine Vernehmung handeln. Voraussetzung dafür ist, dass der Status der betroffenen Person bekannt ist, es sich also entweder um einen Beschuldigten oder um einen Zeugen handelt. Im Sachverhalt können die Polizisten zuerst nicht einordnen, wer von den Personen am Einsatzort Beteiligter der Schlägerei, Zeuge des Geschehens oder nur Schaulustiger ist. Um den Status der Personen zu klären, fragt R danach, wer etwas zu dem Geschehen sagen kann. Diese Vorgehensweise wird als informatorische Befragung bezeichnet und ist eine Vernehmung ohne Belehrung. § 163 I 2 StPO lässt Maßnahmen zu, die leichte Eingriffe in das Recht auf

---

4 *Bialon/Springer* EingriffsR Rn. 171 f.

5 *Bialon/Springer* EingriffsR Rn. 180.

6 *Bialon/Springer* EingriffsR Rn. 309 ff.

informationelle Selbstbestimmung darstellen und nicht speziell in der StPO geregelt sind. Zu diesen Maßnahmen gehört auch die informatorische Befragung, denn die angesprochenen Personen sollen zu erkennen geben, ob sie als Zeuge infrage kommen oder nicht. Damit entspricht die getroffene Maßnahme der zugelassenen Rechtsfolge der Generalklausel.

b) Hinreichende Bestimmtheit

Hier nicht zu prüfen.

c) Ermessen[7]

Entschließungsermessen gibt es für die Polizei bei der Strafverfolgung nicht. Fehler im Auswahlermessen sind nicht zu erkennen.

d) Verhältnismäßigkeit im weiteren Sinn[8]

Geeignet ist eine Maßnahme, wenn sie das Erreichen des polizeilichen Ziels wenigstens fördert. Durch die informatorische Befragung kann der Status der anwesenden Personen ermittelt werden, um dann gegebenenfalls Vernehmungen im formellen Sinn durchführen zu können.

Die Definition für die Erforderlichkeit der Maßnahme ergibt sich sinngemäß aus § 2 I PolG NRW. Eine mildere Maßnahme als die informatorische Befragung ist nicht denkbar.

Die Verhältnismäßigkeit im engeren Sinn ist in § 2 II PolG NRW legal definiert und hier sinngemäß anzuwenden. Der Eingriff in das Recht auf informationelle Selbstbestimmung durch die informatorische Befragung ist sehr gering. Auf der anderen Seite sollen Delikte aufgeklärt werden, die in den Bereich der mittelschweren Kriminalität anzusiedeln sind. Zudem geht von Straftaten aus dem Rockermilieu eine erhebliche Verunsicherung des subjektiven Sicherheitsgefühls der Bevölkerung aus. Daher ist hier eine konsequente Strafverfolgung besonders wichtig. Wägt man den Grundrechtseingriff mit dem angestrebten polizeilichen Ziel ab, so ist ein Missverhältnis nicht zu erkennen. Die Maßnahme ist angemessen.

IV. Ergebnis

Die informatorische Befragung ist rechtmäßig.

---

[7] *Bialon/Springer* EingriffsR Rn. 118.
[8] *Bialon/Springer* EingriffsR Rn. 124 ff.

Aufgabe 2: Vernehmung des L

I. Ermächtigungsgrundlage

1. Grundrechtseingriff

Mit der Vernehmung des L wird in das Recht auf informationelle Selbstbestimmung, Art. 2 I iVm Art. 1 I GG, eingegriffen. Es wird auf die Ausführungen zu Aufgabe 1 verwiesen.

2. Zielrichtung der Maßnahme und II. Formelle Rechtmäßigkeit

Es wird auf die Ausführungen zu Aufgabe 1 verwiesen.

III. Materielle Rechtmäßigkeit

1. Tatbestand der Ermächtigungsgrundlage[9]

Als Ermächtigungsgrundlage könnte § 163a IV StPO herangezogen werden. Dann müsste der Anfangsverdacht einer Straftat vorliegen. Dies wurde oben bereits geprüft. L müsste Beschuldigter sein. Beschuldigter ist eine Person, wenn sich der Anfangsverdacht einer Straftat sich gegen die Person richtet und das Strafverfahren gezielt gegen den Betroffenen geführt wird. Das wird dadurch deutlich, dass die Strafverfolgungsbehörde die Person durch eine entsprechende Strafverfolgungsmaßnahme zum Beschuldigten macht. Spätestens mit der Vernehmung erhält der L den Status eines Beschuldigten. Damit ist der Tatbestand erfüllt.

2. a) Besondere Verfahrensvorschriften[10]

Als besondere Verfahrensvorschriften sind die §§ 163a IV 1, 136 I 2–4, 136a StPO zu beachten. Der Sachverhalt weist aus, dass der L über seine Rechte mit einem Formular belehrt wird. Somit werden die Verfahrensvorschriften beachtet. Dass keine verbotene Vernehmungsmethoden eingesetzt werden, § 136a StPO, wird als beachtet unterstellt.

b) Anordnungsbefugnis

Anordnungsbefugt ist jeder Polizeibeamte.

3. Adressat

Adressat der Maßnahme ist der Beschuldigte, hier der L.

---

[9] *Bialon/Springer* EingriffsR Rn. 287 f.

[10] *Bialon/Springer* EingriffsR Rn. 289 ff.

4. Rechtsfolge

a) Zugelassene Rechtsfolge

Zugelassene Rechtsfolge ist die Vernehmung.[11] Eine Vernehmung liegt vor, wenn ein Angehöriger einer Strafverfolgungsbehörde erkennbar in amtlicher Eigenschaft Auskunft verlangt. Aus dem Sachverhalt geht hervor, dass L von KOK K zur Vernehmung vorgeladen wird. Damit ist dem L bekannt, dass er K gegenüber zu der Straftat Auskunft geben soll, deren er verdächtig ist. Somit entspricht die Maßnahme der zugelassenen Rechtsfolge.

b) Hinreichende Bestimmtheit

Hier nicht zu prüfen.

c) Ermessen

Es wird auf die Ausführungen zu Aufgabe 1 verwiesen.

d) Verhältnismäßigkeit im weiteren Sinn

Eine Vernehmung dient dazu, vom Beschuldigten Informationen zum Tathergang und zu seinen Motiven zu erhalten. Gleichzeitig hat er die Möglichkeit, sich durch seine Aussage zu entlasten. Damit ist die Vernehmung des Beschuldigten für die Strafverfolgung geeignet. Eine mildere Maßnahme als die Vernehmung des Beschuldigten steht nicht zur Verfügung. Da der Beschuldigte das Recht hat zu schweigen, ist der Eingriff in das Recht auf informationelle Selbstbestimmung gering. Die Bewertung der aufzuklärenden Straftaten wurde bereits oben beim Übermaßverbot in Aufgabe 1 vorgenommen. Auch hier ergibt eine Abwägung, dass ein Missverhältnis nicht zu erkennen ist und die Maßnahme angemessen ist.

IV. Ergebnis

Die Vernehmung des L ist rechtmäßig.

Aufgabe 3: Rechtliche Bewertung der Aussage der D

Bei der Aussage der D könnte es sich um eine Spontanäußerung handeln.[12] Diese liegt vor, wenn sich eine Person gegenüber der Polizei von sich aus zur Sache äußert, also nicht von der Polizei dazu aufgefordert worden ist. In der Literatur wird dies auch mit dem Begriff der „aufgedrängten Daten" beschrieben. Damit liegt kein Grundrechtseingriff vor und es ist keine Ermächtigungsgrundlage erforderlich. Die Person braucht auch nicht über ihre Rechte belehrt zu werden. Lediglich die formelle Rechtmäßigkeit muss gegeben sein. Hier kann auf die Ausführungen zu Aufgabe 1 verwiesen werden.

---

[11] *Bialon/Springer* EingriffsR Rn. 309.
[12] *Bialon/Springer* EingriffsR Rn. 310.

Fall 3: Aufenthaltsverbot für einen Drogendealer

Schwerpunkte: Originäre sachliche Zuständigkeit der Polizei für das Verhüten von Straftaten, Aufenthaltsverbot, Gefährderansprache, Verhältnismäßigkeit im weiteren Sinn

Sachverhalt

Kevin L hängt seit zwei Jahren an der Nadel. Da er arbeitslos ist, beschafft er sich das notwendige Geld für den Kauf von Heroin als Dealer. Regelmäßig fährt er von seinem Appartement in Düsseldorf-Garath zum Worringer Platz in Düsseldorf-Mitte und verkauft Betäubungsmittel. Dort hat er inzwischen Stammkunden. In der Nähe des Platzes befinden sich zwei Schulen, davon eine Grundschule. Viele Schulkinder queren den Worringer Platz, um zum Unterricht zu kommen. Mehrfach wurde L auf diesem Platz von der Polizei beim Dealen erwischt. Jedes Mal wurden Strafanzeigen vorgelegt, eine Gefährderansprache durchgeführt und L ein Platzverweis erteilt. Alle diese Maßnahmen haben keinen Erfolg gezeigt. L dealt weiter an diesem Platz. Heute, gegen 14:30 Uhr, wird L von PK A und PHK'in B wieder beim Dealen erwischt. Nun wird L durch PHK'in B ein dreimonatiges Aufenthaltsverbot für den Worringer Platz ausgesprochen. Ihm wird genau erklärt, für welchen Bereich der längerfristige Platzverweis gelten soll. Noch am gleichen Tag bekommt L das Aufenthaltsverbot schriftlich mitgeteilt. Auf einem beigefügten Kartenausschnitt des Stadtplans Düsseldorf ist der Geltungsbereich der Maßnahme eingezeichnet.

Aufgaben:

1. Prüfen Sie in einem Gutachten die Rechtmäßigkeit des Aufenthaltsverbotes.
2. Erläutern Sie den Begriff der Gefährderansprache. Prüfen Sie den Tatbestand und die Rechtsfolge der entsprechenden Ermächtigungsgrundlage und ob die Gefährderansprache verhältnismäßig im weiteren Sinn ist.

Hinweis: Der Handel mit Betäubungsmitteln ohne erforderliche Erlaubnis erfüllt Straftatbestände nach den §§ 29 ff. BtMG.

Lösungsskizze

Aufgabe 1: Aufenthaltsverbot für L

Bearbeitungszeit: ca. 60 Min.

I. Ermächtigungsgrundlage

1. Grundrechtseingriff
Art. 11 I GG, Niederlassungsfreiheit (+)

2. Zielrichtung der Maßnahme
Präventiv, Gefahr für die öffentliche Sicherheit (+)

II. Formelle Rechtmäßigkeit

1. Zuständigkeit

a) sachliche Zuständigkeit
- § 1 I 1 und 2 PolG NRW iVm § 11 I Nr. 1 POG NRW (+)
- Gefahr für Gesundheit und materielle Rechtsordnung (§§ 29 ff. BtMG) (+)
- Verhüten von Straftaten, originäre Zuständigkeit (+)

b) örtliche Zuständigkeit
§ 7 I POG NRW (+)

2. Allgemeine Verfahrensvorschriften
- § 28 I VwVfG NRW (+)
- §§ 41, 43 VwVfG NRW als beachtet unterstellt (+)

3. Formvorschrift
- § 37 II VwVfG NRW VA mündlich erteilt, später schriftlich (+)
- § 39 I VwVfG NRW, schriftliche Begründung des VA (+)

III. Materielle Rechtmäßigkeit

1. Tatbestand der Ermächtigungsgrundlage
§ 34 II PolG NRW
Tatsachen rechtfertigen die Annahme, dass L an diesem Ort Straftaten begehen wird (+)

2. a) Besondere Verfahrensvorschriften
§ 34 II 1 PolG NRW kein Wohnort und keine berechtigte Interessen in dem Bereich (+)

b) Anordnungsbefugnis
Durch jeden Polizeibeamten (+)

3. Adressat
§ 34 II PolG NRW, der potentielle Straftäter (+)

4. Rechtsfolge

a) Zugelassene Rechtsfolge
- Längerfristiger Platzverweis (+)
- Zeitlicher und örtlicher Umfang auf das erforderliche Maß beschränkt (+)

b) Hinreichende Bestimmtheit
Hier nicht zu prüfen

c) Ermessen
Ermessensfehler sind nicht ersichtlich (+)

d) Verhältnismäßigkeit im weiteren Sinn
Längerfristiger Platzverweis
- geeignet, s. oben (+)
- erforderlich, s. oben (+)
- angemessen (+)

IV. Ergebnis
Aufenthaltsverbot ist rechtmäßig (+)

Lösungsvorschlag

Aufgabe 1: Aufenthaltsverbot für L[1]

I. Ermächtigungsgrundlage

1. Grundrechtseingriff

Die Maßnahme könnte in das Recht auf Freizügigkeit, Art. 11 I GG, eingreifen. Geschützt wird das Recht, an jedem Ort innerhalb Deutschlands Aufenthalt und Wohnsitz zu nehmen. Zum Aufenthaltsrecht gehört, einen Ort regelmäßig aufzusuchen, um dort seinen Tätigkeiten nachzugehen. Somit darf sich L regelmäßig auf dem Worringer Platz aufhalten. Ein Grundrechtseingriff ist gegeben, wenn eine staatliche Maßnahme nicht nur ganz unerheblich den Schutzbereich eines Grundrechts beeinträchtigt. L wird von PHK'in B für drei Monate der Aufenthalt auf dem Worringer Platz untersagt. Damit wird in sein Grundrecht aus Art. 11 I GG eingegriffen. Das Grundrecht aus Art. 11 I GG ist speziell gegenüber der Bewegungsfreiheit, Art. 2 II 2 GG.

2. Zielrichtung der Maßnahme

Die Maßnahme könnte der Gefahrenabwehr dienen. Dann müsste eine Gefahr für die öffentliche Sicherheit vorliegen. Gefahr bedeutet ein Verhalten oder einen Zustand, bei dem bei ungehindertem Geschehensablauf in absehbarer Zeit mit hinreichender Wahrscheinlichkeit mit einem Schadenseintritt für ein Rechtsgut der öffentlichen Sicherheit oder Ordnung zu rechnen ist. Zur öffentlichen Sicherheit gehören unter anderem das Individualrechtsgut Gesundheit sowie die Unverletzlichkeit der Rechtsordnung.[2] L handelt am Worringer Platz mit Betäubungsmitteln. Damit gefährdet er die Gesundheit der Menschen, die die Drogen bei ihm kaufen. Gleichzeitig erfüllt er damit Straftatbestände nach den §§ 29 ff. BtMG. Somit liegt eine Gefahr für die öffentliche Sicherheit vor.

II. Formelle Rechtmäßigkeit

1. Zuständigkeit

a) sachliche Zuständigkeit[3]

Die sachliche Zuständigkeit könnte sich aus § 1 I 1 und 2 PolG NRW iVm § 11 I Nr. 1 POG NRW ergeben. Dass eine Gefahr für die öffentliche Sicherheit vorliegt, wurde oben schon bejaht. Absicht der Polizei ist es, weitere Delikte nach dem BtMG zu verhüten, § 1 I 2 PolG NRW. Für diese Aufgabe ist die Polizei originär zuständig.

Die Gefahrenabwehr ist nach § 11 I Nr. 1 POG NRW den KPB zugewiesen. Es wird unterstellt, dass die einschreitenden Polizeibeamten der sachlich zuständigen KPB angehören.

Die sachliche Zuständigkeit ist gegeben.

---

1 *Bialon/Springer* EingriffsR Rn. 359 ff.
2 *Bialon/Springer* EingriffsR Rn. 35 ff.
3 *Bialon/Springer* EingriffsR Rn. 56 f.

b) örtliche Zuständigkeit[4]

Die örtliche Zuständigkeit ergibt sich aus §7 I POG NRW.

2. Allgemeine Verfahrensvorschriften[5]

Es ist davon auszugehen, dass dem L Gelegenheit gegeben wurde, sich zu der Sachlage zu äußern, bevor die Beamten die Verfügung erteilt haben. Damit wird §28 I VwVfG NRW beachtet. Die Beachtung der §§41, 43 VwVfG NRW wird unterstellt, da der Sachverhalt nichts anderes ergibt.

3. Formvorschrift

Der längerfristige Platzverweis wird zuerst mündlich erteilt und später schriftlich bestätigt. Damit wird §37 II VwVfG NRW beachtet. Es wird hier davon ausgegangen, dass bei dem schriftlichen Aufenthaltsverbot die Maßnahme ausreichend schriftlich begründet wurde, §39 VwVfG NRW.

III. Materielle Rechtmäßigkeit

1. Tatbestand der Ermächtigungsgrundlage[6]

Die Ermächtigung könnte sich aus §34 II PolG NRW ergeben. Dann müssten Tatsachen die Annahme rechtfertigen, dass L an diesem Ort Straftaten begehen wird. Der Sachverhalt weist aus, dass L heroinabhängig ist und das Geld für die Drogen durch Dealen erwirtschaftet. Mehrfach ist er von der Polizei auf frischer Tat bei diesen Straftaten am Worringer Platz angetroffen worden, so auch am heutigen Tag. Seine Arbeitslosigkeit und seine Abhängigkeit sprechen dafür, dass er auch in Zukunft dealen wird, denn er benötigt kontinuierlich Geld. Damit ist der Tatbestand erfüllt.

2. a) Besondere Verfahrensvorschriften

Gem. §34 II 1 PolG NRW darf der Betroffene seinen Wohnort nicht an der Örtlichkeit haben, von der er verwiesen wird, und auch dort keine berechtigten Interessen wahrnehmen. L wohnt in einem anderen Stadtteil Düsseldorfs und der Sachverhalt gibt auch nicht her, dass er berechtigte Interessen am Worringer Platz wahrnehmen muss.

b) Anordnungsbefugnis

Die Maßnahme kann durch jeden Polizeibeamten angeordnet werden.

3. Adressat[7]

Der Adressat ergibt sich aus der Befugnis. Es ist die Person, von der zu erwarten ist, dass sie in Zukunft Straftaten begehen wird, hier der L.

---

4 *Bialon/Springer* EingriffsR Rn. 110 ff.
5 *Bialon/Springer* EingriffsR Rn. 113 ff.
6 *Bialon/Springer* EingriffsR Rn. 365 ff.
7 *Bialon/Springer* EingriffsR Rn. 151 und 371.

4. Rechtsfolge

a) Zugelassene Rechtsfolge[8]

Zugelassene Rechtsfolge ist der längerfristige Platzverweis, auch Aufenthaltsverbot genannt. L wird für drei Monate vom Worringer Platz weg verwiesen. Das lässt die Norm auch zu. Allerdings ist der zeitliche und örtliche Umfang des Platzverweises auf das erforderliche Maß zu beschränken. Fraglich ist, ob der Zeitraum von drei Monaten geeignet und erforderlich ist, um Straftaten zu verhüten. L ist mehrfach von der Polizei durch eine Gefährderansprache ermahnt worden, nicht mehr an diesem Platz zu dealen. Entsprechende Strafanzeigen sind ebenfalls vorgelegt worden. Trotzdem hat sich L nicht von weiteren Straftaten gegen das BtMG abhalten lassen. Das spricht dafür, dass es sinnvoll ist, den zulässigen Rahmen von drei Monaten ganz auszuschöpfen. Das ist auch sinnvoll, damit Schulkinder, die diesen Platz queren müssen, nicht immer wieder erleben, dass dort gedealt wird. Das Aufenthaltsverbot wird für den Worringer Platz ausgesprochen. Dies ist ein überschaubarer Bereich, der relativ klein ist. Damit ist auch der örtliche Umfang der Maßnahme geeignet und erforderlich.

b) Hinreichende Bestimmtheit

Hier nicht zu prüfen.

c) Ermessen[9]

Ermessensfehler sind aus dem Sachverhalt nicht ersichtlich.

d) Verhältnismäßigkeit im weiteren Sinn[10]

Wie oben geprüft, ist der längerfristige Platzverweis geeignet und erforderlich. Fraglich ist, ob die Maßnahme auch angemessen ist. L darf für einen relativ langen Zeitraum den Worringer Platz nicht mehr aufsuchen. Da ihm aber das ganze sonstige Stadtgebiet zur Verfügung steht und er an dem besagten Platz auch keinen berechtigten Interessen nachgehen muss, ist der Eingriff in Art. 11 I GG relativ gering. Andererseits sollen die Gesundheit einer Vielzahl von Menschen geschützt und schwerwiegende Straftaten nach dem BtMG verhütet werden. Eine Abwägung ergibt, dass zwischen dem Grundrechtseingriff und dem angestrebten polizeilichen Ziel kein Missverhältnis zu erkennen ist. Damit ist die Maßnahme angemessen.

IV. Ergebnis

Das Aufenthaltsverbot ist rechtmäßig.

---

[8] *Bialon/Springer* EingriffsR Rn. 372 ff.
[9] *Bialon/Springer* EingriffsR Rn. 118 ff.
[10] *Bialon/Springer* EingriffsR Rn. 124 ff.

Aufgabe 2: Erläutern Sie den Begriff der Gefährderansprache

A. Der Begriff der Gefährderansprache

Eine Person, die durch ihr Verhalten eine Gefahr für die öffentliche Sicherheit verursacht, wird auch „Gefährder" genannt. Es hat sich nach polizeilicher Erfahrung bewährt, diese Personen gezielt anzusprechen. Dabei geht es zum einen darum, ihnen die Folgen ihres Handelns bewusst zu machen, also deutlich zu machen, welche Gefahren sie verursachen und welche negativen Konsequenzen das für andere Menschen haben kann. Zum anderen wird ihnen aufgezeigt, mit welchen rechtlichen Folgen sie zu rechnen haben. Ihnen wird verdeutlicht, dass die Polizei Straftaten konsequent verfolgen und dazu alle notwendigen Maßnahmen durchführen wird. Außerdem wird die Polizei die erforderlichen Maßnahmen ergreifen, um Straftaten zu verhüten und Schäden für andere Menschen abzuwehren.

Ob mit der Gefährderansprache ein Grundrechtseingriff verbunden ist, ist umstritten. Je nach Intensität der Ansprache wird psychischer Druck auf den Adressaten ausgeübt. Je größer dieser Druck ist, desto eher wird man von einem Grundrechtseingriff in Art. 2 I GG, der allgemeinen Handlungsfreiheit, ausgehen müssen. Da der Bürger ein Recht hat, vom Staat in Ruhe gelassen zu werden, sollte im Zweifelsfall immer ein Grundrechtseingriff angenommen werden.

B. Ermächtigungsgrundlage

I. Tatbestand

Als Befugnis für die Gefährderansprache kommt § 8 I PolG NRW infrage. Dann müsste eine konkrete Gefahr für die öffentliche Sicherheit vorliegen. Dieser Gefahrengrad ist in der Norm legal definiert und bedeutet eine im Einzelfall bestehende Gefahr. Daher müssen Ort, Zeit und betroffene Personen näher zu bestimmen sein. Wie oben bereits ausgeführt, ist mit weiteren Drogendelikten des L in nächster Zeit, in den nächsten Tagen, zu rechnen. Damit ist die Gefahr für die öffentliche Sicherheit konkret. Weiter ist zu prüfen, ob die Gefährderansprache speziell in den §§ 9–46 PolG NRW geregelt ist. Keine in diesen Paragrafen aufgeführte Rechtsfolge lässt eine Gefährderansprache zu. Damit ist der Rückgriff auf die Generalklausel erlaubt.

II. Rechtsfolge

Als Rechtsfolge erlaubt § 8 I PolG NRW erforderliche Maßnahmen. Es ist zu prüfen, ob eine Gefährderansprache gegen L geeignet und erforderlich ist, um die Gefahr für die öffentliche Sicherheit abzuwehren. Geeignet ist eine Maßnahme, wenn sie objektiv zwecktauglich ist, also die Erreichung des polizeilichen Ziels mindestens fördert. Im Sachverhalt geht es darum, weitere Drogendelikte durch L am Worringer Platz zu verhüten. Eine Gefährderansprache alleine wird nicht dazu führen, dass L sein Suchtverhalten verändert. Allerdings besteht die Möglichkeit, ihm deutlich zu machen, dass er auf mittlere bis lange Sicht immer mehr an Lebensqualität verliert und mit erheblichen gesundheitlichen Schäden bis hin zum Tod durch seine Heroinsucht zu rechnen hat. Damit besteht die Möglichkeit, ihn „wach zu rütteln", damit er sich therapeutische Hilfe sucht, um von seiner Sucht loszukommen. Damit würde L auch einen Weg beschreiten, um nicht mehr erneut straffällig werden zu müssen. Die Gefährderansprache ist zur Gefahrenabwehr geeignet. Der Begriff der Erforderlichkeit ist in §2 I PolG NRW legal definiert. Eine mildere geeignete Maßnahme als die Gefährderansprache ist hier nicht vorstellbar. Damit ist die Gefährderansprache auch erforderlich.

Die Gefährderansprache darf als zulässige Rechtsfolge des §8 I PolG NRW durchgeführt werden.

III. Verhältnismäßigkeit im weiteren Sinn

Die Geeignetheit und Erforderlichkeit der Maßnahme wurde bereits in der Rechtsfolge geprüft.

Die Verhältnismäßigkeit im engeren Sinn wird in §2 II PolG NRW legal definiert. Mit der Gefährderansprache werden, wie oben dargestellt, der betroffenen Person Folgen und Konsequenzen ihres Handelns aufgezeigt. Der Eingriff in die allgemeine Handlungsfreiheit, Art. 2 I GG, dürfte gering sein, da der Adressat weiterhin die Möglichkeit hat, selber zu entscheiden, ob er den Hinweisen der Polizei folgt oder nicht. Auf der anderen Seite soll die Gesundheitsgefahr für eine Vielzahl von Menschen abgewehrt und die erneute Begehung von Betäubungsmitteldelikten verhütet werden. Eine Abwägung des geringen Grundrechtseingriffs mit den zu schützenden Rechtsgütern ergibt, dass kein Missverhältnis zu erkennen ist. Die Gefährderansprache ist angemessen.

Fall 4: Gewahrsamnahme eines Ausreißers

Schwerpunkte: Identitätsfeststellung zur Gefahrenabwehr, Gewahrsamnahme eines Minderjährigen

Sachverhalt

Kevin J ist mit seinen vier Jahren schon sehr unternehmungslustig, und seine Mutter hat alle Hände voll damit zu tun, dass er keinen Unsinn anstellt. Trotzdem gelingt es ihm am heutigen Tag um 12:30 Uhr auf dem Rückweg vom Kindergarten, Rosenweg 22 in Düsseldorf-Flingern, in einem unbeobachteten Moment, seine Mutter zu verlassen und endlich einmal die Welt auf eigene Faust zu erkunden. Um 12:45 Uhr ruft die Mutter aufgelöst bei der Polizei an und meldet ihr Kind als vermisst. Über Funk gibt die Einsatzleitstelle eine Fahndung nach dem Jungen mit einer detaillierten Personenbeschreibung heraus. Der Fustkw Düssel 11/32 befindet sich in der Nähe des Kindergartens und fährt den Bereich auf der Suche nach dem Kind ab. Um 13:15 Uhr fällt den Beamten ein Junge auf, auf den die Personenbeschreibung passt. Sie halten das Kind an und fragen nach dem Namen und der Wohnadresse. Der Kleine ist ein wenig schüchtern und rückt nach mehrmaliger Nachfrage nur heraus, dass er Kevin heißt. Zur Wohnadresse nuschelt er etwas, was nicht zu verstehen ist. Deshalb entschließen sich die Polizisten, das Kind im Streifenwagen zur Wache mitzunehmen. Die Einsatzleitstelle verständigt die Mutter und bittet sie, sich zur Polizeiwache zu begeben, wo sie freudestrahlend ihren verlorenen Sohn in Empfang nimmt.

Aufgabe: Prüfen Sie in einem Gutachten die Rechtmäßigkeit der Maßnahmen, die die Polizei gegenüber dem Kind durchgeführt hat.

Lösungsskizze

Aufzählung der getroffenen Maßnahmen:
- Erfragen der Personalien des Kindes
- Mitnahme des Kindes zur Polizeiwache

A. Erfragen der Personalien des Kindes

Bearbeitungszeit: ca. 45 Min.

I. Ermächtigungsgrundlage
1. Grundrechtseingriffe
Art. 2 I iVm Art. 1 I GG, RIS (+)
Art. 2 II 2 GG, Bewegungsfreiheit (+)
2. Zielrichtung der Maßnahme
Präventiv, Gefahr für die öffentliche Sicherheit (+)
II. Formelle Rechtmäßigkeit
1. Zuständigkeit
a) sachliche Zuständigkeit
§ 1 I 1 und 3 PolG NRW iVm § 11 I Nr. 1 POG NRW (+)
Gefahr für die Gesundheit des Kindes (+)
Eilzuständigkeit statt Jugendamt, subsidiäre Zuständigkeit (+)
b) örtliche Zuständigkeit
§ 7 I POG NRW
2. Allgemeine Verfahrensvorschriften
§§ 28, 37 I, 41, 43 VwVfG NRW als beachtet unterstellt (+)
3. Formvorschrift
§ 37 II VwVfG NRW als beachtet unterstellt (+)
III. Materielle Rechtmäßigkeit
1. Tatbestand der Ermächtigungsgrundlage
§ 12 I Nr. 1 PolG NRW
Konkrete Gefahr (+)
2. a) Besondere Verfahrensvorschriften
§ 9 III–VI PolG NRW (+)
b) Anordnungsbefugnis
Durch jeden Polizeibeamten
3. Adressat
§ 4 I PolG NRW (+)
4. Rechtsfolge
a) Zugelassene Rechtsfolge
§ 12 I PolG NRW, IDF und § 12 II 2 PolG NRW, hier Anhalten und Befragen zur Identität erforderlich (+)
b) Hinreichende Bestimmtheit
Hier nicht zu prüfen
c) Ermessen
Entschließungsermessen – akute Gefahr für Gesundheit des Kindes = Ermessensreduzierung auf Null
Auswahlermessen (+)
d) Verhältnismäßigkeit im weiteren Sinn
Anhalten und Befragen
- geeignet (+)
- erforderlich (+)
- angemessen (+)

IV. Ergebnis
Anhalten und Befragen des Kindes (+)

B. Mitnahme des Kindes zur Polizeiwache

Bearbeitungszeit: ca. 30 Min.

I. Ermächtigungsgrundlage
1. Grundrechtseingriffe
Art. 2 II 2 GG, Bewegungsfreiheit (+)
2. Zielrichtung der Maßnahme
s. oben
II. Formelle Rechtmäßigkeit
s. oben
III. Materielle Rechtmäßigkeit
1. Tatbestand der Ermächtigungsgrundlage
§ 35 II PolG NRW
- Minderjähriger (+)
- Der Obhut der Sorgeberechtigten entzogen (+)

2. a) Besondere Verfahrensvorschriften
§§ 37–38 PolG NRW (+)
b) Anordnungsbefugnis
Durch jeden Polizeibeamten unter Beachtung von § 36 I PolG NRW (+)
3. Adressat
Aus der Ermächtigung, hier J (+)
4. Rechtsfolge
a) Zugelassene Rechtsfolge
Gewahrsamnahme (+)
b) Hinreichende Bestimmtheit
Hier nicht zu prüfen
c) Ermessen
s. oben
d) Verhältnismäßigkeit im weiteren Sinn
Gewahrsamnahme
- geeignet (+)
- erforderlich (+)
- angemessen (+)

IV. Ergebnis
Gewahrsamnahme des J rechtmäßig (+)

Lösungsvorschlag

A. Erfragen der Personalien des Kindes[1]

I. Ermächtigungsgrundlage

1. Grundrechtseingriffe[2]

Das Erfragen der Personalien des J könnte ein Eingriff in das RIS, Art. 2 I iVm Art. 1 I GG, darstellen. Das RIS erlaubt jedermann selber darüber zu bestimmen, welche personenbezogenen Daten preisgegeben werden und wie mit diesen Daten weiter umgegangen werden darf. Damit darf auch J grundsätzlich selbst darüber entscheiden, wem er seine Personalien offen legt. Ein Grundrechtseingriff ist gegeben, wenn eine staatliche Maßnahme nicht nur ganz unerheblich den Schutzbereich eines Grundrechts beeinträchtigt. Identitätsangaben gehören zu den personenbezogenen Daten. Da die Polizeibeamten den Jungen hier auffordern, dazu Angaben zu machen, liegt ein Grundrechtseingriff in das RIS vor. Während der Identitätsfeststellung (IDF) muss J vor Ort bleiben. Damit könnte ein Eingriff in die Bewegungsfreiheit, Art. 2 II 2 GG, erfolgt sein. Die Bewegungsfreiheit schützt das Recht jedes Menschen, jeden tatsächlich und rechtlich zugänglichen Ort aufzusuchen, dort zu verweilen und den Ort auch wieder zu verlassen. Also dürfte J grundsätzlich auch weitergehen. Indem J zur Personalienfeststellung angehalten wird, liegt ein Eingriff in die Bewegungsfreiheit in Form der Freiheitsbeschränkung[3] vor.

2. Zielrichtung der Maßnahme

Die Maßnahme könnte der Gefahrenabwehr dienen. Dann müsste eine Gefahr für die öffentliche Sicherheit oder Ordnung vorliegen. Mit Gefahr ist ein Verhalten oder ein Zustand gemeint, bei dem bei ungehindertem Geschehensablauf in absehbarer Zeit mit hinreichender Wahrscheinlichkeit mit einem Schadenseintritt für ein Rechtsgut der öffentlichen Sicherheit oder Ordnung zu rechnen ist. Zur öffentlichen Sicherheit gehört unter anderem das Individualrechtsgut Gesundheit.[4] Ein vierjähriges Kind ist noch nicht in der Lage, auf Gefahren, die für seine Gesundheit und unter Umständen auch für sein Leben bestehen, angemessen zu reagieren, wenn es alleine im öffentlichen Raum unterwegs ist. J hat sich hier bewusst von seiner Mutter entfernt, um alleine die Welt zu erkunden. Damit besteht nach polizeilicher Erfahrung ein relativ hohes Risiko, dass ihm etwas zustößt. Es liegt eine Gefahr für Leben und Gesundheit des J vor. Die Personalienfeststellung ist darauf gerichtet, den J seiner Mutter zurückgeben zu können und dient damit der Gefahrenabwehr.

---

1 *Bialon/Springer* EingriffsR Rn. 184 ff.
2 *Bialon/Springer* EingriffsR Rn. 188.
3 *Bialon/Springer* EingriffsR Rn. 216 ff.
4 *Bialon/Springer* EingriffsR Rn. 35 ff.

II. Formelle Rechtmäßigkeit

1. Zuständigkeit

a) sachliche Zuständigkeit[5]

Die sachliche Zuständigkeit könnte sich aus § 1 I 1 und 3 PolG NRW iVm § 11 I Nr. 1 POG NRW ergeben. Dass eine Gefahr für die öffentliche Sicherheit iSd § 1 I 1 PolG NRW vorliegt, wurde bereits oben begründet. Die Abwehr der Gefahr ist eigentlich Aufgabe des Jugendamtes. Da kein Mitarbeiter dieser Behörde vor Ort ist, würde es zu lange dauern, das Jugendamt zu verständigen, damit es tätig werden kann. In der Zwischenzeit ist damit zu rechnen, dass dem Vierjährigen etwas zustößt. Es muss sofort gehandelt werden. Für diesen Eilfall ist die Polizei nach § 1 I 3 PolG NRW subsidiär zuständig.

Die Aufgabe ist den KPB zugewiesen, § 11 I Nr. 1 POG NRW. Es wird unterstellt, dass die einschreitenden Beamten der sachlich zuständigen KPB angehören.

b) örtliche Zuständigkeit[6]

Die örtliche Zuständigkeit ergibt sich aus § 7 I POG NRW.

2. Allgemeine Verfahrensvorschriften

Die Verfügung an das Kind, seine Personalien zu nennen, ist ein Verwaltungsakt nach § 35 VwVfG NRW.[7] Die Beachtung der §§ 28, 37 I, 41, 43 VwVfG NRW wird als gegeben unterstellt.[8]

3. Formvorschrift

Der Verwaltungsakt wird mündlich ausgesprochen. Damit wird § 37 II VwVfG NRW beachtet.

III. Materielle Rechtmäßigkeit

1. Tatbestand der Ermächtigungsgrundlage

Die Befugnis für die Maßnahme könnte sich aus § 12 I Nr. 1 PolG NRW ergeben.[9] Dann müsste eine konkrete Gefahr für die öffentliche Sicherheit vorliegen. Eine Gefahr für die öffentliche Sicherheit wurde oben bereits bejaht. Konkret ist eine Gefahr, wenn sie für den Einzelfall besteht, § 8 I PolG NRW, also Ort, Zeit und betroffene Personen näher bestimmt werden können. Die Polizisten halten ein Kind an, auf das die Personenbeschreibung der Mutter passt. Einsatzort und Einsatzzeit sind im Sachverhalt ebenfalls angegeben. Würden die Polizisten nicht einschreiten, ist damit zu rechnen, dass das Kind verunfallt oder auch Opfer einer Straftat wird. Damit liegt eine konkrete Gefahr für die öffentliche Sicherheit vor.

---

5 *Bialon/Springer* EingriffsR Rn. 54 f.
6 *Bialon/Springer* EingriffsR Rn. 110 ff.
7 *Bialon/Springer* EingriffsR Rn. 5 f.
8 *Bialon/Springer* EingriffsR Rn. 113 ff.
9 *Bialon/Springer* EingriffsR Rn. 191 ff.

2. a) Besondere Verfahrensvorschriften

§9 III–VI PolG NRW ist bei der IDF analog anzuwenden.[10] Da der Sachverhalt nichts anderes aussagt, wird die Beachtung unterstellt.

b) Anordnungsbefugnis

Die Maßnahme kann durch jeden Polizeibeamten angeordnet werden.

3. Adressat[11]

§12 I Nr. 1 PolG NRW lässt keine Rückschlüsse auf den Adressaten der Maßnahme zu. Daher könnte sich der Adressat aus §4 I PolG NRW ergeben. J verursacht durch sein Verhalten eine Gefahr für die öffentliche Sicherheit und ist damit Verhaltensverantwortlicher. Es kommt nicht darauf an, dass er schon die Tragweite seines Handelns erkennt und geschäftsfähig oder schuldfähig sein müsste. Gefahrenabwehrende Maßnahmen sind auch gegen Kinder möglich, also auch gegen den vierjährigen J.

4. Rechtsfolge

a) Zugelassene Rechtsfolge

§12 I PolG NRW erlaubt als Rechtsfolge die IDF. §12 II 1 PolG NRW normiert, dass nur die erforderlichen Maßnahmen zur IDF durchgeführt werden dürfen.[12] §12 II 2 PolG NRW nennt als Maßnahmen das Anhalten und das Befragen. Genau das wird im Sachverhalt durch die Polizisten durchgeführt. Diese Maßnahmen sind auch zielführend, um die Identität des Kindes zu klären und sind damit geeignet. Ein milderes Mittel um die Personalien festzustellen, ist hier nicht zu erkennen. Damit sind die Maßnahmen auch erforderlich. Die getroffenen Maßnahmen entsprechen damit der zugelassenen Rechtsfolge.

b) Hinreichende Bestimmtheit

Hier nicht zu prüfen.

c) Ermessen[13]

Wegen der akuten Gefahr für die Gesundheit und gegebenenfalls auch das Leben des J reduziert sich das Entschließungsermessen auf null. Fehler beim Auswahlermessen sind aus dem Sachverhalt nicht zu erkennen.

d) Verhältnismäßigkeit im weiteren Sinn[14]

Die IDF muss geeignet sein. Dies ist gegeben, wenn die Maßnahme zumindest das Erreichen des polizeilichen Ziels fördert. Steht die Identität des Kindes fest,

---

[10] *Bialon/Springer* EingriffsR Rn. 267 ff.
[11] *Bialon/Springer* EingriffsR Rn. 130 ff. und 215.
[12] *Bialon/Springer* EingriffsR Rn. 216 f.
[13] *Bialon/Springer* EingriffsR Rn. 118 ff.
[14] *Bialon/Springer* EingriffsR Rn. 124 ff.

kann es zu den Eltern gebracht werden bzw. kann veranlasst werden, dass die Eltern das Kind auf der Polizeiwache abholen. Damit ist die Maßnahme geeignet. Die Erforderlichkeit ist in §2 I PolG NRW legal definiert. Ein milderes Mittel als die IDF ist hier nicht zu erkennen.

Die Angemessenheit ist in §2 II PolG NRW legal definiert. Der Eingriff in die Bewegungsfreiheit dauert nur kurz und ist gering. Gleiches gilt auch für die erhobenen Daten, die nur dazu dienen J wieder zu seinen Eltern zu bringen. Auf der anderen Seite geht es um Gesundheit und Leben des Kindes und damit um höchste Rechtsgüter. Daher ergibt eine Abwägung der Grundrechtseingriffe mit dem angestrebten polizeilichen Ziel, dass kein Missverhältnis zu erkennen ist. Die IDF ist angemessen.

IV. Ergebnis

Das Anhalten und das Befragen des Kindes zur IDF sind rechtmäßig.

B. Mitnahme des Kindes zur Polizeiwache[15]

I. Ermächtigungsgrundlage

1. Grundrechtseingriffe

J wird in Gewahrsam genommen. Damit könnte in die Bewegungsfreiheit, Art. 2 II 2 GG, eingegriffen worden sein. Der Schutzbereich ist bereits oben definiert worden. Kevin wird hier an einem eng umgrenzten Raum, zuerst im Streifenwagen, dann in der Polizeiwache, festgehalten. Damit wird ihm die Bewegungsfreiheit genommen. Es liegt ein Eingriff in Form der Freiheitsentziehung vor.

2. Zielrichtung der Maßnahme

Es wird auf die obigen Ausführungen verwiesen.

II. Formelle Rechtmäßigkeit

Es wird auf die obigen Ausführungen verwiesen.

III. Materielle Rechtmäßigkeit

1. Tatbestand der Ermächtigungsgrundlage

Als Ermächtigung könnte §35 II PolG NRW dienen.[16]/[17] J ist vier Jahre alt und damit minderjährig. Fraglich ist, ob er sich der Obhut der Sorgeberechtigten entzogen hat. Eine solche Entziehung liegt vor, wenn die betroffene Person sich

---

[15] *Bialon/Springer* EingriffsR Rn. 394ff.

[16] *Bialon/Springer* EingriffsR Rn. 423ff.

[17] **Hinweis:** Der Tatbestand des §35 I Nr. 1 PolG NRW ist hier ebenfalls erfüllt. Man kann darüber streiten, ob diese Ermächtigungsgrundlage wegen der akuten Gefahr für das Leben und die Gesundheit des Kindes nicht speziell ist ggü. §35 II PolG NRW. Aus Übungsgründen wurde hier der Tatbestand des §35 II PolG NRW gewählt.

willentlich von dem Aufenthaltsort wegbewegt, den die Sorgeberechtigten für den Minderjährigen vorgesehen haben. J ist laut Sachverhalt mit seiner Mutter auf dem Rückweg vom Kindergarten nach Hause. Er beschließt, die Welt auf eigene Faust zu erkunden. Damit entzieht er sich willentlich der sorgeberechtigten Mutter. Somit ist auch dieses Tatbestandsmerkmal erfüllt.

2. a) Besondere Verfahrensvorschriften

Bei einer Gewahrsamnahme sind die §§ 37–38 PolG NRW zu beachten.[18] Von der Beachtung des § 37 PolG NRW ist auszugehen. Wichtig ist hierbei, dass ein Kind nicht in eine Gewahrsamszelle gesperrt werden darf. Üblicherweise wird das Kind auf der Wache in einem Zimmer von einem Polizisten oder einer Polizistin betreut, bis die Erziehungsberechtigten eintreffen. Davon ist auch im Sachverhalt auszugehen. J wird seiner Mutter übergeben und damit wird § 38 I Nr. 1 PolG NRW beachtet.

b) Anordnungsbefugnis

Der Aufenthalt des J bei der Polizei dürfte so kurz dauern, dass in dieser Zeit keine richterliche Entscheidung nach § 36 I 1 PolG NRW einzuholen ist. Die Maßnahme darf durch jeden Polizeibeamten angeordnet werden.

3. Adressat[19]

Der Adressat der Maßnahme ist der Minderjährige, also hier der J.

4. Rechtsfolge

a) Zugelassene Rechtsfolge[20]

Die im Sachverhalt durchgeführte Gewahrsamnahme entspricht der zugelassenen Rechtsfolge.

b) Hinreichende Bestimmtheit

Hier nicht zu prüfen.

c) Ermessen

Es wird auf die obigen Ausführungen verwiesen.

d) Verhältnismäßigkeit im weiteren Sinn

Die Gewahrsamnahme ermöglicht es, den J seiner Mutter zuzuführen und ist damit geeignet. Ein milderes Mittel ist nicht zu erkennen. Damit ist die Maßnahme auch erforderlich. Die Freiheitsentziehung des J dauert nur eine kurze Zeit und dürfte deshalb einen relativ geringen Grundrechtseingriff darstellen.

---

[18] *Bialon/Springer* EingriffsR Rn. 428a ff.
[19] *Bialon/Springer* EingriffsR Rn. 151.
[20] *Bialon/Springer* EingriffsR Rn. 431.

Das angestrebte polizeiliche Ziel wurde oben bereits beschrieben. Auch hier ergibt eine Abwägung, dass ein Missverhältnis nicht zu erkennen ist. Die Maßnahme ist damit angemessen.

IV. Ergebnis

Die Gewahrsamnahme des J ist rechtmäßig.

Fall 5: Streit auf der Kö in Duisburg

Schwerpunkt: Identitätsfeststellung zur Strafverfolgung

Sachverhalt

Die Polizei wird in der Altstadt Duisburg auf die Kö (Königstraße) gerufen. Dort haben sich zwei Frauen eine Schlägerei geliefert, bei der sie sich gegenseitig einige Haarbüschel ausgerissen haben. Passanten halten die beiden mit Mühe voneinander getrennt. Die Kontrahentinnen schreien sich weiter an. Die Polizisten fordern die beiden auf, ihren Bundespersonalausweis (BPA) auszuhändigen. Frau N kommt dem auch sofort nach. Frau T erklärt, dass sie mit einem Rechtsanwalt verheiratet sei und daher wisse, dass sie nichts zu sagen und zu machen brauche. Und genau so werde sie sich jetzt auch verhalten. Da sie dabei bleibt, wird sie von POK'in Z durchsucht. Es wird der Führerschein der Frau T gefunden.

Aufgabe: Prüfen Sie in einem Gutachten die Rechtmäßigkeit der Identitätsfeststellungen.

Lösungsskizze

A. Identitätsfeststellung bei Frau N

Bearbeitungszeit: ca. 60 Min.

I. Ermächtigungsgrundlage

1. Grundrechtseingriff
- Art. 2 I iVm Art. 1 I GG, RIS (+)
- Art. 2 II 2 GG, Bewegungsfreiheit (+)

2. Zielrichtung der Maßnahme
Repressiv, Verdacht § 223 StGB (+)

II. Formelle Rechtmäßigkeit

1. Zuständigkeit

a) sachliche Zuständigkeit
§ 1 IV PolG NRW iVm § 163 I 1 StPO iVm § 11 I Nr. 2 POG NRW (+)

b) örtliche Zuständigkeit
§ 7 I POG NRW (+)

2. Allgemeine Verfahrensvorschriften
Bestehen für StPO-Maßnahmen nicht

3. Formvorschrift
Die mündliche Anordnung ist zulässig, später ist die Maßnahme zu dokumentieren, § 168b StPO

III. Materielle Rechtmäßigkeit

1. Tatbestand der Ermächtigungsgrundlage
§ 163b I StPO
- Anfangsverdacht Straftat, s. oben (+)
- Tatverdächtige, hier Frau N (+)

2. a) Besondere Verfahrensvorschriften
§ 163b I StPO verweist auf § 163a IV 1 StPO (+)

b) Anordnungsbefugnis
Durch jeden Polizeibeamten (+)

3. Adressat
Tatverdächtige, Frau N (+)

4. Rechtsfolge

a) Zugelassene Rechtsfolge
IDF (+), hier erforderliche Maßnahmen: Ausweis fordern – geeignet und erforderlich (+)

b) Hinreichende Bestimmtheit
Hier nicht zu prüfen

c) Ermessen
- Entschließungsermessen – Legalitätsprinzip
- Auswahlermessen (+)

d) Verhältnismäßigkeit im weiteren Sinn
IDF zur Strafverfolgung
- geeignet (+)
- erforderlich (+)
- angemessen (+)

IV. Ergebnis
IDF (+)

B. Identitätsfeststellung bei Frau T

Bearbeitungszeit: ca. 20 Min.

I. Ermächtigungsgrundlage

1. Grundrechtseingriff
- Art. 2 I iVm Art. 1 I GG, RIS s. Prüfung oben (+)
- Art. 2 II 2 GG, Bewegungsfreiheit s. Prüfung oben (+)
- Zusätzlich Eingriff in APR durch die Durchsuchung (+)

2. Zielrichtung der Maßnahme
s. oben

II. Formelle Rechtmäßigkeit
s. oben

III. Materielle Rechtmäßigkeit

1. Tatbestand der Ermächtigungsgrundlage
s. oben

2. a) Besondere Verfahrensvorschriften
§§ 163b I, 163a IV 1 StPO, s. oben; § 81d StPO (+)

b) Anordnungsbefugnis
Durch jeden Polizeibeamten (+)

3. Adressat
Tatverdächtige, Frau T (+)

4. Rechtsfolge

a) Zugelassene Rechtsfolge
s. oben; zusätzlich: T verweigert Herausgabe des BPA – Durchsuchung erforderlich zur IDF (+)

b) Hinreichende Bestimmtheit
Hier nicht zu prüfen

c) Ermessen
s. oben

d) Übermaßverbot
IDF zur Strafverfolgung
- geeignet und erforderlich, s. oben
- zusätzlicher GR-Eingriff, trotzdem angemessen (+)

IV. Ergebnis
IDF (+)

Lösungsvorschlag

A. Identitätsfeststellung bei Frau N[1]

I. Ermächtigungsgrundlage

1. Grundrechtseingriff[2]

Hyp:[3] Die Polizisten fordern Frau N auf, den BPA auszuhändigen. Damit könnte ein Eingriff in das RIS (RIS), Art. 2 I iVm Art. 1 I GG, vorliegen.

D: Das Grundrecht schützt das Recht jeder Person, selber über die Preisgabe personenbezogener Daten und deren weitere Verwendung zu entscheiden.

S und SF: Somit kann Frau N grundsätzlich selber bestimmen, wem sie ihre Personalien bekannt gibt oder ob sie es vorzieht anonym zu bleiben.

D: Ein Grundrechtseingriff ist gegeben, wenn eine staatliche Maßnahme nicht nur ganz unerheblich den Schutzbereich eines Grundrechts beeinträchtigt.

S: Durch die Aufforderung der Polizisten, den BPA auszuhändigen, muss sie ihre Identität bekanntgeben. Solange nicht die Freiwilligkeit ausdrücklich erklärt wird, ist vom entgegenstehenden Willen der betroffenen Person auszugehen.

SF: Somit liegt ein Eingriff in das RIS vor.

Hyp: Für die Zeit der IDF muss Frau N vor Ort bleiben. Damit könnte ein Eingriff in die Bewegungsfreiheit, Art. 2 II 2 GG, erfolgt sein.

D: Die Bewegungsfreiheit schützt das Recht jedes Menschen, jeden tatsächlich und rechtlich zugänglichen Ort aufzusuchen, dort zu verweilen und den Ort auch wieder zu verlassen.

S und SF: Somit dürfte Frau N auch den Einsatzort verlassen, statt während der IDF vor Ort zu bleiben.

S und SF: Wenn es auch im Sachverhalt nicht ausdrücklich beschrieben wird, so ist eine IDF nur möglich, wenn die betroffene Person dafür vor Ort bleibt. Somit liegt ein Eingriff in die Bewegungsfreiheit vor.[4]

2. Zielrichtung der Maßnahme

Hyp: Die IDF könnte der Strafverfolgung dienen.

TBM: Dann müsste der Anfangsverdacht einer konkreten Straftat gegeben sein.[5]

D: Die Definition ergibt sich aus § 152 II StPO.

---

1 *Bialon/Springer* EingriffsR Rn. 227 ff.
2 *Bialon/Springer* EingriffsR Rn. 228.
3 Hyp = Hypothese, D = Definition, S = Subsumtion, SF = Schlussfolgerung, TBM = Tatbestandsmerkmal.
4 *Bialon/Springer* EingriffsR Rn. 218 ff.
5 *Bialon/Springer* EingriffsR Rn. 44.

S: Die beiden Frauen haben sich gegenseitig Haarbüschel ausgerissen. Damit ist der Anfangsverdacht der wechselseitig begangenen Körperverletzung nach §223 I StGB begründet. Die IDF dient der Wahrheitsfindung, da ohne die Personalien der Tatverdächtigen ein Strafverfahren nicht durchgeführt werden kann.

SF: Die Polizei wird zur Strafverfolgung tätig.

II. Formelle Rechtmäßigkeit

1. Zuständigkeit

a) sachliche Zuständigkeit

Hyp: Die sachliche Zuständigkeit könnte sich aus §1 IV PolG NRW iVm §163 I 1 StPO iVm §11 I Nr. 2 POG NRW ergeben.[6]

S: Die Polizei hat Aufgaben wahrzunehmen, die ihr durch eine andere Rechtsvorschrift übertragen werden. Eine solche Aufgabe ist die Strafverfolgung nach §163 I 1 StPO. Dann müsste der Anfangsverdacht einer konkreten Straftat vorliegen. Wie oben geprüft, liegt der Anfangsverdacht einer Körperverletzung vor. Damit muss die Polizei nach dem Legalitätsprinzip einschreiten.

Die Aufgabe ist durch §11 I Nr. 2 POG NRW den KPB zugewiesen. Da der Sachverhalt nichts Gegenteiliges hergibt, kann unterstellt werden, dass die einschreitenden Beamten der sachlich zuständigen KPB angehören.

SF: Damit ist die sachliche Zuständigkeit gegeben.

b) örtliche Zuständigkeit[7]

SF: Ohne weitere Prüfung wird unterstellt, dass sich die örtliche Zuständigkeit aus §7 I POG NRW ergibt.

2. Allgemeine Verfahrensvorschriften

Bestehen für StPO-Maßnahmen nicht.

3. Formvorschrift

Die mündliche Anordnung ist zulässig, später ist die Maßnahme zu dokumentieren, §168b StPO. Die Beachtung wird hier unterstellt.

III. Materielle Rechtmäßigkeit

1. Tatbestand der Ermächtigungsgrundlage

Hyp: Die Befugnis für die IDF könnte sich aus §163b I StPO ergeben.[8]

TBM: Dann müsste der Anfangsverdacht einer konkreten Straftat vorliegen und die betroffene Person der Straftat verdächtig sein.

---

6 *Bialon/Springer* EingriffsR Rn. 82f.
7 *Bialon/Springer* EingriffsR Rn. 110ff.
8 *Bialon/Springer* EingriffsR Rn. 231.

S: Der Anfangsverdacht einer Körperverletzung wurde oben bereits zutreffend geprüft.

D: Tatverdächtig ist eine Person, wenn Tatsachen darauf schließen lassen, dass die betroffene Person die Straftat begangen haben könnte.

S und **SF:** Laut Zeugenaussagen hat Frau N ihrer Gegnerin Haarbüschel ausgerissen. Damit ist Frau N einer Körperverletzung verdächtig.

SF: Der Tatbestand der Ermächtigung ist erfüllt.

2. a) Besondere Verfahrensvorschriften[9]

TBM und **D:** § 163b I StPO verweist auf § 163a IV 1 StPO. Danach ist dem Tatverdächtigen mitzuteilen, welche Tat ihm zur Last gelegt wird. Wenn jedoch offensichtlich ist, worum es geht, kann die Belehrung wegfallen.

S: Da die Straftat gerade erst geschehen ist, kann man davon ausgehen, dass Frau N weiß, warum die Polizei ihre Identität feststellt und welche Tat ihr zur Last gelegt wird.

SF: Somit brauchen die Polizisten Frau N nicht zu belehren.

b) Anordnungsbefugnis

Die Maßnahme darf durch jeden Polizeibeamten angeordnet werden.

3. Adressat

TBM, S und **SF:** Die IDF richtet sich gegen die Tatverdächtige, hier Frau N.

4. Rechtsfolge

a) Zugelassene Rechtsfolge[10]

TBM: § 163b I StPO erlaubt die IDF bei Tatverdächtigen. Dabei darf die Polizei die erforderlichen Maßnahmen treffen.

S: Im Sachverhalt wird Frau N aufgefordert, den BPA auszuhändigen. Diese Maßnahme müsste geeignet und erforderlich sein.

D: Geeignet meint, dass die getroffene Maßnahme dazu beiträgt, das polizeiliche Ziel zu erreichen.

S: Händigt Frau N den BPA aus, so kann die Identität ermittelt werden.

SF: Die Maßnahme ist geeignet.

D: Erforderlich ist eine Maßnahme, wenn sie den Betroffenen und die Allgemeinheit am wenigsten in den Grundrechten beeinträchtigt, s. § 2 I PolG NRW.

S: Eine mildere Maßnahme als den Ausweis aushändigen zu lassen, ist hier nicht zu erkennen.

SF: Somit ist die Maßnahme erforderlich.

SF: Damit entspricht die getroffene Maßnahme der zugelassenen Rechtsfolge.

---

[9] *Bialon/Springer* EingriffsR Rn. 234 ff.
[10] *Bialon/Springer* EingriffsR Rn. 237 ff.

b) Hinreichende Bestimmtheit

Hier nicht zu prüfen.

c) Ermessen[11]

TBM, S und **SF:** Wie oben dargestellt, gilt das Legalitätsprinzip. Fehler beim Auswahlermessen sind aus dem Sachverhalt nicht zu erkennen.

d) Verhältnismäßigkeit im weiteren Sinn[12]

TBM: Die IDF müsste zur Strafverfolgung geeignet sein.

S: Ohne die Personalien kann ein Strafverfahren gegen Frau N nicht durchgeführt werden.

SF: Also ist die IDF geeignet.

TBM, S und **SF:** Damit ist diese Maßnahme auch das mildeste Mittel zur Durchführung des Strafverfahrens.

TBM: Zuletzt müsste die IDF auch angemessen sein.

D: Die Legaldefinition der Angemessenheit ergibt sich aus §2 II PolG NRW.

S: Die Feststellung der Identität dauert hier nur wenige Min. Der Eingriff in die Bewegungsfreiheit ist damit gering. Die festgestellten personenbezogenen Daten müssen in einer Vielzahl von Lebenssachverhalten preisgegeben werden. Damit ist auch dieser Eingriff in das RIS gering. Die Strafandrohung für Körperverletzungsdelikte ist eine Freiheitsstrafe bis zu fünf Jahren oder eine Geldstrafe. Sich gegenseitig Haarbüschel auszureißen, ist kein Bagatelldelikt, zumal die beiden Frauen auf einer stark belebten Einkaufsstraße in Streit geraten sind. Die geringen Grundrechtseingriffe bei Frau N stehen damit in keinem erkennbaren Missverhältnis zu der Absicht, diese Straftat beweissicher aufzuklären.

SF: Die IDF ist verhältnismäßig im engeren Sinn.

IV. Ergebnis

SF: Die IDF bei Frau N ist rechtmäßig.

B. Identitätsfeststellung bei Frau T

I. Ermächtigungsgrundlage

1. Grundrechtseingriff[13]

Hyp:[14] Die Polizisten fordern Frau T auf, den BPA auszuhändigen. Damit könnte ein Eingriff in das RIS, Art. 2 I iVm Art. 1 I GG, vorliegen.

---

[11] *Bialon/Springer* EingriffsR Rn. 118 ff.
[12] *Bialon/Springer* EingriffsR Rn. 124 ff.
[13] *Bialon/Springer* EingriffsR Rn. 228.
[14] Hyp = Hypothese, D = Definition, S = Subsumtion, SF = Schlussfolgerung, TBM = Tatbestandsmerkmal.

S und **SF:** Es wird auf die obigen Ausführungen verwiesen. Auch bei Frau T wird in das RIS eingegriffen.

Hyp: Für die Zeit der IDF muss Frau T vor Ort bleiben. Damit könnte ein Eingriff in die Bewegungsfreiheit, Art. 2 II 2 GG, erfolgt sein.

S und **SF:** Es wird auf die obigen Ausführungen verwiesen. Auch bei Frau T wird in die Bewegungsfreiheit eingegriffen.

Hyp: Neben dem Eingriff in die Bewegungsfreiheit und das RIS könnte ein weiterer Eingriff in das APR, Art. 2 I iVm Art. 1 I GG, durch die Durchsuchung vorliegen.

D: Zum APR gehört unter anderem, das Recht selbst zu entscheiden, von wem man sich in welcher Form berühren lässt. Dabei wird auch von einem Recht auf Privat- und Intimsphäre gesprochen.

S: Daher darf Frau T grundsätzlich verweigern, sich von den Polizisten durchsuchen zu lassen.

S und **SF:** Indem sie hier die Durchsuchung dulden muss, liegt ein Eingriff in das APR vor.

2. Zielrichtung der Maßnahme

Hyp, TBM, S und SF: Es wird auf die obigen Ausführungen verwiesen.

II. Formelle Rechtmäßigkeit

Hyp, TBM, S und SF: Es wird auf die obigen Ausführungen verwiesen.

III. Materielle Rechtmäßigkeit

1. Tatbestand der Ermächtigungsgrundlage

Hyp: Die Befugnis für die IDF könnte sich aus § 163b I StPO ergeben.[15]

TBM: Dann müsste der Anfangsverdacht einer konkreten Straftat vorliegen und die betroffene Person der Straftat verdächtig sein.

S: Der Anfangsverdacht einer Körperverletzung wurde oben bereits zutreffend geprüft.

D: Tatverdächtig ist eine Person, wenn Tatsachen darauf schließen lassen, dass die betroffene Person die Straftat begangen haben könnte.

S und **SF:** Laut Zeugenaussagen hat Frau T ihrer Gegnerin Haarbüschel ausgerissen. Damit ist Frau T einer Körperverletzung verdächtig.

SF: Der Tatbestand der Ermächtigung ist erfüllt.

2. a) Besondere Verfahrensvorschriften

TBM und **D:** § 163b I StPO verweist auf § 163a IV 1 StPO. Danach ist dem Tatverdächtigen mitzuteilen, welche Tat ihm zur Last gelegt wird. Wenn jedoch offensichtlich ist, worum es geht, kann die Belehrung wegfallen.

---

[15] *Bialon/Springer* EingriffsR Rn. 231.

S: Da die Straftat gerade erst geschehen ist, kann man davon ausgehen, dass Frau T weiß, warum die Polizei ihre Identität feststellt und welche Tat ihr zur Last gelegt wird.

SF: Somit brauchen die Polizisten Frau T nicht zu belehren.

TBM: Bei der Durchsuchung einer Person ist §81d I StPO sinngemäß anzuwenden.

S und **SF:** Daher darf nur eine Frau die Tatverdächtige durchsuchen. Da POK'in Z die Maßnahme durchführt, wird die Vorschrift beachtet.

b) Anordnungsbefugnis

TRM, S und SF: Die Maßnahme darf durch jeden Polizeibeamten angeordnet werden.

3. Adressat

TBM, S und **SF:** Die IDF richtet sich gegen die Tatverdächtige, hier Frau T.

4. Rechtsfolge

a) Zugelassene Rechtsfolge[16]

TBM: §163b I StPO erlaubt die IDF bei Tatverdächtigen. Dabei darf die Polizei die erforderlichen Maßnahmen treffen.

S: Im Sachverhalt wird Frau T aufgefordert, den BPA auszuhändigen. Diese Maßnahme müsste geeignet und erforderlich sein.

D: Geeignet meint, dass die getroffene Maßnahme dazu beiträgt, das polizeiliche Ziel zu erreichen.

S: Händigt Frau T den BPA aus, so kann die Identität ermittelt werden.

SF: Die Maßnahme ist geeignet.

D: Erforderlich ist eine Maßnahme, wenn sie den Betroffenen und die Allgemeinheit am wenigsten in den Grundrechten beeinträchtigt, s. §2 I PolG NRW.

S: Eine mildere Maßnahme als den Ausweis aushändigen zu lassen, ist hier nicht zu erkennen.

SF: Somit ist die Maßnahme erforderlich.

TBM: §163b I 3 StPO lässt die Durchsuchung der Tatverdächtigen zu, wenn die Identität sonst nicht oder nur unter erheblichen Schwierigkeiten festgestellt werden kann.

S: Frau T weigert sich, ihren BPA auszuhändigen. Sie ist unkooperativ. Die IDF ist somit nicht durchzuführen, wenn die Frau nicht nach Ausweispapieren durchsucht wird. Man könnte sie auch zur Polizeiwache mitnehmen, um dort weitere Maßnahmen zur IDF durchzuführen. Das wäre aber ein schwererer Grundrechtseingriff als die oberflächliche Durchsuchung der Kleidung vor Ort.

---

16 *Bialon/Springer* EingriffsR Rn. 237 ff.

SF: Daher ist die Durchsuchung hier geeignet und erforderlich, um die Identität zu klären.

SF: Die Durchsuchung entspricht damit der zugelassenen Rechtsfolge.

b) Hinreichende Bestimmtheit

Hier nicht zu prüfen.

c) Ermessen[17]

TBM, S und **SF:** Wie oben dargestellt, gilt das Legalitätsprinzip. Fehler beim Auswahlermessen sind aus dem Sachverhalt nicht zu erkennen.

d) Verhältnismäßigkeit im weiteren Sinn[18]

TBM, S und SF: Die obigen Ausführungen gelten sinngemäß auch für Frau T. Die IDF ist geeignet und erforderlich zur Strafverfolgung.

TBM: Die Maßnahme müsste auch verhältnismäßig im engeren Sinn sein.

S: Zu den oben dargestellten Grundrechtseingegriffen kommt jetzt noch der Eingriff in das APR. Die Durchsuchung findet in der Öffentlichkeit statt, allerdings wird nur in der Kleidung nach Ausweispapieren gesucht. Gleichwohl handelt es sich hier um einen mittelschweren Grundrechtseingriff, da viele Unbeteiligte dieser Maßnahme zuschauen können. Das angestrebte Ziel der IDF wurde bereits oben dargestellt. Der nicht unerhebliche Eingriff in die Grundrechte der Frau T steht gleichwohl nicht in einem erkennbaren Missverhältnis zu dem angestrebten Ziel, die begangene Körperverletzung beweissicher aufzuklären.

SF: Die IDF bei Frau T ist angemessen.

IV. Ergebnis

SF: Die IDF bei Frau T ist rechtmäßig.

---

[17] *Bialon/Springer* EingriffsR Rn. 118 ff.

[18] *Bialon/Springer* EingriffsR Rn. 124 ff.

Fall 6: Kontrolle verdächtiger Personen

Schwerpunkte: Kurzfristige Observation zur Gefahrenabwehr, Identitätsfeststellung an gefährlichen Orten, Durchsuchung von Personen und Sachen zur Gefahrenabwehr

Sachverhalt

Im Rahmen der Streife fallen zwei Polizeibeamten gegen 23:30 Uhr zwei junge Männer auf, die beim Vorbeifahren des Streifenwagens versuchen, sich zu verstecken. Der eine Beamte meint, dass auf die beiden die Personenbeschreibung passen könnte, die ein Zeuge vor einer Woche bei der Polizei abgegeben hat. Der Zeuge hatte beobachtet, wie zwei Männer an parkenden Pkw probierten, ob eines der Fahrzeuge offen sei. Bei einem Pkw wurde die Seitenscheibe auf der Beifahrerseite eingeschlagen und, wie sich später herausstellte, das Navigationsgerät aus dem Auto entwendet.

Eine herbeigerufene Zivilstreife nimmt die Beobachtung der Personen auf. Die Verdächtigen laufen zuerst scheinbar ziellos durch ein Industriegebiet, gehen dann aber gezielt auf einen öffentlichen Parkplatz, der als Kriminalitätsbrennpunkt bekannt ist. In den letzten vier Wochen sind dort 14 Kfz aufgebrochen worden. Wenigstens ein Teil dieser Straftaten geht nach Ermittlungen des zuständigen KK auf das Konto einer osteuropäischen Täterbande. An mehreren Pkw probieren sie aus, ob diese sich öffnen lassen.

Als sie den Parkplatz wieder verlassen wollen, werden sie von der Zivilstreife angehalten und befragt. Angeblich wollen sie sich nur die Zeit vertreiben. An den Pkw waren sie aus reiner Neugierde. Die Ausweispapiere werden verlangt, kontrolliert und eine Fahndungsabfrage durchgeführt. Danach können beide ihren Weg fortsetzen.

Die Zivilstreife fertigt einen Beobachtungs- und Feststellungsbericht.

Aufgabe:

1. Prüfen Sie in einem Gutachten die Rechtmäßigkeit folgender Maßnahmen:
   a) Kurzfristige Observation der beiden Männer
   b) IDF.
2. Wäre es zulässig gewesen, die beiden Männer und die von ihnen mitgeführten Rucksäcke zu durchsuchen? Begründen Sie kurz ihre Auffassung und gehen Sie dabei lediglich auf die entsprechenden Befugnisnormen ein.

Hinweis: Die örtliche Zuständigkeit ist als gegeben unterstellt.

Lösungsskizze

Aufgabe 1a: Kurzfristige Observation der beiden Männer
(Bearbeitungszeit: ca. 50 Min.

I. Ermächtigungsgrundlage

1. Grundrechtseingriffe
Art. 2 I iVm Art. 1 I GG, RIS (+)

2. Zielrichtung der Maßnahme
Präventiv, Gefahr für die öffentliche Sicherheit (+)

II. Formelle Rechtmäßigkeit

1. Zuständigkeit

a) sachliche Zuständigkeit
- § 1 I 1 und 2 PolG NRW iVm § 11 I Nr. 1 POG NRW (+)
- Gefahr für das Eigentum von Pkw-Besitzern, Gefahr für die Integrität der Rechtsordnung (+)
- Verhüten von Straftaten, originäre Zuständigkeit (+)

b) örtliche Zuständigkeit
Als gegeben unterstellt

2. Allgemeine Verfahrensvorschriften
Entfällt, da Realakt

3. Formvorschrift
Entfällt, da Realakt

III. Materielle Rechtmäßigkeit

1. Tatbestand der Ermächtigungsgrundlage
§ 16a IV PolG NRW
- Observation zum Zweck der Gefahrenabwehr (+)
- erforderlich (+)
- ohne Observation ist die Aufgabenerfüllung gefährdet (+)

2. a) Besondere Verfahrensvorschriften
- § 16 PolG NRW
- § 9 III–VI PolG NRW (+)

b) Anordnungsbefugnis
Durch jeden Polizeibeamten (+)

3. Adressat
Aus der Ermächtigung (+)

4. Rechtsfolge

a) Zugelassene Rechtsfolge
Kurzfristige Observation (+)

b) Hinreichende Bestimmtheit
Hier nicht zu prüfen

c) Ermessen
Keine Ermessensfehler zu erkennen (+)

d) Verhältnismäßigkeit im weiteren Sinn
Observation
- geeignet (s. oben) (+)
- erforderlich (s. oben) (+)
- angemessen (+)

IV. Ergebnis
Kurzfristige Observation (+)

Aufgabe 1b: Identitätsfeststellung

Bearbeitungszeit: ca. 45 Min.

I. Ermächtigungsgrundlage
1. Grundrechtseingriffe
- Art. 2 I iVm Art. 1 I GG, RIS, s. oben
- Art. 2 II 2 GG, Bewegungsfreiheit (+)

2. Zielrichtung der Maßnahme
Präventiv, Gefahr für die öffentliche Sicherheit, s. oben
II. Formelle Rechtmäßigkeit
1. Zuständigkeit
a) sachliche Zuständigkeit
s. oben
b) örtliche Zuständigkeit
Als gegeben unterstellt
2. Allgemeine Verfahrensvorschriften
§§ 28, 37 I, 41, 43 VwVfG NRW als beachtet unterstellt (+)
3. Formvorschrift
§ 37 II VwVfG NRW als beachtet unterstellt (+)
III. Materielle Rechtmäßigkeit
1. Tatbestand der Ermächtigungsgrundlage
§ 12 I Nr. 2a PolG NRW
- Tatsachen rechtfertigen die Annahme, dass an dem Ort Personen Straftaten von erheblicher Bedeutung verüben (+)
- Zielpersonen halten sich an dem Ort auf (+)

2. a) Besondere Verfahrensvorschriften
§ 9 III–VI PolG NRW (+)
b) Anordnungsbefugnis
Durch jeden Polizeibeamten (+)
3. Adressat
Aus der Ermächtigung (+)
4. Rechtsfolge
a) Zugelassene Rechtsfolge
IDF und die dazu erforderlichen Maßnahmen (+)
b) Hinreichende Bestimmtheit
Hier nicht zu prüfen
c) Ermessen
Keine Ermessensfehler zu erkennen (+)
d) Verhältnismäßigkeit im weiteren Sinn
IDF
- geeignet (+)
- erforderlich (+)
- angemessen (+)

IV. Ergebnis
IDF rechtmäßig (+)

Aufgabe 2:

Bearbeitungszeit: ca. 15 Min.

- Durchsuchung der Person, § 39 I Nr. 4 PolG NRW
- Durchsuchung der Rucksäcke, § 40 I Nr. 1 PolG NRW

Lösungsvorschlag

Aufgabe 1a: Kurzfristige Observation der beiden Männer

I. Ermächtigungsgrundlage

1. Grundrechtseingriff[1]

Die Maßnahme könnte einen Eingriff in das RIS, Art. 2 I iVm Art. 1 I GG darstellen. Das RIS erlaubt jedermann selber darüber zu bestimmen, welche personenbezogenen Daten preisgegeben werden und wie mit diesen Daten weiter umgegangen werden darf. Daher haben die beiden Männer das Recht, sich unbeobachtet vom Staat in der Öffentlichkeit zu verhalten. Ein Grundrechtseingriff ist gegeben, wenn eine staatliche Maßnahme nicht nur ganz unerheblich den Schutzbereich eines Grundrechts beeinträchtigt. Die Zielpersonen werden von der Zivilstreife eine Zeit lang beobachtet. Damit wird festgestellt, was sie unternehmen. Somit werden personenbezogene Daten über die beiden Personen erhoben und ein Eingriff in das RIS liegt vor.

2. Zielrichtung der Maßnahme

Die Observation könnte der Gefahrenabwehr dienen. Dann müsste eine Gefahr für die öffentliche Sicherheit vorliegen. Mit Gefahr ist ein Verhalten oder ein Zustand gemeint, bei dem bei ungehindertem Geschehensablauf in absehbarer Zeit mit hinreichender Wahrscheinlichkeit mit einem Schadenseintritt für ein Rechtsgut der öffentlichen Sicherheit oder Ordnung zu rechnen ist. Zur öffentlichen Sicherheit gehören unter anderem das Individualrechtsgut Eigentum und die Integrität der Rechtsordnung.[2] Die beiden Männer ducken sich weg, als ein Streifenwagen an ihnen vorbeifährt. Das ist ein ungewöhnliches und auffälliges Verhalten. Einer der Polizisten glaubt, dass eine von einem Zeugen abgegebene Personenbeschreibung von Tatverdächtigen auf die beiden Männer passt. Es wäre möglich, dass die beiden Männer erneut unterwegs sind, um Tatgelegenheiten auszukundschaften und Kraftfahrzeuge aufzubrechen. Dabei ist die Informationslage noch relativ dünn. Bei der hier zu prüfenden kurzfristigen Observation handelt es sich um einen sog. Gefahrenerforschungseingriff. Durch die Maßnahme versucht die Polizei an weitere Informationen zu kommen, um abzuklären, ob weitere Maßnahmen der Gefahrenabwehr erforderlich sind oder es sich um harmloses Verhalten handelt. Würden die beiden Männer Kraftfahrzeuge aufbrechen und daraus Sachen stehlen, so wäre das Eigentum der Betroffenen Kfz-Besitzer gefährdet und die Personen würden Straftaten nach § 243 StGB begehen. Daher ist hier auch die Integrität der Rechtsordnung gefährdet. Die kurzfristige Observation dient also der Gefahrenabwehr.

---

1 *Bialon/Springer* EingriffsR Rn. 244 f.
2 *Bialon/Springer* EingriffsR Rn. 35 ff.

II. Formelle Rechtmäßigkeit

1 Zuständigkeit

a) sachliche Zuständigkeit[3]

Die sachliche Zuständigkeit könnte sich aus § 1 I 1 und 2 PolG NRW iVm § 11 I Nr. 1 POG NRW ergeben. Die Gefahr für das Eigentum von Pkw-Besitzern und die Gefahr für die Integrität der Rechtsordnung wurden bereits oben bejaht. Für das Verhüten von Straftaten ist die Polizei originär zuständig. Die Aufgabe ist den KPB zugewiesen und es kann unterstellt werden, dass die einschreitenden Beamten der sachlich zuständigen KPB angehören.

b) örtliche Zuständigkeit[4]

Laut Hinweis wird die örtliche Zuständigkeit als gegeben unterstellt.

2. Allgemeine Verfahrensvorschriften

Da bei der kurzfristigen Observation keine Verfügung an die beiden Männer erteilt wird, liegt ein Realakt[5] vor. Damit können die allgemeinen Verfahrensvorschriften keine Anwendung finden.[6]

3. Formvorschrift

Auch dieser Prüfschritt entfällt bei Realakten.

III. Materielle Rechtmäßigkeit

1. Tatbestand der Ermächtigungsgrundlage

Die Befugnis könnte sich aus § 16a IV PolG NRW ergeben.[7] Dass die Observation zum Zweck der Gefahrenabwehr durchgeführt wird, wurde bereits oben in der sachlichen Zuständigkeit geprüft. Um abzuklären, ob die beiden Männer erneut auf Diebestour sind oder ihr Verhalten harmlos ist, ist die kurzfristige Observation geeignet. Eine mildere Maßnahme könnte die direkte Befragung der Personen sein. Allerdings würden die Männer dadurch auch gewarnt und möglicherweise geplante Taten auf einen späteren Zeitpunkt verschieben, bis die Polizei nicht mehr in der Nähe ist. Damit wäre eine sofortige Befragung nicht zielfördernd und ungeeignet. Somit ist die kurzfristige Observation auch erforderlich. Fraglich ist, ob ohne die Observation die Aufgabenerfüllung gefährdet ist. Das ist gegeben, wenn das Verhüten von Straftaten ohne die Observation wirksam und dauerhaft nicht möglich ist. Kfz-Aufbrüche gehören zu den

---

3 *Bialon/Springer* EingriffsR Rn. 56 f.

4 *Bialon/Springer* EingriffsR Rn. 110 ff.

5 **Hinweis:** Der Realakt mit Eingriffscharakter wird auch als faktischer Rechtseingriff bezeichnet, s. *Bialon/Springer* EingriffsR Rn. 8 f.

6 **Hinweis:** Die allgemeinen Verfahrensvorschriften können nur bei Verwaltungsakten, § 35 VwVfG NRW, angewendet werden. Bei faktischen Rechtseingriffen kann dieser Prüfpunkt entfallen bzw. reicht die obige Ausführung dazu.

7 *Bialon/Springer* EingriffsR Rn. 248 f.

Delikten, die häufig an bestimmten, dafür geeigneten Orten begangen werden, die dann als Kriminalitätsbrennpunkt bezeichnet werden. Um solche kriminogene Orte zu entschärfen und Bandenstrukturen aufzuhellen, sind verdeckte Gefahrenerforschungsmaßnahmen unerlässlich. Dazu dient die kurzfristige Observation, die hier ebenfalls nicht weggedacht werden kann, um die gerade beschriebenen Ziele zu erreichen. Somit ist der Tatbestand des § 16a IV PolG NRW erfüllt.

2. a) Besondere Verfahrensvorschriften[8]

Die besonderen Verfahrensvorschriften ergeben sich aus §§ 9 III–VI und 16 PolG NRW. Es ist kaum vorstellbar, dass auf dem Parkplatz ein Verhalten der Männer beobachtet wird, dass zum Kernbereich privater Lebensgestaltung gehört. Daher dürfte die Vorschrift des § 16 PolG NRW beachtet werden. Gleiches wird für § 9 III–VI PolG NRW unterstellt.

b) Anordnungsbefugnis

Die Maßnahme darf durch jeden Polizeibeamten angeordnet werden.

3. Adressat[9]

Der Adressat ergibt sich aus der Ermächtigung. Fraglich ist, ob die beiden Personen schon Verhaltensverursacher iSd § 4 I PolG NRW sind oder noch „andere Personen". In jedem Fall dürfen die Personen beobachtet werden, deren Verhalten Aufschluss darüber gibt, was sie vorhaben. Dadurch kann die Polizei einschätzen, ob weitere Maßnahmen erforderlich sind oder nicht. Im Sachverhalt sind dies die beiden Männer auf dem Parkplatz.

4. Rechtsfolge

a) Zugelassene Rechtsfolge[10]

§ 16a IV PolG NRW erlaubt die kurzfristige Observation. Kurzfristig ist die Beobachtung, wenn sie unterhalb der in § 16a I PolG NRW genannten zeitlichen Grenzen bleibt. Die im Sachverhalt beschriebene Observation dürfte nicht länger als eine halbe Stunde dauern und ist damit kurzfristiger Natur. Ob hier ein offenes oder verdecktes Vorgehen der Polizei gegeben ist, lässt sich aus dem Sachverhalt nicht eindeutig erkennen und kann auch hier offen gelassen werden, da die Rechtsfolge beide Formen der Observation erlaubt. Somit entspricht die getroffene Maßnahme der zugelassenen Rechtsfolge.

b) Hinreichende Bestimmtheit

Hier nicht zu prüfen.

---

[8] *Bialon/Springer* EingriffsR Rn. 249.
[9] *Bialon/Springer* EingriffsR Rn. 250.
[10] *Bialon/Springer* EingriffsR Rn. 251 ff.

c) Ermessen[11]

Aus dem Sachverhalt sind keine Ermessensfehler zu erkennen.

d) Verhältnismäßigkeit im weiteren Sinn[12]

Es wurde oben schon geprüft und bejaht, dass die Observation geeignet und erforderlich ist. Die Legaldefinition für die Angemessenheit ergibt sich aus §2 II PolG NRW. Die Beobachtung der beiden Männer dauert nur kurze Zeit. Es werden nur personenbezogene Daten erhoben, die auch von jedermann wahrgenommen werden können, da sich die beiden Männer während der Observation auf einem öffentlichen Parkplatz aufhalten. Damit liegt ein geringer Grundrechtseingriff vor. Kraftfahrzeugaufbrüche gehören in den Bereich der mittelschweren Kriminalität. Der dadurch entstehende materielle Schaden ist erheblich. Daher besteht ein großes öffentliches Interesse an Maßnahmen, die solche Straftaten verhüten. Eine Abwägung des Grundrechtseingriffs mit dem angestrebten polizeilichen Ziel lässt kein Missverhältnis erkennen. Die Maßnahme ist verhältnismäßig im weiteren Sinn.

IV. Ergebnis

Die kurzfristige Observation der beiden Männer ist rechtmäßig.

Aufgabe 1b: Identitätsfeststellung

I. Ermächtigungsgrundlage

1. Grundrechtseingriffe[13]

Auch mit der IDF könnte in das RIS, Art. 2 I iVm Art. 1 I GG, eingegriffen werden. Der sachliche Schutzbereich wurde bereits oben definiert. Daher dürfen die Männer grundsätzlich selber entscheiden, ob sie ihre Identität offenbaren oder nicht. Indem die Polizei die Ausweispapiere verlangt, sind die Männer nicht mehr frei in der Entscheidung, ob sie personenbezogene Daten offen legen wollen. Somit liegt ein Eingriff in das RIS vor.

Die Männer werden von der Polizei angehalten. Damit könnte ein Eingriff in die Bewegungsfreiheit, Art. 2 II 2 GG, erfolgt sein. Die Bewegungsfreiheit schützt das Recht jedes Menschen, jeden tatsächlich und rechtlich zugänglichen Ort aufzusuchen, dort zu verweilen und den Ort auch wieder zu verlassen. Somit dürften die Männer weitergehen, ohne sich von der Polizei aufhalten lassen zu müssen. Während der IDF müssen die beiden Männer vor Ort bleiben. Dies stellt einen Eingriff in die Bewegungsfreiheit in Form der Freiheitsbeschränkung dar.

---

[11] *Bialon/Springer* EingriffsR Rn. 118 ff.
[12] *Bialon/Springer* EingriffsR Rn. 124 ff.
[13] *Bialon/Springer* EingriffsR Rn. 188 und 216 ff.

2. Zielrichtung der Maßnahme

Die Zielrichtung wurde bereits bei Aufgabe 1a geprüft. Es wird nach oben verwiesen.

II. Formelle Rechtmäßigkeit

1. Zuständigkeit

a) sachliche Zuständigkeit

Dies wurde bereits bei Aufgabe 1a geprüft. Es wird nach oben verwiesen.

b) örtliche Zuständigkeit

Dies wurde bereits bei Aufgabe 1a geprüft. Es wird nach oben verwiesen.

2. Allgemeine Verfahrensvorschriften

Die Verfügung, anzuhalten, stellt einen Verwaltungsakt iSd §35 VwVfG NRW dar.[14] Da der Sachverhalt nichts anderes ergibt, wird die Beachtung der §§28, 37 I, 41, 43 VwVfG NRW unterstellt.[15]

3. Formvorschrift

Die Verfügung wird mündlich erteilt. Damit wird §37 II VwVfG NRW beachtet.

III. Materielle Rechtmäßigkeit

1. Tatbestand der Ermächtigungsgrundlage

Die Befugnis für die IDF könnte sich aus §12 I Nr. 2a PolG NRW ergeben.[16]

Dann müssten Tatsachen die Annahme rechtfertigen, dass an dem Ort Personen Straftaten von erheblicher Bedeutung verüben. Der Begriff der Straftaten von erheblicher Bedeutung ist in §8 III PolG NRW legal definiert. Zu den dort aufgezählten Straftaten gehört auch der Diebstahl aus Kraftfahrzeugen, §8 III Nr. 1 PolG NRW. Die Norm fordert zusätzlich, dass diese Straftaten gewerbs- oder bandenmäßig begangen werden. Der Sachverhalt gibt her, dass in den letzten vier Wochen 14 Pkw auf dem Parkplatz aufgebrochen wurden. Ein Teil dieser Straftaten wurde von einer osteuropäischen Bande begangen. Damit werden auf dem Parkplatz gehäuft Straftaten von erheblicher Bedeutung iSd §8 III PolG NRW begangen. Nach kriminalistischer Erfahrung ist davon auszugehen, dass in der nächsten Zeit auch weitere Pkw auf dem Parkplatz aufgebrochen werden. Damit ist dieser Ort ein Kriminalitätsbrennpunkt iSd §12 I Nr. 2a PolG NRW. Weiteres Tatbestandsmerkmal ist, dass sich die betroffenen Personen an diesem Kriminalitätsbrennpunkt aufhalten. Aufhalten bedeutet, dass die Personen an diesem Ort verweilen. Laut Sachverhalt probieren die Männer an mehreren Pkw

---

14 *Bialon/Springer* EingriffsR Rn. 5f.
15 *Bialon/Springer* EingriffsR Rn. 113ff.
16 *Bialon/Springer* EingriffsR Rn. 195ff.

aus, ob diese offen sind. Damit verweilen Sie für einige Zeit auf dem Parkplatz und halten sich dort auf. Damit ist der Tatbestand des § 12 I Nr. 2a PolG NRW erfüllt.

2. a) Besondere Verfahrensvorschriften[17]

§ 9 III–VI PolG NRW ist sinngemäß bei der IDF anzuwenden. Dies ergibt sich aus der Verwaltungsvorschrift Ziff. 9.0 zu § 9 PolG NRW. Es wird unterstellt, dass die allgemeinen Grundsätze der Datenerhebung durch die Polizisten beachtet werden.

b) Anordnungsbefugnis

Die Maßnahme darf durch jeden Polizeibeamten angeordnet werden.

3. Adressat[18]

Der Adressat ergibt sich aus der Ermächtigung. Es sind die Personen, die sich an dem Kriminalitätsbrennpunkt aufhalten, also die beiden kontrollierten Männer.

4. Rechtsfolge

a) Zugelassene Rechtsfolge[19]

Zugelassene Rechtsfolge ist die IDF und die dazu erforderlichen Maßnahmen. Zu prüfen ist, ob das Anhalten und das Fordern der Ausweispapiere geeignete und erforderliche Maßnahmen sind, um die Identität festzustellen. Eine IDF ist in Bewegung nicht durchzuführen. Amtliche Ausweispapiere enthalten die personenbezogenen Daten, die für die IDF nötig sind. Um die Identität der beiden Männer sicher festzustellen, sind keine milderen Mittel als dieser beiden Maßnahmen zu erkennen. Damit entsprechen die getroffenen Maßnahmen der zugelassenen Rechtsfolge.

b) Hinreichende Bestimmtheit

Hier nicht zu prüfen.

c) Ermessen[20]

Ermessensfehler sind aus dem Sachverhalt nicht zu erkennen.

d) Verhältnismäßigkeit im weiteren Sinn[21]

Die IDF muss geeignet, erforderlich und angemessen sein. Mit dieser Maßnahme werden die beiden Männer aus der Anonymität geholt. Damit wird für sie klar, dass die Polizei, sollten in der nächsten Zeit auf dem Parkplatz Kraft-

---

[17] *Bialon/Springer* EingriffsR Rn. 190 und 267 ff.
[18] *Bialon/Springer* EingriffsR Rn. 215.
[19] *Bialon/Springer* EingriffsR Rn. 216 ff.
[20] *Bialon/Springer* EingriffsR Rn. 118 ff.
[21] *Bialon/Springer* EingriffsR Rn. 124 ff.

fahrzeuge aufgebrochen werden, zuerst bei ihnen weitere Nachforschungen durchführen wird, ob sie als Täter infrage kommen. Damit hat die Identitätsfeststellung eine abschreckende Wirkung und dient dem Verhüten von Straftaten. Sie ist damit für das angestrebte polizeiliche Ziel geeignet.

Mildere Mittel als die IDF sind die Befragung und die Gefährderansprache der betroffenen Personen. Die polizeiliche Erfahrung lehrt, dass sich potentielle Täter dadurch alleine nicht abschrecken lassen, um an einem Kriminalitätsbrennpunkt weitere Straftaten zu begehen. Damit ist die IDF auch erforderlich.

Die Maßnahme dürfte etwa 10 Min. dauern. Es werden nur Daten erhoben, die auch in anderen alltäglichen Zusammenhängen regelmäßig offen gelegt werden. Damit sind die Grundrechtseingriffe als gering anzusehen. Auf der anderen Seite sollen Straftaten verhütet werden, die in den Bereich der mittelschweren Kriminalität gehören und durch die ein erheblicher materieller Schaden für die Betroffenen entsteht. Eine Abwägung ergibt, dass ein Missverhältnis zwischen den Grundrechtseingriffen und dem angestrebten polizeilichen Ziel nicht zu erkennen ist. Die IDF ist damit angemessen.

IV. Ergebnis

Die IDF der beiden Männer ist rechtmäßig.

Aufgabe 2:

- **Durchsuchung der Personen**

  Zur Durchsuchung der beiden Personen könnten die Polizisten durch §39 I Nr. 4 PolG NRW ermächtigt sein.[22] Es wurde bereits oben geprüft und bejaht, dass sich die beiden Männer an einem Ort iSd §12 I Nr. 2a PolG NRW aufhalten. Ziel der Durchsuchung ist es, zu überprüfen, ob die Betroffenen Tatmittel zum Aufbrechen von Kraftfahrzeugen mit sich führen. Gesucht werden darf in der getragenen Kleidung, an der Körperoberfläche und in den ohne Weiteres zugänglichen Körperöffnungen. Es kann davon ausgegangen werden, dass auf dem Parkplatz, und damit in der Öffentlichkeit, nur die Kleidung der beiden Männer durchsucht wird.

- Durchsuchung der Rucksäcke:

  §40 I Nr. 1 PolG NRW erlaubt die Durchsuchung mitgeführter Gegenstände, wenn die betroffene Person nach §39 PolG NRW durchsucht werden darf.[23] Die Zulässigkeit der Personendurchsuchung wurde gerade geprüft und bejaht. Mitgeführt werden Gegenstände, wenn der Betroffene unmittelbar darauf einwirken kann. Dies trifft auf die von den beiden Männern mitgeführten Rucksäcke zu. Damit dürften auch die Rucksäcke durchsucht werden.

---

[22] *Bialon/Springer* EingriffsR Rn. 598.
[23] *Bialon/Springer* EingriffsR Rn. 611 f.

Fall 7: Ausschreitungen im Zusammenhang mit einem Fußballspiel

Schwerpunkt: Platzverweis

Sachverhalt

Im Rahmen einer Fußballbegegnung der A-Jugend-Mannschaften der Vereine „FC Frohlinde" und „Firtinaspor Herne" kam es zu einem Körperverletzungsdelikt zwischen dem Torwart der Gastmannschaft und einem Spieler der Heimmannschaft. Im weiteren Verlauf folgte dann eine Auseinandersetzung zwischen ca. 50 Personen, bei der drei Beteiligte leicht verletzt wurden. Beim Eintreffen der Kräfte war die Auseinandersetzung bereits beendet. Die Polizei lässt sich vom Platzwart über die Lage informieren und spricht auch mit dem Torwart der Gastmannschaft, der sichtlich aufgebracht ist. Da weiterhin eine aggressive Stimmung herrschte, wurden gegen die Spieler der Gastmannschaft Platzverweise ausgesprochen (Verlassen Sie sofort das Fußballstadion für den heutigen Tag). Anlassbezogene Strafverfahren wurden eingeleitet.

Aufgabe: Prüfen Sie in einem Gutachten die Rechtmäßigkeit des Platzverweises.

Lösungsskizze

Platzverweise gegen die Spieler der Gastmannschaft

Bearbeitungszeit: ca. 60 Min.

I. Ermächtigungsgrundlage

1. Grundrechtseingriff
Art. 2 II 2 GG, Bewegungsfreiheit (+)

2. Zielrichtung der Maßnahme
Präventiv, Gefahr für die öffentliche Sicherheit (+)

II. Formelle Rechtmäßigkeit

1. Zuständigkeit

a) sachliche Zuständigkeit
- § 1 I 1 und 2 PolG NRW iVm § 11 I Nr. 1 POG NRW (+)
- Gefahr für Gesundheit und materielle Rechtsordnung (§§ 223 ff., 125 StGB) (+)
- Verhüten von Straftaten, originäre Zuständigkeit (+)

b) örtliche Zuständigkeit
§ 7 I POG NRW (+)

2. Allgemeine Verfahrensvorschriften
- § 28 I VwVfG NRW (+)
- §§ 41, 43 VwVfG NRW als beachtet unterstellt

3. Formvorschrift
§ 37 II VwVfG NRW VA mündlich erteilt (+)

III. Materielle Rechtmäßigkeit

1. Tatbestand der Ermächtigungsgrundlage
§ 34 I 1 PolG NRW
Konkrete Gefahr für die öffentliche Sicherheit (+)

2. a) Besondere Verfahrensvorschriften
keine

b) Anordnungsbefugnis
Durch jeden Polizeibeamten (+)

3. Adressat
§ 4 I PolG NRW (+)

4. Rechtsfolge

a) Zugelassene Rechtsfolge
Vorübergehender Platzverweis (+)

b) Hinreichende Bestimmtheit
Hier nicht zu prüfen

c) Ermessen
- Entschließungsermessen – akute Gefahr für Gesundheit vieler Menschen = Ermessensreduzierung auf Null
- Auswahlermessen (+)

d) Verhältnismäßigkeit im weiteren Sinn
Vorübergehender Platzverweis
- geeignet (+)
- erforderlich (+)
- angemessen (+)

IV. Ergebnis
Platzverweis (+)

Lösungsvorschlag

Platzverweis gegen die Spieler der Gastmannschaft[1]

I. Ermächtigungsgrundlage

1. Grundrechtseingriff

Die Platzverweise gegen die Spieler der Gastmannschaft könnten in deren Recht auf Bewegungsfreiheit, Art. 2 II 2 GG, eingreifen. Die Bewegungsfreiheit schützt das Recht jedes Menschen, jeden tatsächlich und rechtlich zugänglichen Ort aufzusuchen, dort zu verweilen und den Ort auch wieder zu verlassen. Die Spieler der Gastmannschaft dürfen daher grundsätzlich selber entscheiden, ob sie den Fußballplatz verlassen oder sich dort weiter aufhalten. Ein Grundrechtseingriff ist gegeben, wenn eine staatliche Maßnahme nicht nur ganz unerheblich den Schutzbereich eines Grundrechts beeinträchtigt. Durch die Platzverweise der Polizei müssen die Spieler das Fußballstadion verlassen. Somit liegt ein Eingriff in die Bewegungsfreiheit vor.

2. Zielrichtung der Maßnahme[2]

Die Maßnahme könnte der Gefahrenabwehr dienen. Dann müsste eine Gefahr für die öffentliche Sicherheit oder Ordnung vorliegen. Gefahr meint ein Verhalten oder einen Zustand, bei dem bei ungehindertem Geschehensablauf in absehbarer Zeit mit hinreichender Wahrscheinlichkeit mit einem Schadenseintritt für ein Rechtsgut der öffentlichen Sicherheit oder Ordnung zu rechnen ist. Zur öffentlichen Sicherheit gehören unter anderem die Individualrechtsgüter Leben, Gesundheit und Eigentum sowie die Unverletzlichkeit der Rechtsordnung.[3] Im Sachverhalt ist beschrieben, dass es im Zusammenhang mit dem Fußballspiel zwischen den Mannschaften zu Körperverletzungsdelikten gekommen ist. Der Torwart der Gastmannschaft ist auch bei der Befragung durch die Polizei aufgebracht. Die Stimmung ist immer noch aggressiv. Nach polizeilicher Erfahrung ist daher mit weiteren Ausschreitungen zu rechnen. Dabei sind die Gesundheit und unter Umständen auch das Leben der Beteiligten gefährdet. Gleichzeitig könnten die Beteiligten an einer Schlägerei die Straftatbestände der §§ 223, 224, 231, 125 StGB verwirklichen. Somit ist die öffentliche Sicherheit gefährdet. Die Polizei schreitet präventiv ein.

---

1 *Bialon/Springer* EingriffsR Rn. 340 ff.

2 **Hinweis:** Diesen Prüfschritt kann man unterschiedlich gestalten. Es reicht aus, die Zielrichtung der Maßnahme zu nennen. Dann ist eine Gefahr für die öffentliche Sicherheit oder Ordnung in der sachlichen Zuständigkeit zu begründen. Das widerspricht allerdings dem Gutachtenstil. Daher wird bereits bei der Prüfung der Zielrichtung der Maßnahme die Gefahr für die öffentliche Sicherheit gutachterlich geprüft. Später kann dann auf diese Prüfung verwiesen werden (s. die Ausführungen zur sachlichen Zuständigkeit und zum Tatbestand des § 34 I 1 PolG NRW).

3 *Bialon/Springer* EingriffsR Rn. 35 ff.

II. Formelle Rechtmäßigkeit

1. Zuständigkeit

a) sachliche Zuständigkeit[4]

Die sachliche Zuständigkeit könnte sich aus § 1 I 1 und 2 PolG NRW iVm § 11 I Nr. 1 POG NRW ergeben. Dass eine Gefahr für die öffentliche Sicherheit vorliegt, wurde oben schon bejaht. Absicht der Polizei ist es, weitere Körperverletzungsdelikte zu verhüten, § 1 I 2 PolG NRW. Für diese Aufgabe ist die Polizei originär zuständig.

Die Gefahrenabwehr ist nach § 11 I Nr. 1 POG NRW den KPB zugewiesen. Es wird unterstellt, dass die einschreitenden Polizeibeamten der sachlich zuständigen KPB angehören.

Die sachliche Zuständigkeit ist gegeben.

b) örtliche Zuständigkeit[5]

Die örtliche Zuständigkeit ergibt sich aus § 7 I POG NRW.

2. Allgemeine Verfahrensvorschriften[6] und 3. Formvorschrift

Die Verfügung der Polizei an die Spieler der Gastmannschaft ist ein Verwaltungsakt iSd § 35 VwVfG NRW. Gem. § 28 I VwVfG NRW sind die vom Verwaltungsakt Betroffenen vorher anzuhören. Im Sachverhalt wurde der Torwart der gegnerischen Mannschaft zum Geschehen befragt. Es ist hier unmöglich, jeden einzelnen Spieler der Gastmannschaft anzuhören. § 28 II Nr. 4 VwVfG NRW erlaubt es auch, davon abzusehen, wenn eine Allgemeinverfügung erteilt wird. Der Begriff Allgemeinverfügung ist in § 35 S. 2 VwVfG NRW legal definiert. Im Sachverhalt ist die Anzahl der Spieler, gegen die ein Platzverweis ausgesprochen wird, nicht angegeben. Man kann hier aber unterstellen, dass es sich um etwa 15–20 Personen handeln dürfte. Der Platzverweis wird in Form der Allgemeinverfügung bekanntgegeben. Somit kann eine Anhörung der einzelnen Spieler entfallen.

Die Platzverweise werden mündlich erteilt, § 37 II VwVfG NRW, und werden damit den Betroffenen direkt zur Kenntnis gegeben und sind somit wirksam, §§ 41,43 VwVfG NRW.

III. Materielle Rechtmäßigkeit

1. Tatbestand der Ermächtigungsgrundlage

§ 34 I 1 PolG NRW setzt eine konkrete Gefahr für die öffentliche Sicherheit voraus. Wie oben begründet, liegt eine Gefahr für die öffentliche Sicherheit vor. Konkret ist die Gefahr, wenn sie in einem Einzelfall besteht, § 8 I PolG NRW, und damit Ort, Zeit und betroffene Personen näher bestimmt werden können.[7]

---

4 *Bialon/Springer* EingriffsR Rn. 56 f.
5 *Bialon/Springer* EingriffsR Rn. 110 ff.
6 *Bialon/Springer* EingriffsR Rn. 113 ff.
7 *Bialon/Springer* EingriffsR Rn. 26, 191 f.

Es könnte bereits eine gegenwärtige Gefahr vorliegen. Gegenwärtig ist eine Gefahr, wenn unmittelbar oder in allernächster Zeit mit an Sicherheit grenzender Wahrscheinlichkeit ein Schadenseintritt zu erwarten ist oder der Schaden bereits eingetreten ist und weitere Gefahren von der Situation ausgehen.[8] Wie oben schon geschrieben, ist die Stimmung auf dem Fußballplatz weiter aggressiv und der Torwart der Gastmannschaft immer noch aufgebracht. Es kann daher in allernächster Zeit mit hoher Wahrscheinlichkeit zu weiteren Ausschreitungen kommen. Hier sind Leben und Gesundheit vieler Personen gefährdet, ebenso die materielle Rechtsordnung, s. oben. Es liegt daher schon eine gegenwärtige Gefahr vor, die die konkrete Gefahr umfasst. Der Tatbestand ist damit erfüllt.

2. a) Besondere Verfahrensvorschriften

Zum kurzfristigen Platzverweis sind keine besonderen Verfahrensvorschriften erlassen worden.[9]

b) Anordnungsbefugnis

Die Maßnahme darf durch jeden Polizeibeamten angeordnet werden.

3. Adressat[10]

Aus der Ermächtigungsgrundlage lässt sich nicht entnehmen, gegen welche Person der Platzverweis zu richten ist, daher muss auf §4 I PolG NRW zurückgegriffen werden. Danach ist die Person Adressat der Maßnahme, die durch ihr Verhalten die Gefahr unmittelbar verursacht. Wie oben beschrieben sind das die Spieler der Gastmannschaft. Allerdings sind auch die Spieler der Heimmannschaft an den Ausschreitungen beteiligt und könnten somit Adressaten des Platzverweises sein. Bei mehreren möglichen Adressaten ist nach pflichtgemäßem Ermessen zu entscheiden, gegen wen die Maßnahme sich zu richten hat.[11] Es wäre nicht sinnvoll, die Spieler der Heimmannschaft aus dem Stadion zu verweisen und die Gastmannschaft, die ohnehin die Heimfahrt irgendwann antreten muss, dort zu belassen. Daher liegt es hier nahe, nur die Spieler der Gastmannschaft des Platzes zu verweisen.

4. Rechtsfolge

a) Zugelassene Rechtsfolge

§34 I 1 PolG NRW erlaubt einen vorübergehenden Platzverweis.[12] Vorübergehend meint, dass der Verweis nur so lange dauern darf, bis die Gefahr vorüber ist. Hier kann davon ausgegangen werden, dass sich die Stimmung der Spieler mit Ablauf des Tages wieder beruhigt hat. Wie im Sachverhalt angegeben, hat die Polizei den Platzverweis für den Rest des Tages ausgesprochen. Damit ist

---

[8] *Bialon/Springer* EingriffsR Rn. 27 und 407.

[9] Wenn es keine besonderen Verfahrensvorschriften gibt, dann kann dieser Prüfschritt wegfallen.

[10] *Bialon/Springer* EingriffsR Rn. 130 ff.

[11] *Bialon/Springer* EingriffsR Rn. 152 ff.

[12] *Bialon/Springer* EingriffsR Rn. 350 ff.

die Maßnahme vorübergehend und entspricht der zugelassenen Rechtsfolge. Auch örtlich ist der vorübergehende Platzverweis eng zu fassen. Die gegnerische Mannschaft wird lediglich aus dem Fußballstadion verwiesen. Auch das entspricht der zugelassenen Rechtsfolge.

b) Hinreichende Bestimmtheit

Hier nicht zu prüfen.

c) Ermessen[13]

Da hier die Gesundheit vieler Menschen akut bedroht ist, reduziert sich das Entschließungsermessen auf null. Die Polizei ist also verpflichtet einzuschreiten.

§34 I 1 PolG NRW räumt der Polizei Ermessen ein, denn der Platzverweis „kann" erteilt werden. Fehler beim Auswahlermessen sind im Sachverhalt nicht zu erkennen.

d) Verhältnismäßigkeit im weiteren Sinn[14]

Zu prüfen ist, ob die Maßnahme geeignet ist. Das ist gegeben, wenn der vorübergehende Platzverweis wenigstens dazu beiträgt, das angestrebte polizeiliche Ziel zu erreichen. Durch die räumliche Trennung der Mannschaften kann verhindert werden, dass es zu einer neuen Schlägerei kommt. Damit wird das Ziel, Straftaten zu verhüten und die Gesundheit der Beteiligten zu schützen, gefördert. Der Platzverweis ist geeignet.

Die Definition der Erforderlichkeit ergibt sich aus §2 I PolG NRW. Eine Gefährderansprache wäre hier ein geringerer Eingriff in die Grundrechte der gegnerischen Mannschaft. Allerdings reicht diese Maßnahme nach polizeilicher Erfahrung allein nicht aus, um eine erneute Auseinandersetzung dauerhaft und wirksam zu unterbinden. Daher ist der vorübergehende Platzverweis in der beschriebenen Situation das mildeste Mittel.

Die Verhältnismäßigkeit im engeren Sinn ist in §2 II PolG NRW definiert. Der Eingriff in die Bewegungsfreiheit der gegnerischen Mannschaft dauert einige Stunden, gilt allerdings nur für einen eng umgrenzten Bereich, den die Spieler wahrscheinlich ohnehin bald verlassen hätten, um die Heimfahrt anzutreten. Daher ist der Grundrechtseingriff gering. Das Individualrechtsgut Gesundheit gehört zu den höchsten Rechtsgütern. Ziel des polizeilichen Einschreitens ist der Schutz der Gesundheit vieler Menschen. Gleichzeitig werden Straftaten verhütet, die durch Art und Ausmaß dem Bereich der mittelschweren Qualität zugeordnet werden können. Eine Abwägung ergibt, dass kein Missverhältnis zwischen den Grundrechtseingriffen und dem angestrebten polizeilichen Ziel zu erkennen ist. Der Platzverweis ist angemessen.

IV. Ergebnis

Der vorübergehende Platzverweis für die gegnerische Mannschaft ist rechtmäßig.

---

13 *Bialon/Springer* EingriffsR Rn. 118 ff.

14 *Bialon/Springer* EingriffsR Rn. 124 ff.

Fall 8: Gewahrsamnahme nach Suizidversuch

Schwerpunkt: Gewahrsamnahme

Sachverhalt

Der Fustkw Düssel 12/31 bekommt am 5.5.2015 um 15:30 Uhr den Einsatz zur Tußmannstraße 22 in Düsseldorf, dort Suizidversuch. Auf der Einsatzleitstelle des PP Düsseldorf hat Helga B angerufen und mitgeteilt, dass ihr Freund, Bernd L, ihr gerade eine SMS geschickt hat, in der er ankündigt, sich umzubringen. L ist der Polizei seit einiger Zeit bekannt. Es hat schon mehrere Einsätze in seiner Wohnung gegeben, immer wegen der Ankündigung, er würde sich etwas antun. Als die Beamten an der Wohnung klingeln und kräftig an die Tür klopfen, öffnet ihnen nach einiger Zeit der L. Er wirkt benommen und verwirrt. An seinem Hals sind Spuren einer versuchten Strangulation zu sehen. Auf Nachfrage gibt er an versucht zu haben, sich mit einem Kabel der Deckenlampe im Schlafzimmer zu erhängen. Die Polizisten betreten das Schlafzimmer. Auf dem Bett liegen ein Elektrokabel und einige Stücke Putz. In der Decke klafft ein Loch. L äußert, er sei verzweifelt und alles mache keinen Sinn mehr. Es müsse endlich Schluss sein. Die Polizeibeamten nehmen den L in Gewahrsam und verbringen ihn zur Hauptwache. Parallel dazu werden das Ordnungsamt und ein Amtsarzt benachrichtigt. Nach eingehender Untersuchung durch den Arzt wird L dem LVR-Klinikum in Düsseldorf-Grafenberg mit einem Krankenwagen zugeführt.

Aufgabe: Prüfen Sie in einem Gutachten die Rechtmäßigkeit der Gewahrsamnahme des L.

Lösungsskizze

Gewahrsamnahme des L

Bearbeitungszeit: ca. 45 Min.

I. Ermächtigungsgrundlage

1. Grundrechtseingriffe
Art. 2 II 2 GG, Bewegungsfreiheit (+)

2. Zielrichtung der Maßnahme
Präventiv, Gefahr für die öffentliche Sicherheit, Öffentliches Interesse an der Gefahrenabwehr (+)

II. Formelle Rechtmäßigkeit

1. Zuständigkeit

a) sachliche Zuständigkeit
- § 1 I 1 und 3 PolG NRW iVm § 11 I Nr. 1 POG NRW (+)
- Gefahr für Leben und Gesundheit des L (+)
- Eilzuständigkeit statt Ordnungsamt, subsidiäre Zuständigkeit (+)

b) örtliche Zuständigkeit
§ 7 I POG NRW

2. Allgemeine Verfahrensvorschriften
§§ 28, 37 I, 41, 43 VwVfG NRW als beachtet unterstellt (+)

3. Formvorschrift
§ 37 II VwVfG NRW als beachtet unterstellt (+)

III. Materielle Rechtmäßigkeit

1. Tatbestand der Ermächtigungsgrundlage
§ 35 I Nr. 1 PolG NRW
- Gefahr für Leib oder Leben (+)
- Person befindet sich in einem die freie Willensbildung ausschließenden Zustand (+)
- Gewahrsamnahme ist erforderlich (+)

2. a) Besondere Verfahrensvorschriften
§§ 37–38 PolG NRW (+)

b) Anordnungsbefugnis
Durch jeden Polizeibeamten unter Beachtung von § 36 PolG NRW (+)

3. Adressat
Aus der Ermächtigung, die zu schützende Person, hier der L (+)

4. Rechtsfolge

a) Zugelassene Rechtsfolge
Gewahrsamnahme der zu schützenden Person (+)

b) Hinreichende Bestimmtheit
Hier nicht zu prüfen

c) Ermessen
- Entschließungsermessen – akute Gefahr für Leben und Gesundheit des L = Ermessensreduzierung auf Null
- Auswahlermessen (+)

d) Verhältnismäßigkeit im weiteren Sinn
Gewahrsamnahme
- geeignet, s. oben (+)
- erforderlich, s. oben (+)
- angemessen (+)

IV. Ergebnis
Gewahrsamnahme des L (+)

Lösungsvorschlag

Gewahrsamnahme des L

I. Ermächtigungsgrundlage

1. Grundrechtseingriffe[1]

Die Gewahrsamnahme des L könnte ein Eingriff in die Bewegungsfreiheit, Art. 2 II 2 GG, sein.

Die Bewegungsfreiheit schützt das Recht jedes Menschen, jeden tatsächlich und rechtlich zugänglichen Ort aufzusuchen, dort zu verweilen und den Ort auch wieder zu verlassen.

Daher dürfte der L grundsätzlich in seiner Wohnung verweilen.

Ein Grundrechtseingriff ist gegeben, wenn eine staatliche Maßnahme nicht nur ganz unerheblich den Schutzbereich eines Grundrechts beeinträchtigt.

Mit der Gewahrsamnahme wird der L zuerst im Streifenwagen und später auf der Hauptwache an einem eng umgrenzten Ort festgehalten.

Damit wird in die Bewegungsfreiheit in Form der Freiheitsentziehung eingegriffen.

2. Zielrichtung der Maßnahme

Die Maßnahme könnte der Gefahrenabwehr dienen. Dann müsste eine Gefahr für die öffentliche Sicherheit oder Ordnung vorliegen. Mit Gefahr ist ein Verhalten oder ein Zustand gemeint, bei dem bei ungehindertem Geschehensablauf in absehbarer Zeit mit hinreichender Wahrscheinlichkeit mit einem Schadenseintritt für ein Rechtsgut der öffentlichen Sicherheit oder Ordnung zu rechnen ist. Zur öffentlichen Sicherheit gehören unter anderem die Individualrechtsgüter Leben und Gesundheit.[2] Der Polizei ist bekannt, dass der L schon in der Vergangenheit mehrfach versucht hat, sich zu töten. Auch in der zu prüfenden Einsatzsituation hat er versucht, sich zu erhängen. Dazu macht er einen verwirrten Eindruck und äußert sich auch gegenüber den Polizisten in einer Art und Weise, die darauf schließen lässt, dass weiterhin die akute Gefahr der Selbsttötung besteht. Damit ist eine Gefahr für Leben und Gesundheit des L gegeben. Fraglich ist, ob die Abwehr der Gefahr im öffentlichen Interesse ist. Grundsätzlich hat jeder Mensch das Recht, sich selbst zu gefährden. Das gilt jedoch nicht, wenn sich die Person in einem die freie Willensbildung ausschließenden Zustand befindet. Die oben beschriebenen Tatsachen sprechen dafür, dass L sich in einer psychischen Ausnahmesituation befindet, in der er seine Lebenssituation nicht mehr überblickt und keine besonnene und rational nachvollziehbare Entscheidung trifft. Er befindet sich in einem die freie Willensbildung ausschließenden Zustand. Dann besteht auch öffentliches Interesse an der Gefahrenabwehr.

---

[1] *Bialon/Springer* EingriffsR Rn. 397.

[2] *Bialon/Springer* EingriffsR Rn. 35 ff.

II. Formelle Rechtmäßigkeit

1. Zuständigkeit

a) sachliche Zuständigkeit[3]

Die sachliche Zuständigkeit könnte sich aus § 1 I 1 und 3 PolG NRW iVm § 11 I Nr. 1 POG NRW ergeben. Dass eine Gefahr für die öffentliche Sicherheit iSd § 1 I 1 PolG NRW vorliegt, wurde bereits oben begründet. Die Abwehr der Gefahr ist eigentlich Aufgabe des Ordnungsamtes. Da kein Mitarbeiter dieser Behörde vor Ort ist, würde es zu lange dauern, das Ordnungsamt zu verständigen, damit es tätig werden kann. In der Zwischenzeit könnte der L erneut versuchen, sich zu töten. Es muss sofort gehandelt werden. Für diesen Eilfall ist die Polizei nach § 1 I 3 PolG NRW subsidiär zuständig. Die Aufgabe ist den KPB zugewiesen, § 11 I Nr. 1 POG NRW. Es wird unterstellt, dass die einschreitenden Beamten der sachlich zuständigen KPB angehören.

b) örtliche Zuständigkeit[4]

Es wird unterstellt, dass die Polizisten im eigenen Polizeibezirk tätig werden. Die örtliche Zuständigkeit ergibt sich damit aus § 7 I POG NRW.

2. Allgemeine Verfahrensvorschriften[5]

Die Polizisten werden dem L die Gewahrsamnahme angekündigt haben. Damit ist die Aufforderung verbunden, die Maßnahme zu dulden. Dies stellt einen Verwaltungsakt iSd § 35 VwVfG NRW dar. Laut Sachverhalt befragen die Polizisten den L zu seinem Verhalten. Das ist eine Anhörung iSd § 28 I VwVfG NRW. Die Beachtung der §§ 37 I, 41, 43 VwVfG NRW wird mangels Angaben im Sachverhalt unterstellt.

3. Formvorschrift

Die Beachtung des § 37 II VwVfG NRW wird unterstellt.

III. Materielle Rechtmäßigkeit

1. Tatbestand der Ermächtigungsgrundlage

Die Ermächtigung für die Gewahrsamnahme könnte sich aus § 35 I Nr. 1 PolG NRW ergeben.[6] Dann müsste eine Gefahr für Leib oder Leben des L bestehen. Dies wurde oben bereits positiv geprüft. Ebenso wurde oben belegt, dass sich die Person in einem die freie Willensbildung ausschließenden Zustand befindet. Zusätzlich muss die Gewahrsamnahme zur Gefahrenabwehr erforderlich sein. Dazu müsste sie geeignet und erforderlich sein. Geeignet ist eine Maßnahme, wenn sie das Erreichen des polizeilichen Ziels zumindest fördert. Mit der

---

3 *Bialon/Springer* EingriffsR Rn. 54 f.
4 *Bialon/Springer* EingriffsR Rn. 110 ff.
5 *Bialon/Springer* EingriffsR Rn. 113 ff.
6 *Bialon/Springer* EingriffsR Rn. 401 ff.

Gewahrsamnahme steht der L unter polizeilicher Aufsicht. Damit ist es ihm unmöglich, seine Selbsttötungsabsicht umzusetzen. Die Maßnahme ist somit zur Gefahrenabwehr geeignet. Die Definition für die Erforderlichkeit ergibt sich aus §2 I PolG NRW. Fraglich ist, ob es ein milderes Mittel gibt, die Gefahr der Selbsttötung abzuwehren. Eine Gefährderansprache, die deutlich geringer in die Grundrechte des L eingreifen würde, wäre nicht zielführend, da sich der L in einer psychischen Ausnahmesituation befindet. Fraglich ist, ob es nicht ausreicht, den L in die Obhut seiner Freundin B zu geben. Auch das würde den L weniger in seinen Grundrechten belasten. Nach polizeilicher Erfahrung brauchen Personen wie der L, der auch schon mehrfach versucht hat, seinem Leben ein Ende zu setzen, unbedingt ärztliche Behandlung. Damit würde eine Übergabe des L an seine Freundin B nicht zum Ziel führen, die Gefahr wirksam abzuwehren. Es wäre auch fraglich, ob die B überhaupt dazu bereit und in der Lage ist, sich um den L zu kümmern. Damit bleibt als mildester Grundrechtseingriff die Gewahrsamnahme des L. Die Maßnahme ist erforderlich.

2. a) Besondere Verfahrensvorschriften[7]

Die Polizei hat bei einer Gewahrsamnahme die §§37–38 PolG NRW zu beachten.[8] Die Beachtung des §37 PolG NRW wird unterstellt. Mit der Übergabe des L an das Ordnungsamt endet die Gewahrsamnahme durch die Polizei. Damit wird §38 I Nr. 1 PolG NRW eingehalten.

b) Anordnungsbefugnis

Die Maßnahme endet auf der Hauptwache der Polizei, da der L dort dem originär zuständigen Ordnungsamt übergeben wird. Für das Einholen einer richterlichen Entscheidung nach §36 I PolG NRW bleibt daher keine Zeit. Daher darf die Maßnahme durch jeden Polizeibeamten angeordnet werden.

3. Adressat[9]

Der Adressat ergibt sich aus §35 I Nr. 1 PolG NRW. Es ist die zu schützende Person. Das ist hier der L.

4. Rechtsfolge

a) Zugelassene Rechtsfolge[10]

Die Ermächtigung erlaubt die Gewahrsamnahme der zu schützenden Person. Gewahrsamnahme ist das Festhalten der betroffenen Person an einem eng

---

[7] *Bialon/Springer* EingriffsR Rn. 428a ff.

[8] **Hinweis:** Auf die einzelnen Vorschriften ist nur einzugehen, wenn der Sachverhalt etwas dazu aussagt oder sich die Beachtung oder Nichtbeachtung aus dem Gesamtzusammenhang ergibt. Ansonsten kann die Beachtung der besonderen Verfahrensvorschriften grundsätzlich unterstellt werden. Allerdings ist auf wesentliche Verfahrensvorschriften wie die Anordnungskompetenz und Belehrungen des Betroffenen immer im Gutachtenstil einzugehen.

[9] *Bialon/Springer* EingriffsR Rn. 151.

[10] *Bialon/Springer* EingriffsR Rn. 431.

umgrenzten Ort. L wird mit dem Streifenwagen zur Polizeiwache gebracht und damit an einem eng umgrenzten Ort festgehalten. Auf der Wache wird er dann den Beamten des Ordnungsamtes übergeben, womit die Gewahrsamnahme der Polizei beendet ist. Damit entspricht die getroffene Maßnahme der zugelassenen Rechtsfolge.

b) Hinreichende Bestimmtheit

Hier nicht zu prüfen.

c) Ermessen[11]

Da laut Sachverhalt eine akute Gefahr für Leben und Gesundheit des L gegeben ist, reduziert sich das Entschließungsermessen auf null.

Fehler beim Auswahlermessen sind aus dem Sachverhalt nicht zu erkennen.

d) Verhältnismäßigkeit im weiteren Sinn[12]

Die Geeignetheit und Erforderlichkeit der Gewahrsamnahme wurde oben bereits belegt. Fraglich ist, ob die Maßnahme auch verhältnismäßig im engeren Sinn ist. Die Definition für die Angemessenheit der Maßnahme ergibt sich aus § 2 II PolG NRW. Die Gewahrsamnahme des L durch die Polizei dauert nur kurze Zeit. Über eine Fortsetzung der Gewahrsamnahme und eine Unterbringung in der Psychiatrie entscheidet nicht die Polizei, sondern das Ordnungsamt in Zusammenarbeit mit einem Amtsarzt nach dem PsychKG NRW. Somit kann man von einem geringen Grundrechtseingriff durch die Polizei ausgehen. Polizeiliches Ziel ist es, die höchsten Rechtsgüter des L, sein Leben und seine Gesundheit, zu schützen. Da diese Individualrechtsgüter, wie oben belegt, akut gefährdet sind, ergibt eine Abwägung zwischen dem betroffenen Grundrecht des L und dem angestrebten polizeilichen Ziel, dass kein deutliches Missverhältnis zu erkennen ist. Die Maßnahme ist verhältnismäßig im engeren Sinn.

IV. Ergebnis

Die Gewahrsamnahme des L ist rechtmäßig.

---

[11] *Bialon/Springer* EingriffsR Rn. 118 ff.
[12] *Bialon/Springer* EingriffsR Rn. 124 ff.

Fall 9: Mord an einem Elfjährigen

Schwerpunkte: Vorläufige Festnahme, Belehrung vor der Vernehmung eines Beschuldigten

Sachverhalt

Niklas G, elf Jahre, wird von seinen Eltern am 16.3.2014 als vermisst gemeldet. Nach Hinweisen von Zeugen wird er drei Wochen später am Flussufer der Werra tot aufgefunden. Ermittlungen führen zu Peter B, 43 Jahre alt. G hatte bei Herrn B an der Haustür geklingelt, weil er mit dessen Sohn Marvin spielen wollte. Zwischen den beiden kam es zu einer Diskussion, an deren Ende Herr B dem G eine Ohrfeige versetzte. G drohte damit, seinen Eltern davon zu erzählen. Nun holte Herr B das Kind ins Haus, beschäftigte G zuerst mit Computerspielen, um ihn später dann zu erwürgen. In einem Koffer transportierte er die Leiche anschließend zum Ablageort an der Werra. Herr B lebt als Arbeitsloser allein in der Wohnung. Seine Frau hat ihn mit fünf Kindern vor einer Woche verlassen.

Nachdem man in der Wohnung des B eindeutige Hinweise auf dessen Täterschaft gefunden hatte, nimmt KHK H Herrn B vorläufig fest.

Aufgaben:

1. Prüfen Sie in einem Gutachten die Rechtmäßigkeit der vorläufigen Festnahme.
2. Nach der vorläufigen Festnahme wird Herr B von KHK H vernommen. Erläutern Sie, worüber Herr B vor seiner Vernehmung zu belehren ist. Welche Vorschriften der StPO sind dabei zu beachten?

Hinweis: Die örtliche Zuständigkeit wird als gegeben unterstellt.

Lösungsskizze

Aufgabe 1: Vorläufige Festnahme des B

Bearbeitungszeit: ca. 90 Min.

I. Ermächtigungsgrundlage

1. Grundrechtseingriff
Art. 2 II 2 GG, Bewegungsfreiheit, hier Freiheitsentziehung (+)

2. Zielrichtung der Maßnahme
Repressiv, Verdacht §§ 211, 212 StGB (+)

II. Formelle Rechtmäßigkeit

1. Zuständigkeit

a) sachliche Zuständigkeit
§ 1 IV PolG NRW iVm § 163 I 1 StPO iVm § 11 I Nr. 2 POG NRW (+)

b) örtliche Zuständigkeit
Wird als gegeben unterstellt

2. Allgemeine Verfahrensvorschriften
Bestehen für StPO-Maßnahmen nicht

3. Formvorschrift
Die mündliche Anordnung ist zulässig, später ist die Maßnahme zu dokumentieren, § 168b StPO

III. Materielle Rechtmäßigkeit

1. Tatbestand der Ermächtigungsgrundlage
§ 127 II StPO
- Voraussetzungen eines Haftbefehls (§ 112 I StPO) (+)
  - dringender Tatverdacht
  - Beschuldigter
  - Haftgrund
  - Verhältnismäßigkeit im weiteren Sinn
- Gefahr im Verzug (+)

2. a) Besondere Verfahrensvorschriften
- § 127 IV StPO verweist auf §§ 114a–c StPO (+)
- § 128 I StPO (+)

b) Anordnungsbefugnis
Jeder Polizeibeamte

3. Adressat
Beschuldigter, der B (+)

4. Rechtsfolge

a) Zugelassene Rechtsfolge
Vorläufige Festnahme (+)

b) Hinreichende Bestimmtheit
Hier nicht zu prüfen

c) Ermessen
- Entschließungsermessen – Legalitätsprinzip
- Auswahlermessen (+)

d) Verhältnismäßigkeit im weiteren Sinn
bereits im Tatbestand geprüft

IV. Ergebnis
Vorläufige Festnahme (+)

Aufgabe 2: Belehrung des B vor der Vernehmung

Bearbeitungszeit: ca. 20 Min.[1]

Vernehmung des Beschuldigten durch die Polizei: § 163a IV StPO[2]
Belehrung[3] nach:

- § 163a IV 1 StPO (welche Tat zur Last gelegt wird)
- § 136 I 2 StPO (Schweigerecht, Recht zur Konsultation eines Verteidigers)
- § 136 I 3 StPO (Antragsrecht für das Erheben von entlastenden Beweisen, ggf. Anspruchsrecht auf die Bestellung eines Verteidigers)
- § 136 I 4 StPO (in geeigneten Fällen kann der Beschuldigte sich schriftlich äußern, in geeigneten Fällen ist ein Täter-Opfer-Ausgleich möglich)

---

[1] **Hinweis:** In Klausuren finden sich häufig Zusatzaufgaben, die nicht nach einem Prüfschema bearbeitet werden können. Die Lösung zu Aufgabe 2 muss daher anders aufgebaut werden. Es sind die Ermächtigungsgrundlage für die polizeiliche Vernehmung und die dabei zu beachtenden besonderen Verfahrensvorschriften zu ermitteln. Auf die Ausformulierung der in der Lösungsskizze angegebenen Vorschriften wird hier verzichtet.

[2] *Bialon/Springer* EingriffsR Rn. 283 ff.

[3] *Bialon/Springer* EingriffsR Rn. 289 ff.

Lösungsvorschlag

Aufgabe 1: Vorläufige Festnahme des B[4]

I. Ermächtigungsgrundlage

1. Grundrechtseingriff

Die vorläufige Festnahme könnte ein Eingriff in die Bewegungsfreiheit, Art. 2 II 2 GG, sein. Die Bewegungsfreiheit schützt das Recht jedes Menschen, jeden tatsächlich und rechtlich zugänglichen Ort aufzusuchen, dort zu verweilen und den Ort auch wieder zu verlassen. Daher dürfte der B grundsätzlich in seiner Wohnung verweilen. Ein Grundrechtseingriff ist gegeben, wenn eine staatliche Maßnahme nicht nur ganz unerheblich den Schutzbereich eines Grundrechts beeinträchtigt. Mit der vorläufigen Festnahme wird der B zuerst im Streifenwagen und später in einer Zelle an einem eng umgrenzten Ort festgehalten. Damit wird in die Bewegungsfreiheit in Form der Freiheitsentziehung eingegriffen.

2. Zielrichtung der Maßnahme

Die vorläufige Festnahme könnte der Strafverfolgung dienen. Dann müsste der Anfangsverdacht einer Straftat vorliegen.[5] Die Definition ergibt sich aus § 152 II StPO. Laut Sachverhalt werden in der Wohnung des B eindeutige Hinweise gefunden, die darauf schließen lassen, dass der B den elfjährigen G getötet hat. Damit ist der Anfangsverdacht für die §§ 211, 212 StGB gegeben.

II. Formelle Rechtmäßigkeit

1. Zuständigkeit

a) sachliche Zuständigkeit[6]

Die sachliche Zuständigkeit könnte sich aus § 1 IV PolG NRW iVm § 163 I 1 StPO iVm § 11 I Nr. 2 POG NRW ergeben.

Die Polizei hat Aufgaben wahrzunehmen, die ihr durch eine andere Rechtsvorschrift übertragen werden. Eine solche Aufgabe ist die Strafverfolgung nach § 163 I 1 StPO. Der Anfangsverdacht für Mord bzw. Totschlag wurde oben bereits festgestellt. Damit muss die Polizei nach dem Legalitätsprinzip einschreiten.

Die Aufgabe ist durch § 11 I Nr. 2 POG NRW den KPB zugewiesenen. Da der Sachverhalt nichts Gegenteiliges hergibt, kann unterstellt werden, dass die einschreitenden Beamten der sachlich zuständigen KPB angehören.

Damit ist die sachliche Zuständigkeit gegeben.[7]

---

[4] *Bialon/Springer* EingriffsR Rn. 432 ff.

[5] *Bialon/Springer* EingriffsR Rn. 44.

[6] *Bialon/Springer* EingriffsR Rn. 82 f.

[7] **Hinweis:** Nun müsste die örtliche Zuständigkeit geprüft werden. Laut dem Hinweis unter der Aufgabe wird die örtliche Zuständigkeit als gegeben unterstellt. Dann braucht man im Gutachten nicht darauf einzugehen.

2. Allgemeine Verfahrensvorschriften

Bestehen für StPO-Maßnahmen nicht.

3. Formvorschrift

Die mündliche Anordnung ist zulässig, später ist die Maßnahme zu dokumentieren, § 168b StPO.

III. Materielle Rechtmäßigkeit

1. Tatbestand der Ermächtigungsgrundlage[8]

Die Ermächtigung für die vorläufige Festnahme könnte sich aus § 127 II StPO ergeben.

Dann müssten die Voraussetzungen eines Haftbefehls vorliegen.[9] Daher ist § 112 I StPO zu prüfen.

Fraglich ist, ob der B dringend tatverdächtig ist. Dringender Tatverdacht liegt vor, wenn der Verdächtige die Straftat mit hoher Wahrscheinlichkeit begangen hat. Wie oben schon ausgeführt, werden in der Wohnung eindeutige Hinweise für die Täterschaft des B gefunden. Damit ist er dringend tatverdächtig.

Beschuldigter ist eine Person, wenn der Anfangsverdacht einer Straftat sich gegen die Person richtet und das Strafverfahren gezielt gegen den Betroffenen geführt wird. Das wird dadurch deutlich, dass die Strafverfolgungsbehörde die Person durch eine entsprechende Strafverfolgungsmaßnahme zum Beschuldigten macht. Spätestens mit der vorläufigen Festnahme wird der B damit zum Beschuldigten.

Ein Haftgrund könnte im vorliegenden Fall die Fluchtgefahr, § 112 II Nr. 2 StPO, sein. Dann sind die Umstände des Einzelfalls zu würdigen. Ein Mord wird mit lebenslanger Freiheitsstrafe sanktioniert. Für Totschlag sieht das Gesetz eine Freiheitsstrafe nicht unter fünf Jahren vor. Somit hat der B eine lange Freiheitsstrafe für die Tat zu erwarten. Das dürfte ein triftiger Grund sein, sich dem Strafverfahren zu entziehen. B ist arbeitslos. Mit einer Flucht riskiert er also nicht den Verlust einer Arbeitsstelle. Vor einer Woche hat sich die Frau von ihm getrennt und ist mit den fünf Kindern ausgezogen. Damit ist die familiäre Bindung des B erheblich gelockert. Alle diese Gründe sprechen für Fluchtgefahr. Nach allgemeiner Lebenserfahrung versuchen Eltern auch nach einer Trennung regelmäßig Kontakt zu ihren Kindern zu behalten. Das dürfte auch für den B zutreffen. Durch eine Flucht würde er seine Kinder sehr wahrscheinlich für lange Zeit nicht mehr sehen. Das könnte ein Grund für ihn sein, sich dem Verfahren zu stellen, in der Hoffnung, seine Kinder regelmäßig zu treffen. Wägt man die Umstände des Einzelfalls miteinander ab, so überwiegen die Argumente für die Fluchtgefahr deutlich.

---

[8] *Bialon/Springer* EingriffsR Rn. 438 ff.

[9] **Hinweis:** Liest man den Gesetzestext, so wird als erstes Tatbestandsmerkmal Gefahr im Verzug aufgeführt. Es empfiehlt sich, zuerst die Voraussetzungen eines Haftbefehls (zweites Tatbestandsmerkmal) zu prüfen. Es fällt dann deutlich leichter, die Gefahr im Verzug mit treffenden Argumenten zu begründen.

Ein weiterer Haftgrund könnte sich aus § 112 III StPO ergeben. Dann müsste der B einer der im Katalog genannten Straftaten dringend verdächtig sein. Außerdem muss zu vermuten sein, dass Flucht- oder Verdunkelungsgefahr besteht.[10] B ist, wie oben begründet, dringend tatverdächtig einen Mord oder Totschlag begangen zu haben. Beide Straftaten gehören zu dem Katalog des § 112 III StPO. Oben wurde die Fluchtgefahr bereits bejaht, sodass mehr als nur die Vermutung für die Gefahr der Flucht besteht. Damit ist ein weiterer Haftgrund aus § 112 III StPO gegeben.

Gem. § 112 I 2 StPO ist die Verhältnismäßigkeit im weiteren Sinn zu prüfen. Dazu müsste die vorläufige Festnahme geeignet sein.

Geeignet ist eine Maßnahme, wenn sie das Erreichen des polizeilichen Ziels wenigstens fördert. Mit der vorläufigen Festnahme wird eine mögliche Flucht des B verhindert. Damit steht er für das weitere Untersuchungsverfahren, hier die Vorführung vor einem Richter nach § 128 I StPO, zur Verfügung. Die Maßnahme ist geeignet.

Die Definition für die Erforderlichkeit der Maßnahme ergibt sich sinngemäß aus § 2 I PolG NRW. Um eine mögliche Flucht zu verhindern, sind hier für die Polizei keine milderen Maßnahmen zu erkennen. Damit ist die Erforderlichkeit der Festnahme gegeben.

Die Verhältnismäßigkeit im engeren Sinn ist in § 2 II PolG NRW legal definiert und hier sinngemäß anzuwenden. Die Freiheitsentziehung wird voraussichtlich einige Stunden, maximal bis zum Ende des nächsten Tages dauern. Damit ist alles, was sich B für diesen Zeitraum vorgenommen hat, nicht mehr durchführbar. Die Festnahme ist ein schwerwiegender Eingriff in die Bewegungsfreiheit. B ist eines Kapitaldelikts dringend verdächtig. Tathergang und Tatmotiv belegen die besondere Verwerflichkeit der Tat. Als Folge der Straftat ist ein Kind gestorben. Dieses Verbrechen wird die Öffentlichkeit erheblich in Unruhe versetzen. Der schwere Eingriff in die Bewegungsfreiheit steht hier nicht im Missverhältnis zu dem polizeilichen Ziel, ein Kapitaldelikt beweissicher aufzuklären. Die Maßnahme ist damit angemessen. Die Voraussetzungen eines Haftbefehls liegen vor.

§ 127 II StPO fordert Gefahr im Verzug. Diese ist gegeben, wenn durch das Abwarten auf einen richterlichen Haftbefehl die Gefahr besteht, dass sich der Beschuldigte in der Zwischenzeit dem Verfahren entziehen und damit ein beweissicheres Strafverfahren unmöglich bzw. wesentlich erschwert wird. Oben wurde bereits die Gefahr der Flucht des B beschrieben. Daher kann hier nicht auf einen richterlichen Haftbefehl gewartet werden. Gefahr im Verzug liegt vor.

2. a) Besondere Verfahrensvorschriften[11]

§ 127 IV StPO verweist auf die §§ 114a–c StPO. Im Sachverhalt wird nicht beschrieben, ob diese wesentlichen Verfahrensvorschriften beachtet werden. Es kann hier die Beachtung unterstellt werden. Auch zu der unverzüglichen Vor-

[10] *Bialon/Springer* EingriffsR Rn. 456.
[11] *Bialon/Springer* EingriffsR Rn. 465 ff.

führung vor einen Richter nach § 128 I StPO gibt der Sachverhalt keine Auskunft. Die Beachtung wird unterstellt.

b) Anordnungsbefugnis

Die Maßnahme darf durch jeden Polizeibeamten angeordnet werden, also auch durch KHK H.

3. Adressat

Die Festnahme richtet sich gegen den Beschuldigten, hier gegen B.

4. Rechtsfolge

a) Zugelassene Rechtsfolge

§ 127 II StPO erlaubt die vorläufige Festnahme. Genau dies wird durch KHK H durchgeführt.

b) Hinreichende Bestimmtheit

Hier nicht zu prüfen.

c) Ermessen[12]

Bei der Strafverfolgung gilt das Legalitätsprinzip, es gibt also kein Entschließungsermessen.

Fehler beim Auswahlermessen sind aus dem Sachverhalt nicht zu erkennen.

d) Verhältnismäßigkeit im weiteren Sinn[13]

Dazu wird auf die obige Prüfung im Tatbestand des § 112 I StPO verwiesen.

IV. Ergebnis

Die vorläufige Festnahme ist rechtmäßig.

---

[12] *Bialon/Springer* EingriffsR Rn. 118.

[13] *Bialon/Springer* EingriffsR Rn. 124 ff.

Fall 10: Ruhestörender Lärm

Schwerpunkte: Betreten einer Wohnung zur Gefahrenabwehr, Sicherstellung, Verstöße gegen Lärmschutzbestimmungen

Sachverhalt

Am 6.5.2015, gegen 2:15 Uhr, bekommt der Fustkw Egon 12/35 den Einsatz „Ruhestörender Lärm" auf der Wilhelmstraße 22 in Duisburg-Meiderich. Die Leitstelle teilt den beiden eingesetzten Beamten über Funk mit, dass in den letzten vier Stunden schon zwei Einsätze an dieser Adresse wegen ruhestörenden Lärms durchgeführt wurden. Die Verursacher wurden beide Male zur Ruhe ermahnt und kamen der Aufforderung der Polizei, die Musikanlage auf Zimmerlautstärke zu stellen, zuerst auch nach. Nun haben aber die Nachbarn erneut angerufen und der Leitstelle mitgeteilt, dass sie zur Selbstjustiz greifen, wenn die Polizei jetzt nicht endlich dafür sorgt, dass die Nachtruhe eingehalten wird. PK K und PHK O begeben sich nach Ankunft an dem Mehrfamilienhaus in den fünften Stock zu der Wohnung, die man ohne Probleme als Lärmquelle ausfindig machen kann. Erst nach mehrmaligem Klingeln und kräftigem Schlagen gegen die Tür wird ihnen geöffnet. Gegen den ausdrücklichen Willen von Hugo Y betreten die Polizisten die Wohnung. Da man sein eigenes Wort wegen der lauten Musik nicht verstehen kann, geht K zu der Musikanlage und schaltet sie aus. Y ist empört. Er wird heute 50 Jahre alt und leitet daraus ein Recht ab, einmal so richtig nach seinen Vorstellungen „die Post abgehen zu lassen". O erklärt Y, dass ihm schon bei den vorhergehenden Einsätzen die Polizisten darauf hingewiesen haben, dass die Nachtruhe einzuhalten ist. Scheinbar sei Y aber nicht bereit, sich daran zu halten. Y antwortet darauf, die Polizisten sollten sich nicht so anstellen. Auch sie würden einmal so alt werden wie er und sich dann freuen, wenn man sie feiern ließe. O teilt dem Y nun mit, dass die Stereoanlage durch die Polizei sichergestellt wird. Er könne die Anlage nach Tagesanbruch auf der Hauptwache wieder abholen. Y droht nun Schläge an, doch K und O gelingt es durch geschicktes Argumentieren den Y davon zu überzeugen, die Sicherstellung zu dulden. Nachdem ein Sicherstellungsprotokoll an Y ausgehändigt worden ist, fahren die Beamten mit der Musikanlage zur Hauptwache und asservieren sie dort.

Aufgabe: Prüfen Sie in einem Gutachten die Rechtmäßigkeit des Betretens der Wohnung und der Sicherstellung der Musikanlage.

Bearbeitungshinweis: Die örtliche Zuständigkeit ist als gegeben zu unterstellen.

Lösungsskizze

A. Betreten der Wohnung des Y

Bearbeitungszeit: ca. 50 Min.

I. Ermächtigungsgrundlage
1. Grundrechtseingriffe
Art. 13 I GG (+)
2. Zielrichtung der Maßnahme
Präventiv, Gefahr für die öffentliche Sicherheit (+)
II. Formelle Rechtmäßigkeit
1. Zuständigkeit
a) sachliche Zuständigkeit
- § 1 I 1 und 3 PolG NRW iVm § 11 I Nr. 1 POG NRW (+)
- Gefahr für die Gesundheit der Nachbarn und für die Unverletzlichkeit der Rechtsordnung (+)
- Eilzuständigkeit statt Ordnungsamt, subsidiäre Zuständigkeit (+)

b) örtliche Zuständigkeit
Ist zu unterstellen (+)
2. Allgemeine Verfahrensvorschriften
§§ 28, 37 I, 41, 43 VwVfG NRW als beachtet unterstellt (+)
3. Formvorschrift
§ 37 II VwVfG NRW als beachtet unterstellt (+)
III. Materielle Rechtmäßigkeit
1. Tatbestand der Ermächtigungsgrundlage
§ 41 I Nr. 3 PolG NRW
- Von der Wohnung gehen Immissionen aus (+)
- Art, Ausmaß und Dauer der Immissionen führen zur erheblichen Belästigung der Nachbarn (+)

2. a) Besondere Verfahrensvorschriften
§ 41 II PolG NRW (+)
b) Anordnungsbefugnis
Durch jeden Polizeibeamten (+)
3. Adressat
Aus der Ermächtigung, der Wohnungsinhaber, hier Y (+)
4. Rechtsfolge
a) Zugelassene Rechtsfolge
Betreten der Wohnung (+)
b) Hinreichende Bestimmtheit
Hier nicht zu prüfen
c) Ermessen
- Entschließungsermessen – akute Gefahr für Gesundheit der Nachbarn = Ermessensreduzierung auf Null
- Auswahlermessen (+)

d) Verhältnismäßigkeit im weiteren Sinn
Betreten der Wohnung
- geeignet (+)
- erforderlich (+)
- angemessen (+)

IV. Ergebnis
Betreten der Wohnung (+)

B. Sicherstellung der Musikanlage

Bearbeitungszeit: ca. 30 Min.

I. Ermächtigungsgrundlage

1. Grundrechtseingriffe
Art. 14 I GG (+)

2. Zielrichtung der Maßnahme
s. oben

II. Formelle Rechtmäßigkeit
s. oben

III. Materielle Rechtmäßigkeit

1. Tatbestand der Ermächtigungsgrundlage
§ 43 Nr. 1 PolG NRW
Gegenwärtige Gefahr (+)

2. a) Besondere Verfahrensvorschriften
§ 44–46 PolG NRW (+)

b) Anordnungsbefugnis
Durch jeden Polizeibeamten (+)

3. Adressat
Aus der Ermächtigung, der Gewahrsamsinhaber, hier Y (+)

4. Rechtsfolge

a) Zugelassene Rechtsfolge
Sicherstellung (+)

b) Hinreichende Bestimmtheit
Hier nicht zu prüfen

c) Ermessen
- Entschließungsermessen – akute Gefahr für Gesundheit der Nachbarn = Ermessensreduzierung auf Null
- Auswahlermessen (+)

d) Verhältnismäßigkeit im weiteren Sinn
Sicherstellung
- geeignet (+)
- erforderlich (+)
- angemessen (+)

IV. Ergebnis
Sicherstellung (+)

Lösungsvorschlag

A. Betreten der Wohnung des Y

I. Ermächtigungsgrundlage

1. Grundrechtseingriff[1]

Das Betreten der Wohnung könnte ein Eingriff in die Unverletzlichkeit der Wohnung, Art. 13 I GG, darstellen. Mit Wohnung sind die Räume gemeint, die der einzelne der Allgemeinheit durch räumliche Abgrenzung entzogen hat und zur Stätte seines Lebens und Wirkens bestimmt. Welche Räume unter den Begriff der Wohnung fallen, definiert §41 I 2 PolG NRW. Die Wohnung des Y fällt unter diesen Wohnungsbegriff. Damit kann Y selbst bestimmen, wen er in seine Wohnung hinein lässt. Ein Grundrechtseingriff ist gegeben, wenn eine staatliche Maßnahme nicht nur ganz unerheblich den Schutzbereich eines Grundrechts beeinträchtigt. Die Polizisten betreten gegen den ausdrücklichen Willen des Y seine Wohnung. Somit liegt ein Eingriff in die Unverletzlichkeit der Wohnung vor.

2. Zielrichtung der Maßnahme

Das Betreten könnte der Abwehr einer Gefahr für die öffentliche Sicherheit dienen. Mit Gefahr ist ein Verhalten oder einen Zustand gemeint, bei dem bei ungehindertem Geschehensablauf in absehbarer Zeit mit hinreichender Wahrscheinlichkeit mit einem Schadenseintritt für ein Rechtsgut der öffentlichen Sicherheit oder Ordnung zu rechnen ist. Zur öffentlichen Sicherheit gehört unter anderem das Individualrechtsgut Gesundheit und die Unverletzlichkeit der materiellen Rechtsordnung.[2] §9 I LImSchG NRW verbietet Betätigungen, welche die Nachtruhe zu stören geeignet sind.[3] Y feiert in seiner Wohnung seinen 50. Geburtstag. Dabei lässt er die Musik so laut laufen, dass sich die Nachbarn mehrfach beschwert haben und es insgesamt zu drei Polizeieinsätzen kommt. Damit betätigt sich der Y in einer Weise, die geeignet ist, die Nachtruhe zu stören. Somit ist die materielle Rechtsordnung bereits gestört und diese Störung dauert an. Lange andauernde Ruhestörungen, vor allem zur Nachtzeit, können zur Schädigung der Gesundheit führen. Im Sachverhalt steht, dass die erhebliche Ruhestörung schon mehrere Stunden andauert. Damit ist auch die Gesundheit der Nachbarn gefährdet. Somit liegt eine Gefahr für die öffentliche Sicherheit vor. Ziel der einschreitenden Polizisten ist es, die Nachtruhe wiederherzustellen. Das Betreten der Wohnung dient der Gefahrenabwehr.

---

1 *Bialon/Springer* EingriffsR Rn. 626.
2 *Bialon/Springer* EingriffsR Rn. 35 ff.
3 *Bialon/Springer* EingriffsR Rn. 732 ff.

II. Formelle Rechtmäßigkeit

1. Zuständigkeit

a) sachliche Zuständigkeit[4]

Die sachliche Zuständigkeit könnte sich aus § 1 I 1 und 3 PolG NRW iVm § 11 I Nr. 1 POG NRW ergeben. Dass eine Gefahr für die öffentliche Sicherheit iSd § 1 I 1 PolG NRW vorliegt, wurde bereits oben begründet. Die Abwehr der Gefahr ist eigentlich Aufgabe des Ordnungsamtes. Da kein Mitarbeiter dieser Behörde vor Ort ist, würde es zu lange dauern, das Ordnungsamt zu verständigen, damit es tätig werden kann. In der Zwischenzeit würde die erhebliche Störung der Nachtruhe andauern. Es muss sofort gehandelt werden. Für diesen Eilfall ist die Polizei nach § 1 I 3 PolG NRW subsidiär zuständig.

Die Aufgabe ist den KPB zugewiesen. Es kann unterstellt werden, dass die einschreitenden Beamten der sachlich zuständigen KPB angehören.

b) örtliche Zuständigkeit[5]

Die örtliche Zuständigkeit ist laut Bearbeitungshinweis zu unterstellen.

2. Allgemeine Verfahrensvorschriften[6]

Es kann davon ausgegangen werden, dass die Polizisten den Y dazu verpflichtet haben, das Betreten der Wohnung zu dulden. Mit dieser Verfügung liegt ein Verwaltungsakt gem. § 35 VwVfG NRW vor. Die Beachtung der §§ 28, 37 I, 41, 43 VwVfG NRW wird unterstellt.

3. Formvorschrift

§ 37 II VwVfG NRW wird auch als beachtet unterstellt.

III. Materielle Rechtmäßigkeit

1. Tatbestand der Ermächtigungsgrundlage[7]

Als Ermächtigungsgrundlage könnte § 41 I Nr. 3 PolG NRW herangezogen werden. Dann müssten von der Wohnung des Y Immissionen ausgehen. Laut Aussagen der Nachbarn und auch der eigenen Feststellung der einschreitenden Polizisten wird in der Wohnung laute Musik abgespielt. Somit gehen von der Wohnung Immissionen aus. Die Lärmbelästigung müsste nach Art, Ausmaß und Dauer zur erheblichen Belästigung der Nachbarn führen.

VV Nr. 41.12 § 41 PolG NRW gibt Anhaltspunkte, wann eine Lärmbelästigung erheblich ist. Danach muss die Polizei um Hilfe gerufen werden und nach Würdigung aller Umstände die Immissionen nicht zumutbar sein. Laut Sachverhalt haben die Nachbarn die Polizei mehrfach um Hilfe gerufen. K und O

---

[4] *Bialon/Springer* EingriffsR Rn. 54 f.
[5] *Bialon/Springer* EingriffsR Rn. 110 ff.
[6] *Bialon/Springer* EingriffsR Rn. 113 ff.
[7] *Bialon/Springer* EingriffsR Rn. 636 ff.

haben Mühe, sich an der Wohnungstür bemerkbar zu machen. Erst mehrfaches Klingeln und kräftiges Schlagen gegen die Tür führen dazu, dass der Y öffnet. Die Wohnung ist auch schon von außen als Lärmquelle ausfindig zu machen. Die Nachbarn sind über die stundenlange Musikbeschallung so aufgebracht, dass sie schon mit Selbstjustiz drohen. Auch in den beiden vorhergehenden Einsätzen wurde Y zur Ruhe ermahnt. Diese Tatsachen ergeben, dass nach Art, Ausmaß und Dauer eine erhebliche Ruhestörung vorliegt. Damit ist der Tatbestand des §41 I Nr. 3 PolG NRW erfüllt.

2. a) Besondere Verfahrensvorschriften[8]

Zur Nachtzeit ist nach §41 II PolG NRW die Nachtzeitschranke zu beachten. Nach §104 III StPO gilt im Monat Mai die Zeit von 21:00–04:00 Uhr als Nachtzeit. K und O betreten die Wohnung gegen 2:15 Uhr. Damit ist die Beschränkung des §41 II PolG NRW zu beachten. Die Befugnis für das Betreten ergibt sich aus §41 I Nr. 3 PolG NRW. Damit darf auch zur Nachtzeit die Wohnung des Y betreten werden.

b) Anordnungsbefugnis

Da die Wohnung nur betreten und nicht durchsucht wird, ist §42 PolG NRW nicht anzuwenden. Die Maßnahme darf durch jeden Polizeibeamten angeordnet werden.

3. Adressat[9]

Adressat der Maßnahme ist der Wohnungsinhaber, hier der Y.

4. Rechtsfolge

a) Zugelassene Rechtsfolge

Die Befugnis lässt das Betreten der Wohnung zu.[10] Betreten umfasst das Recht, sich Zugang zu den Räumen zu verschaffen, dort zu verweilen und von allem, was ohne gezieltes Suchen wahrgenommen wird, Kenntnis zu nehmen. K und O betreten die Wohnung des Y, reden dort mit ihm und schauen sich nach der Musikanlage um. Ein gezieltes Suchen, also eine Durchsuchung, ist hier nicht erforderlich, da die Lärmquelle ohne Weiteres wahrgenommen werden kann. Damit entspricht das Handeln der Polizei der zugelassenen Rechtsfolge.

b) Hinreichende Bestimmtheit

Hier nicht zu prüfen.

---

8 *Bialon/Springer* EingriffsR Rn. 641.
9 *Bialon/Springer* EingriffsR Rn. 151.
10 *Bialon/Springer* EingriffsR Rn. 654 f.

c) Ermessen[11]

Wegen der akuten Gesundheitsgefahr für die Nachbarn reduziert sich das Entschließungsermessen auf null. Fehler beim Auswahlermessen sind aus dem Sachverhalt nicht zu erkennen.

d) Verhältnismäßigkeit im weiteren Sinn[12]

Das Betreten der Wohnung muss zur Gefahrenabwehr geeignet, erforderlich und angemessen sein.

Geeignet ist eine Maßnahme, wenn sie das Erreichen des polizeilichen Ziels zumindest fördert. Mit dem Betreten der Wohnung ist es K und O möglich, nachdrücklich mit dem Y zu sprechen und die Lärmquelle ausfindig zu machen. Das Betreten dient hier auch als vorbereitende Maßnahme für die spätere Sicherstellung der Musikanlage. Damit fördert die Maßnahme die Abwehr der Gefahr für die öffentliche Sicherheit.

Die Definition der Erforderlichkeit ergibt sich aus §2 I PolG NRW. In den beiden vorhergehenden Einsätzen wurde Y bereits zur Ruhe ermahnt. Er ist den Verfügungen beide Male zuerst nachgekommen, danach ist es dann aber wieder zu erheblicher Ruhestörung gekommen. Zur späteren Sicherstellung der Musikanlage ist das Betreten der Wohnung notwendig.

Die Definition der Angemessenheit ergibt sich aus §2 II PolG NRW. Die Polizisten dringen in die Privatsphäre des Y ein. Durch das Verweilen in seinen Räumen und das Wahrnehmen der Wohnungssituation gegen den Willen des Y werden den Beamten die persönlichen Lebensverhältnisse des Y bekannt. Der Eingriff in Art. 13 I GG dürfte mittelschwer sein. Andererseits geht es darum, die Gesundheit der Nachbarn zu schützen und die Nachtruhe wiederherzustellen. Wägt man den Grundrechtseingriff gegen das angestrebte polizeiliche Ziel ab, so ist ein Missverhältnis nicht erkennbar. Das Betreten der Wohnung ist verhältnismäßig im engeren Sinn.

IV. Ergebnis

Das Betreten der Wohnung ist rechtmäßig.

B. Sicherstellung der Musikanlage[13]

I. Ermächtigungsgrundlage

1. Grundrechtseingriffe

Die Sicherstellung könnte einen Eingriff in Art. 14 I GG darstellen. Mit Eigentum sind alle vermögenswerten Rechte zum entscheidungserheblichen Zeitpunkt gemeint. Unter anderem wird das Recht geschützt, Sachen, die der betroffenen Person gehören oder rechtlich zustehen, zu nutzen. Durch die Sicherstellung

---

[11] *Bialon/Springer* EingriffsR Rn. 118 ff.
[12] *Bialon/Springer* EingriffsR Rn. 124 ff.
[13] *Bialon/Springer* EingriffsR Rn. 493 ff.

kann der Y die Musikanlage nicht mehr nutzen. Somit liegt ein Eingriff in Art. 14 I GG vor.

2. Zielrichtung der Maßnahme

Die Zielrichtung der Maßnahme wurde bereits oben geprüft.

II. Formelle Rechtmäßigkeit

Die formelle Rechtmäßigkeit wurde bereits oben geprüft.

III. Materielle Rechtmäßigkeit

1. Tatbestand der Ermächtigungsgrundlage[14]

Als Befugnis könnte § 43 Nr. 1 PolG NRW infrage kommen. Dann müsste eine gegenwärtige Gefahr für die öffentliche Sicherheit vorliegen. Gegenwärtig ist eine Gefahr, wenn das schädigende Ereignis bereits eingetreten ist und die Gefahr noch andauert oder das schädigende Ereignis unmittelbar oder mit an Sicherheit grenzender Wahrscheinlichkeit in allernächster Zeit bevorsteht. Wie oben beschrieben, ist die Störung der öffentlichen Sicherheit durch den ruhestörenden Lärm bereits eingetreten und dauert noch an. Somit liegt eine gegenwärtige Gefahr für die öffentliche Sicherheit vor.

2. a) Besondere Verfahrensvorschriften[15]

Es sind die Vorschriften der §§ 44–46 PolG NRW anzuwenden. Die Beachtung wird hier unterstellt.

b) Anordnungsbefugnis

Die Maßnahme darf durch jeden Polizeibeamten angeordnet werden.

3. Adressat[16]

Adressat der Maßnahme ist der Gewahrsamsinhaber, hier der Y.

4. Rechtsfolge

a) Zugelassene Rechtsfolge[17]

Als Rechtsfolge lässt § 43 PolG NRW die Sicherstellung zu. Damit ist das Begründen amtlichen Gewahrsams gemeint. K und O nehmen die Stereoanlage zur Wache mit. Damit hat außer der Polizei niemand mehr Zugriff auf die Sache. Amtlicher Gewahrsam wird also begründet. Die Maßnahme entspricht der zugelassenen Rechtsfolge.

---

[14] *Bialon/Springer* EingriffsR Rn. 498.
[15] *Bialon/Springer* EingriffsR Rn. 502.
[16] *Bialon/Springer* EingriffsR Rn. 137.
[17] *Bialon/Springer* EingriffsR Rn. 506.

b) Hinreichende Bestimmtheit

Hier nicht zu prüfen.

c) Ermessen[18]

Es sind keine Ermessensfehler aus dem Sachverhalt zu erkennen.

d) Verhältnismäßigkeit im weiteren Sinn[19]

Mit der Sicherstellung der Musikanlage wird der ruhestörende Lärm beendet. Damit ist die Maßnahme zur Gefahrenabwehr geeignet.

Wie oben beim Betreten der Wohnung ausgeführt, wurden mildere Mittel bereits erfolglos angewendet. Nun bleibt nur die Sicherstellung der Anlage übrig. Y kann seinen Geburtstag in Zimmerlautstärke weiterhin feiern, jetzt allerdings ohne Musikanlage. Die Sicherstellung ist erforderlich.

Da Y weiter feiern kann, ist die vorübergehende Sicherstellung der Anlage ein vergleichsweise geringer Eingriff. Der Betroffene kann sich das Gerät am nächsten Tag auf der Polizeiwache abholen. Daher dauert der Grundrechtseingriff auch nur kurze Zeit. Das angestrebte polizeiliche Ziel wurde oben bereits dargestellt. Eine Abwägung zwischen Grundrechtseingriff und angestrebtem Ziel ergibt, dass ein Missverhältnis nicht zu erkennen ist. Die Maßnahme ist angemessen.

IV. Ergebnis

Die Sicherstellung der Musikanlage ist rechtmäßig.

---

[18] *Bialon/Springer* EingriffsR Rn. 118 ff.
[19] *Bialon/Springer* EingriffsR Rn. 124 ff.

Fall 11: Sicherstellung zur Eigensicherung

Schwerpunkt: Sicherstellung

Sachverhalt

Die Polizei wird am 3.5.2015, gegen 17:00 Uhr, zur Westenderstraße 18 in Duisburg-Meiderich gerufen. Nachbarn haben der Einsatzleitstelle mitgeteilt, dass sich dort zwei Gruppen Jugendlicher feindselig gegenüberstehen. Sie brüllen sich an und die Nachbarn befürchten, dass es zu einer Schlägerei kommt. Vor Ort treffen der Fustkw Egon 12/32 und Egon 12/33 eine fünfköpfige und eine dreiköpfige Gruppe junger Männer an, die den Eindruck erwecken, dass sie kurz davor stehen, aufeinander loszugehen. Die beiden Gruppen werden von der Polizei getrennt. Alle beteiligten Personen werden aufgefordert, sich auszuweisen. Nun werden die Polizisten von beiden Gruppen beschimpft. Die Stimmung ist aufgeladen und aggressiv. Daher fordern die Beamten die Anwesenden auf, sich durchsuchen zu lassen. Dabei wird bei Bülent H ein Schlosserhammer (700 g aus Stahl) gefunden, den er am Hosengürtel getragen hat. Der Hammer wird von POK T sichergestellt. Nach Personalienfeststellung werden alle Beteiligten zur Ruhe ermahnt. Für den Fall einer weiteren Auseinandersetzung werden Folgemaßnahmen (Gewahrsamnahmen, gegebenenfalls Strafanzeigen) angedroht. Der Schlosserhammer wird dem H wieder ausgehändigt. Anschließend werden beide Gruppen in getrennte Richtungen weggeschickt.

Aufgabe: Prüfen Sie in einem Gutachten die Rechtmäßigkeit der Sicherstellung des Hammers.

Hinweis: Die örtliche Zuständigkeit ist als gegeben zu unterstellen.

Lösungsskizze

Sicherstellung zur Eigensicherung

Bearbeitungszeit: ca. 45 Min.

I. Ermächtigungsgrundlage

1. Grundrechtseingriffe
Art. 14 I GG, Eigentum (+)

2. Zielrichtung der Maßnahme
Präventiv, Gefahr für die öffentliche Sicherheit (+)

II. Formelle Rechtmäßigkeit

1. Zuständigkeit

a) sachliche Zuständigkeit
- § 1 I 1 und 2 PolG NRW iVm § 11 I Nr. 1 POG NRW (+)
- Gefahr für die Gesundheit der Polizisten und für die Unverletzlichkeit der Rechtsordnung (+)
- Verhüten von Straftaten, originäre Zuständigkeit (+)

b) örtliche Zuständigkeit
Als gegeben unterstellt (+)

2. Allgemeine Verfahrensvorschriften
Realakt, daher keine Anwendung

3. Formvorschrift
Realakt, daher keine Anwendung

III. Materielle Rechtmäßigkeit

1. Tatbestand der Ermächtigungsgrundlage
§ 43 Nr. 3 PolG NRW
- Betroffene Person wird festgehalten (-)
- Analoge Anwendung des § 43 Nr. 3 PolG NRW in Fällen des § 39 II 1 PolG NRW (+)
- Gegenstand wird von der betroffenen Person mitgeführt (+)
- Sache kann verwendet werden, um Leben oder Gesundheit anderer zu schädigen (+)

2. a) Besondere Verfahrensvorschriften
§§ 44–46 PolG NRW (+)

b) Anordnungsbefugnis
Durch jeden Polizeibeamten (+)

3. Adressat
Aus der Ermächtigung – die Person, die die Sache mitführt (+)

4. Rechtsfolge

a) Zugelassene Rechtsfolge
Sicherstellung des gefährlichen Gegenstandes (+)

b) Hinreichende Bestimmtheit
Hier nicht zu prüfen

c) Ermessen
- Entschließungsermessen – höchste Rechtsgüter gefährdet = Ermessensreduzierung auf null
- Auswahlermessen (+)

d) Verhältnismäßigkeit im weiteren Sinn
Sicherstellung des gefährlichen Gegenstandes
- geeignet (+)
- erforderlich (+)
- angemessen (+)

IV. Ergebnis
Sicherstellung zur Eigensicherung (+)

Lösungsvorschlag

Sicherstellung zur Eigensicherung

I. Ermächtigungsgrundlage

1. Grundrechtseingriffe[1]

Die Sicherstellung könnte einen Eingriff in Art. 14 I GG darstellen. Mit Eigentum sind alle vermögenswerten Rechte zum entscheidungserheblichen Zeitpunkt gemeint. Unter anderem wird das Recht geschützt, Sachen, die der betroffenen Person gehören oder rechtlich zustehen, zu nutzen. Mit der Wegnahme des Hammers durch die Polizei kann H den Gegenstand nicht mehr nutzen. Somit liegt ein Eingriff in Art. 14 I GG vor.

2. Zielrichtung der Maßnahme

Die Maßnahme könnte der Gefahrenabwehr dienen. Dann müsste eine Gefahr für die öffentliche Sicherheit oder Ordnung vorliegen. Mit Gefahr ist ein Verhalten oder einen Zustand gemeint, bei dem bei ungehindertem Geschehensablauf in absehbarer Zeit mit hinreichender Wahrscheinlichkeit mit einem Schadenseintritt für ein Rechtsgut der öffentlichen Sicherheit oder Ordnung zu rechnen ist. Zur öffentlichen Sicherheit gehören unter anderem das Individualrechtsgut Gesundheit und die Unverletzlichkeit der Rechtsordnung.[2] Der Sachverhalt gibt an, dass die beiden streitenden Gruppen kurz vor einer Schlägerei gestanden haben. Bei der angekündigten IDF richtet sich die aggressive Stimmung gegen die Polizisten. Die polizeiliche Erfahrung weist aus, dass hier mit einem Angriff auf die Polizisten zu rechnen ist. Bei einem Angriff ist mit Verletzungen der Polizisten zu rechnen. Gleichzeitig könnten damit mehrere Straftatbestände erfüllt werden, §§ 113, 125, 223, 224 StGB. Damit liegt eine Gefahr für die Gesundheit der Polizisten und auch für die Unverletzlichkeit der materiellen Rechtsordnung vor.

II. Formelle Rechtmäßigkeit

1. Zuständigkeit

a) sachliche Zuständigkeit

Die sachliche Zuständigkeit könnte sich aus § 1 I 1 und 2 PolG NRW iVm § 11 I Nr. 1 POGNRW ergeben.[3] Dass eine Gefahr für die öffentliche Sicherheit iSd § 1 I 1 PolG NRW vorliegt, wurde bereits oben begründet. Ziel der Beamten ist es Straftaten zu verhüten, § 1 I 2 PolG NRW. Für diese Aufgabe ist die Polizei originär zuständig. Die Aufgabe ist den KPB zugewiesen und es kann unterstellt werden, dass die einschreitenden Polizisten der sachlich zuständigen KPB angehören.

---

1 *Bialon/Springer* EingriffsR Rn. 494.
2 *Bialon/Springer* EingriffsR Rn. 35 ff.
3 *Bialon/Springer* EingriffsR Rn. 56 f.

b) örtliche Zuständigkeit[4]

Die örtliche Zuständigkeit wird laut Bearbeitungshinweis als gegeben unterstellt.

2. Allgemeine Verfahrensvorschriften

Hier wird davon ausgegangen, dass POK T den Hammer sicherstellt, ohne vorher eine Duldungsverfügung gegen den H auszusprechen. Damit ist die Maßnahme ein Realakt, bei dem die allgemeinen Verfahrensvorschriften des VwVfG NRW nicht anwendbar sind.

3. Formvorschrift

Hier wird davon ausgegangen, dass POK T den Hammer sicherstellt, ohne vorher eine Duldungsverfügung gegen den H auszusprechen. Damit ist die Maßnahme ein Realakt, bei dem die Formvorschrift des §37 II VwVfG NRW nicht anwendbar ist.

III. Materielle Rechtmäßigkeit

1. Tatbestand der Ermächtigungsgrundlage

Als Befugnis könnte §43 Nr. 3 PolG NRW infrage kommen.[5] Dann müssten die kontrollierten Personen festgehalten werden. §36 I 1 PolG NRW zählt die Maßnahmen auf, die ein Festhalten im Sinne des PolG NRW darstellen. Im Sachverhalt werden die beiden Gruppen für die IDF angehalten. Ein Festhalten zur IDF liegt erst vor, wenn die Kontrolle länger als normal üblich dauert oder die Personen an einen anderen Ort gebracht werden. Es ist nicht zu erkennen, dass die Kontrolle länger als normal üblich dauert. Die Personen werden auch nicht an einen anderen Ort verbracht. Ein Festhalten der Personen, wie es §43 Nr. 3 PolG NRW verlangt, liegt nicht vor. Das führt zu einem Ergebnis, bei dem sich die Frage stellt, ob der Gesetzgeber dies so beabsichtigt hat. Personen dürfen nach §39 II 1 PolG NRW zur Eigensicherung durchsucht werden. Werden dabei gefährliche Gegenstände aufgefunden, so dürfen diese jedoch nicht nach §43 Nr. 3 PolG NRW sichergestellt werden – jedenfalls, wenn man dem Wortlaut des Gesetzes folgt. Der Gesetzgeber wollte mit der Durchsuchung nach der oben angeführten Norm die Eigensicherung einschreitender Polizisten gewährleisten. Dann ist daraus zu schließen, dass die fehlende Befugnis zur Sicherstellung aufgeführter Gegenstände eine ungewollte Regelungslücke darstellt. Nach ganz überwiegender Meinung ist es daher zulässig, in den Fällen des §39 II PolG NRW die Befugnis zur Sicherstellung so zu lesen, dass es ausreicht, dass die betroffene Person angehalten wird. Dieser Auffassung wird hier gefolgt. Weiter müssten die sichergestellten Gegenstände von der kontrollierten Person mitgeführt werden. Mitgeführt wird ein Gegenstand, wenn der Betroffene unmittelbar Zugriff darauf hat. Der Hammer wird am Hosengürtel des H gefunden. Damit hat H unmittelbar Zugriff auf den Gegenstand. §43

---

[4] *Bialon/Springer* EingriffsR Rn. 110 ff.

[5] *Bialon/Springer* EingriffsR Rn. 500 f.

Nr. 3 PolG NRW verlangt weiter, dass die Sache unter anderem dazu verwendet werden kann, Leben oder Gesundheit anderer zu schädigen. Oben wurden schon mögliche Angriffe auf die Polizisten belegt. Der von H mitgeführte Schlosserhammer ist geeignet, schwere Verletzungen bei den Polizisten durch Schläge zu verursachen.

Damit ist der Tatbestand der Norm erfüllt.

2. a) Besondere Verfahrensvorschriften[6]

Die Sicherstellung dauert nur für die Zeit der Kontrolle, also nicht länger als ca. 15 Min. §§ 44 und 45 PolG NRW sind hier nicht anwendbar. Mit der Herausgabe des Hammers an H nach der Kontrolle wird § 46 I 1 PolG NRW beachtet.

b) Anordnungsbefugnis

Die Maßnahme darf durch jeden Polizeibeamten angeordnet werden.

3. Adressat

Der Adressat ergibt sich aus der Befugnis. Das ist die Person, die den Gegenstand mitführt, hier der H.

4. Rechtsfolge

a) Zugelassene Rechtsfolge[7]

§ 43 PolG NRW lässt als Rechtsfolge die Sicherstellung zu. Das ist die Begründung amtlichen Gewahrsams. POK T nimmt den Hammer an sich, sodass niemand außer ihm Zugriff darauf hat. Damit wird amtlicher Gewahrsam begründet. Die getroffene Maßnahme entspricht der zugelassenen Rechtsfolge.

b) Hinreichende Bestimmtheit

Hier nicht zu prüfen.

c) Ermessen[8]

Mit der oben begründeten Gefahr für die Gesundheit der einschreitenden Polizisten ist eines der höchsten Rechtsgüter gefährdet. Damit reduziert sich das Entschließungsermessen auf null. Fehler beim Auswahlermessen sind aus dem Sachverhalt nicht zu erkennen.

d) Verhältnismäßigkeit im weiteren Sinn[9]

Die Sicherstellung des Hammers müsste zur Gefahrenabwehr geeignet sein. Geeignet ist eine Maßnahme, wenn sie die Erreichung des polizeilichen Ziels

---

6 *Bialon/Springer* EingriffsR Rn. 502 ff.
7 *Bialon/Springer* EingriffsR Rn. 506.
8 *Bialon/Springer* EingriffsR Rn. 118 ff.
9 *Bialon/Springer* EingriffsR Rn. 124 ff.

wenigstens fördert. Mit der Sicherstellung des Hammers wird dem H die Möglichkeit genommen, die Polizisten damit anzugreifen. Ein Angriff wird dadurch letztlich nicht ausgeschlossen, wäre aber ohne einen gefährlichen Gegenstand wesentlich harmloser, als wenn H den Hammer dafür nutzen könnte. Damit ist die Maßnahme geeignet.

Die Definition der Erforderlichkeit ergibt sich aus § 2 I PolG NRW. Die Aufforderung, den Hammer nicht für einen Angriff zu nutzen, ist nach dem Sachverhalt wenig sinnvoll und wäre damit ungeeignet. Ein anderes geeignetes milderes Mittel ist hier nicht zu erkennen. Damit ist die Sicherstellung erforderlich.

Die Definition für die Verhältnismäßigkeit im engeren Sinn steht in § 2 II PolG NRW. Der Grundrechtseingriff ist von sehr kurzer Dauer und damit als gering einzustufen. Geschützt werden soll hier eines der höchsten Rechtsgüter der Verfassung, die Gesundheit der Polizisten. Eine Abwägung ergibt, dass ein Missverhältnis nicht zu erkennen ist.

IV. Ergebnis

Die Sicherstellung des Hammers ist rechtmäßig.

Fall 12: Raub und Einbrüche

Schwerpunkte: Wohnungsdurchsuchung zur Strafverfolgung, Beschlagnahme von Beweismitteln, Rückgewinnungshilfe, Beschlagnahme von Einziehungsgegenständen

Sachverhalt

Drei maskierte Tatverdächtige raubten in der Wohnung einer 60-Jährigen unter Vorhalt einer Schusswaffe ihren Pkw-Schlüssel. Anschließend fesselten sie die Geschädigte im Keller und flüchteten mit ihrem Pkw unerkannt vom Tatort.

Die Ermittlungen führten zur Festnahme von drei dringend tatverdächtigen Beschuldigten im Alter von 18 und 19 Jahren. Weitere Ermittlungen führten zu vier weiteren Tatverdächtigen. Diese sieben Personen verübten in wechselnder Besetzung ca. 50 Diebstähle aus Kraftfahrzeugen und mindestens zehn weitere Einbruchsdiebstähle in der Absicht, hochwertige Pkw zu entwenden. Bei den Durchsuchungsmaßnahmen in den Wohnungen und sonstigen Räumen der Beschuldigten konnten Diebesgut, unter anderem alle gestohlenen Pkw, zwei Brecheisen und ein Ziehfix-Gerät sichergestellt werden. Die Durchsuchungen und Beschlagnahmen waren richterlich angeordnet worden. Als Zeuge wurde bei allen Wohnungsdurchsuchungen jeweils ein Kommunalbeamter hinzugezogen.

Aufgaben:

1. Prüfen Sie in einem Gutachten die Rechtmäßigkeit der Wohnungsdurchsuchungen und der Beschlagnahme der aufgefundenen Gegenstände als Beweismittel.
2. Prüfen Sie in einem Gutachten, durch welche Maßnahme das aufgefundene Diebesgut durch die Polizei für die Geschädigten gesichert werden kann.
3. Prüfen Sie in einem Gutachten, durch welche Maßnahme die sichergestellten Tatwerkzeuge den Beschuldigten dauerhaft weggenommen werden können.

Hinweis: Die formelle Rechtmäßigkeit ist als gegeben zu unterstellen.

Lösungsskizze

Aufgabe 1:
A. Wohnungsdurchsuchungen bei den Beschuldigten

Bearbeitungszeit: ca. 50 Min.

I. Ermächtigungsgrundlage

1. Grundrechtseingriff
Art. 13 I GG, Unverletzlichkeit der Wohnung (+)

2. Zielrichtung der Maßnahme
Repressiv, Verdacht §§ 250, 243, 244 StGB (+)

II. Formelle Rechtmäßigkeit
Als gegeben unterstellt

III. Materielle Rechtmäßigkeit

1. Tatbestand der Ermächtigungsgrundlage
§ 102 StPO
- Anfangsverdacht einer Straftat und betroffene Personen sind Tatverdächtige (+)
- Gesuchte Gegenstände können als Beweismittel sichergestellt werden, § 94 I StPO (+)
- Erfolgsvermutung der Durchsuchung (+)

2. a) Besondere Verfahrensvorschriften
- § 105 II StPO, jeweils ein Kommunalbeamter als Zeuge (+)
- §§ 106 I, 107 StPO (+)

b) Anordnungsbefugnis
§ 105 I StPO, richterlicher Beschluss liegt vor (+)

3. Adressat
Tatverdächtige Personen (+)

4. Rechtsfolge

a) Zugelassene Rechtsfolge
Durchsuchung der Wohnungen (+)

b) Hinreichende Bestimmtheit
Hier nicht zu prüfen

c) Ermessen
Entschließungsermessen – Legalitätsprinzip
Auswahlermessen (+)

d) Verhältnismäßigkeit im weiteren Sinn
Wohnungsdurchsuchungen
- geeignet (+)
- erforderlich (+)
- angemessen (+)

IV. Ergebnis
Wohnungsdurchsuchungen (+)

B. Beschlagnahme der aufgefundenen Gegenstände als Beweismittel

Bearbeitungszeit: ca. 30 Min.

I. Ermächtigungsgrundlage

1. Grundrechtseingriff
- Art. 2 I GG, allgemeine Handlungsfreiheit bezüglich des aufgefundenen Diebesgutes (+)
- Art. 14 I GG, Eigentum bezüglich der aufgefundenen Tatwerkzeuge (+)

2. **Zielrichtung der Maßnahme**
S. oben

II. **Formelle Rechtmäßigkeit**
S. oben

III. **Materielle Rechtmäßigkeit**

1. **Tatbestand der Ermächtigungsgrundlage**
§ 94 I StPO, s. oben

2. a) **Besondere Verfahrensvorschriften**
§§ 98 II, 107, 109,111k analog StPO (+)

b) **Anordnungsbefugnis**
§ 98 I StPO richterlicher Beschluss liegt vor (+)

3. **Adressat**
Gewahrsamsinhaber (+)

4. **Rechtsfolge**

a) **Zugelassene Rechtsfolge**
Beschlagnahme (+)

b) **Hinreichende Bestimmtheit**
Hier nicht zu prüfen

c) **Ermessen**
- Entschließungsermessen – Legalitätsprinzip
- Auswahlermessen (+)

d) **Verhältnismäßigkeit im weiteren Sinn**
Beschlagnahme der Beweismittel
- geeignet, s. § 94 I StPO (+)
- erforderlich (+)
- angemessen (+)

IV. **Ergebnis**
Beschlagnahme der aufgefundenen Gegenstände rechtmäßig (+)

Aufgabe 2: Beschlagnahme des Diebesguts zur Rückgewinnungshilfe

Bearbeitungszeit: ca. 30 Min.

I. **Ermächtigungsgrundlage**

1. **Grundrechtseingriff**
Art. 2 I GG, allgemeine Handlungsfreiheit, s. oben

2. **Zielrichtung der Maßnahme**
s. oben

II. **Formelle Rechtmäßigkeit**
Als gegeben unterstellt

III. **Materielle Rechtmäßigkeit**

1. **Tatbestand der Ermächtigungsgrundlage**
§ 111b I und V StPO
§ 73 I 1 und 2 StGB
- Rechtswidrige Tat (+)
- Täter hat aus der Tat etwas erlangt (+)
- Dem Verletzten ist aus der Tat ein Anspruch erwachsen und dem Täter wird der Wert des Erlangten durch Anspruchserfüllung entzogen (+)

2. a) **Besondere Verfahrensvorschriften**
- § 111c I und V StPO, Beschlagnahme durch Gewahrsamnahme und dadurch Veräußerungsverbot (+)
- §§ 111f I, 111k, 111b iVm §§ 107, 109 StPO (+)

b) Anordnungsbefugnis
§ 111e I StPO, richterlicher Beschluss liegt vor (+)

3. Adressat
Gewahrsamsinhaber (+)

4. Rechtsfolge

a) Zugelassene Rechtsfolge
Sicherstellung durch Beschlagnahme (+)

b) Hinreichende Bestimmtheit
Hier nicht zu prüfen

c) Ermessen
Entschließungsermessen und Auswahlermessen (+)

d) Verhältnismäßigkeit im weiteren Sinn
Beschlagnahme zur Rückgewinnungshilfe
- geeignet (+)
- erforderlich (+)
- angemessen (+)

IV. Ergebnis
Beschlagnahme zur Rückgewinnungshilfe rechtmäßig (+)

Aufgabe 3: Beschlagnahme der Tatwerkzeuge zur Einziehung

Bearbeitungszeit: ca. 20 Min.

I. Ermächtigungsgrundlage

1. Grundrechtseingriff
Art. 14 I GG, Eigentum, s. oben (+)

2. Zielrichtung der Maßnahme
s. oben

II. Formelle Rechtmäßigkeit
Als gegeben unterstellt

III. Materielle Rechtmäßigkeit

1. Tatbestand der Ermächtigungsgrundlage
- § 111b I StPO
- § 74 I und II Nr. 1 StGB
  - Vorsätzliche Tat (+)
  - Gegenstände zur Begehung der Tat gebraucht worden (+)
  - Gegenstände stehen im Eigentum der Tatverdächtigen (+)

2. a) Besondere Verfahrensvorschriften
- § 111c I und V StPO, Beschlagnahme durch Gewahrsamnahme und dadurch Veräußerungsverbot (+)
- §§ 111f I, 111k, 111b iVm §§ 107, 109 StPO (+)

b) Anordnungsbefugnis
§ 111e I StPO, richterlicher Beschluss liegt vor (+)

3. Adressat
Eigentümer (+)

4. Rechtsfolge

a) Zugelassene Rechtsfolge
Sicherstellung durch Beschlagnahme (+)

b) Hinreichende Bestimmtheit
Hier nicht zu prüfen

c) Ermessen
Entschließungsermessen und Auswahlermessen (+)

d) Verhältnismäßigkeit im weiteren Sinn
Beschlagnahme zur Einziehung
S. § 74b I StGB
- geeignet (+)
- erforderlich (+)
- angemessen (+)

IV. Ergebnis
Beschlagnahme zur Einziehung rechtmäßig (+)

Lösungsvorschlag

Aufgabe 1:

A. Wohnungsdurchsuchungen bei den Beschuldigten

I. Ermächtigungsgrundlage

1. Grundrechtseingriff[1]

Durch das Betreten und Durchsuchen der Wohnungen bei den Beschuldigten könnte ein Eingriff in Art. 13 I GG, die Unverletzlichkeit der Wohnung, gegeben sein. Geschützt sind alle Räume, die eine Person der Öffentlichkeit entzogen hat und zur privaten Lebensgestaltung nutzt. Somit dürfen die Beschuldigten grundsätzlich selbst entscheiden, wer ihre Wohnung betreten darf und welches Verhalten den Anwesenden erlaubt wird. Ein Grundrechtseingriff ist gegeben, wenn eine staatliche Maßnahme nicht nur ganz unerheblich den Schutzbereich eines Grundrechts beeinträchtigt. Die Polizei sucht in den Wohnungen sowohl nach Diebesgut als auch nach Tatwerkzeugen. Es ist davon auszugehen, dass sowohl die Wohnung im engeren Sinn als auch Nebenräume wie Keller und Speicher durchsucht werden. Der Eingriff in die Unverletzlichkeit der Wohnung liegt daher vor.

2. Zielrichtung der Maßnahme

Die Wohnungsdurchsuchungen könnten der Strafverfolgung dienen. Dann müsste der Anfangsverdacht einer Straftat, § 152 II StPO, vorliegen.[2] Der Sachverhalt beschreibt einen Raubüberfall auf eine Frau und eine Vielzahl von Wohnungseinbrüchen und Kfz-Aufbrüchen. Die Wohnungsinhaber sind daher Straftaten nach den §§ 250, 243, 244 StGB verdächtig.

II. Formelle Rechtmäßigkeit

Laut Bearbeitungshinweis ist die formelle Rechtmäßigkeit als gegeben zu unterstellen.

III. Materielle Rechtmäßigkeit

1. Tatbestand der Ermächtigungsgrundlage

Die Ermächtigung könnte sich aus § 102 StPO ergeben.[3] Der Anfangsverdacht einer Straftat wurde oben bejaht und die betroffenen Personen sind durch die Ermittlungsergebnisse Tatverdächtige. Der Zweck der Durchsuchung kann unter anderem der Auffindung von Beweismitteln dienen. Damit ist inzident zu prüfen, ob aufgefundene Gegenstände als Beweismittel sichergestellt werden können, § 94 I StPO. Dann müssten die gefundenen Gegenstände beweisgeeignet sein. Aufgefundene Pkw und anderes Diebesgut können beweisen, dass

---

[1] *Bialon/Springer* EingriffsR Rn. 657 ff.
[2] *Bialon/Springer* EingriffsR Rn. 44.
[3] *Bialon/Springer* EingriffsR Rn. 661 ff.

die beschuldigten Personen nicht die Eigentümer dieser Gegenstände sind, sodass sich damit die Frage stellt, wie diese Gegenstände in die Wohnungen der Beschuldigten gelangen konnten. Mit Aufbruchswerkzeugen, wie zB Ziehfix-Geräten und Brecheisen, kann ein Vergleich mit Werkzeugspuren an den Tatorten vorgenommen werden. Sie können also dazu dienen, die Tatbegehung nachzuweisen. Somit sind die beschriebenen Gegenstände beweisgeeignet und können, falls sie gefunden werden, nach § 94 I StPO sichergestellt werden. Die Verhältnismäßigkeit im weiteren Sinn der Sicherstellung der Beweismittel wird hier, weil rechtlich unproblematisch, unterstellt.

Schließlich verlangt § 102 StPO, dass der Erfolg der Durchsuchung zu vermuten ist. Nach kriminalistischer Erfahrung finden sich sowohl Diebesgut als auch Tatwerkzeug häufig in der Wohnung der Tatverdächtigen, wenn das Delikt und die weiteren Tatumstände diese Vermutung zulassen. Die Tatverdächtigen verübten einen offensichtlich planmäßig durchgeführten Raub und sind verdächtig, weitere Diebstahl- und Einbruchsdelikte begangen zu haben. Dies lässt die Vermutung zu, dass Gegenstände gefunden werden, die beweisunterstützend wirken können. Diese kriminalistische Annahme reicht als Erfolgsvermutung für den Tatbestand des § 102 StPO aus.

2. a) Besondere Verfahrensvorschriften[4]

§ 105 II StPO wird beachtet, da jeweils ein Kommunalbeamter als Zeuge bei der Wohnungsdurchsuchung anwesend ist.

Die Beachtung der §§ 106 I, 107 StPO wird mangels Aussagen im Sachverhalt unterstellt.

b) Anordnungsbefugnis

§ 105 I StPO fordert die richterliche Anordnung der Durchsuchung, was laut Sachverhalt erfolgt ist.

3. Adressat

Adressat der Maßnahme sind die Tatverdächtigen, also hier die sieben ermittelten Beschuldigten.

4. Rechtsfolge

a) Zugelassene Rechtsfolge[5]

§ 102 StPO lässt als Rechtsfolge das Betreten und Durchsuchen der Wohnungen zu. Genau dies führt die Polizei laut Sachverhalt durch.

b) Hinreichende Bestimmtheit

Hier nicht zu prüfen.

---

[4] *Bialon/Springer* EingriffsR Rn. 674 ff.

[5] *Bialon/Springer* EingriffsR Rn. 696 ff.

c) Ermessen[6]

Ermessensfehler sind aus dem Sachverhalt nicht zu erkennen.

d) Verhältnismäßigkeit im weiteren Sinn[7]

Die Wohnungsdurchsuchungen müssen zur Strafverfolgung geeignet sein. Wie oben belegt, ist zu vermuten, dass Beweismittel aufgefunden werden. Damit tragen die Durchsuchungen zur Wahrheitsfindung bei.

Die getroffenen Maßnahmen müssen das mildeste Mittel darstellen. Hier sind keine milderen Maßnahmen zu erkennen.

Schließlich müssen die Durchsuchungen angemessen sein. Die Verhältnismäßigkeit im engeren Sinn ist in § 2 II PolG NRW legal definiert und hier sinngemäß anzuwenden. Wie oben beschrieben, werden die Wohnungen gründlich und umfangreich durchsucht. Damit werden eine Vielzahl von privaten und auch intimen Lebensverhältnissen der betroffenen Personen für die Polizei offengelegt. Die Durchsuchungen stellen daher einen schwerwiegenden Eingriff in das Grundrecht der Unverletzlichkeit der Wohnung dar. Andererseits dienen diese Maßnahmen dazu, schwere Straftaten aufzuklären. Das begangene Raubdelikt wird mit Freiheitsstrafe nicht unter fünf Jahren geahndet. Für die bandenmäßig begangenen Einbruchsdiebstähle wird eine Freiheitsstrafe bis zu zehn Jahren angedroht. Es ist erheblicher materieller Schaden entstanden und es ist anzunehmen, dass die Frau auch psychische Probleme nach dem Raubüberfall haben wird. Die Durchsuchungen dienen also zur Aufklärung von Kapitaldelikten. Wägt man die Grundrechtseingriffe mit dem angestrebten polizeilichen Ziel ab, so ist ein Missverhältnis nicht zu erkennen. Die Durchsuchungen sind damit angemessen.

IV. Ergebnis

Die Wohnungsdurchsuchungen sind rechtmäßig.

B. Beschlagnahme der aufgefundenen Gegenstände als Beweismittel

I. Ermächtigungsgrundlage

1. Grundrechtseingriff[8]

Die Beschlagnahme des aufgefundenen Diebesguts könnte ein Eingriff in die allgemeine Handlungsfreiheit, Art. 2 I GG, darstellen. Geschützt wird jegliches Tun und Unterlassen. Daher dürfen die Gewahrsamsinhaber grundsätzlich mit den Gegenständen verfahren wie sie wollen. Mit der Beschlagnahme können die Betroffenen die Sachen nicht mehr nutzen. Damit liegt ein Eingriff vor. Da man an gestohlenen Gegenständen kein Eigentum erwerben kann, liegt kein Eingriff in Art. 14 I GG vor.

---

[6] *Bialon/Springer* EingriffsR Rn. 118 ff.
[7] *Bialon/Springer* EingriffsR Rn. 124 ff.
[8] *Bialon/Springer* EingriffsR Rn. 515 ff.

Es wird unterstellt, dass die Tatverdächtigen Eigentümer der aufgefundenen Tatwerkzeuge sind. Dann könnte mit der Beschlagnahme ein Eingriff in Art. 14 I GG gegeben sein. Unter anderem wird das Recht geschützt, die Sachen zu nutzen. Also dürften die Eigentümer die Brecheisen und das Ziehfix-Gerät nutzen, wie sie möchten. Mit der Beschlagnahme werden diese Gegenstände zumindest vorübergehend den Eigentümern entzogen. Damit liegt ein Eingriff in das Nutzungsrecht vor.

2. Zielrichtung der Maßnahme

Die Zielrichtung der Maßnahme wurde oben bereits begründet.

II. Formelle Rechtmäßigkeit

Laut Bearbeitungshinweis ist darauf nicht einzugehen.

III. Materielle Rechtmäßigkeit

1. Tatbestand der Ermächtigungsgrundlage[9]

Als Ermächtigungsgrundlage kommt § 94 I StPO infrage. Dass der Tatbestand erfüllt ist, wurde schon bei der Prüfung der Wohnungsdurchsuchung belegt.

2. a) Besondere Verfahrensvorschriften[10]

Da der Sachverhalt nichts dazu aussagt, wird die Beachtung der §§ 98 II, 107, 109, 111k analog StPO unterstellt.

b) Anordnungsbefugnis

Ein richterlicher Beschluss gem. § 98 I StPO liegt laut Sachverhalt vor.

3. Adressat

Adressat der Maßnahme sind die Gewahrsamsinhaber, hier also die Beschuldigten.

4. Rechtsfolge

a) Zugelassene Rechtsfolge[11]

Da die Gegenstände in den Wohnungen der Beschuldigten gefunden werden und die freiwillige Herausgabe nicht ausdrücklich erklärt worden ist, werden die Gegenstände gem. § 94 II StPO beschlagnahmt.

b) Hinreichende Bestimmtheit

Hier nicht zu prüfen.

---

[9] *Bialon/Springer* EingriffsR Rn. 529 ff.
[10] *Bialon/Springer* EingriffsR Rn. 535 ff.
[11] *Bialon/Springer* EingriffsR Rn. 512 ff. und 548.

c) Ermessen[12]

Ermessensfehler sind im Sachverhalt nicht zu erkennen.

d) Verhältnismäßigkeit im weiteren Sinn[13]

Die Beweisgeeignetheit der Gegenstände wurde bereits oben belegt.

Eine mildere Maßnahme als die Beschlagnahme ist hier nicht ersichtlich.

Bei den Tatwerkzeugen handelt es sich nicht um Gegenstände des täglichen Gebrauchs. Das Diebesgut muss ohnehin gem. § 111k StPO an die rechtmäßigen Eigentümer zurückgegeben werden. Das beabsichtigte polizeiliche Ziel wurde oben beschrieben. Eine Abwägung ergibt, dass zwischen den Grundrechtseingriffen und dem angestrebten polizeilichen Ziel kein Missverhältnis besteht. Die Maßnahme ist angemessen.

IV. Ergebnis

Die Beschlagnahme der aufgefundenen Gegenstände als Beweismittel ist rechtmäßig.

Aufgabe 2: Beschlagnahme des Diebesguts zur Rückgewinnungshilfe

I. Ermächtigungsgrundlage

Es wird auf die obigen Ausführungen verwiesen.

II. Formelle Rechtmäßigkeit

Es wird auf die obigen Ausführungen verwiesen.

III. Materielle Rechtmäßigkeit

1. Tatbestand der Ermächtigungsgrundlage

Die Ermächtigungsgrundlage könnte sich aus § 111b I und V StPO iVm § 73 I 1 und 2 StGB ergeben.[14]

Gem. § 111b I StPO können Gegenstände durch Beschlagnahme sichergestellt werden, wenn Gründe für die Annahme vorhanden sind, dass die Voraussetzungen für ihren Verfall oder ihre Einziehung vorliegen. Entsprechend der Vorschrift aus § 73 I 1 StGB liegen die Voraussetzungen des Verfalls vor, wenn jemand eine rechtswidrige Tat begangen hat und der Täter oder Teilnehmer für die Tat oder aus ihr etwas erlangt hat. Wie oben begründet, liegen rechtswidrige Taten vor. Bei Diebesgut handelt es sich regelmäßig um etwas „Erlangtes" aus einer Tat. Allerdings unterliegen derartige Gegenstände dann nicht dem Verfall, wenn gem. § 73 I 2 StGB dem Verletzten aus der Tat ein Anspruch erwachsen ist. Regelmäßig haben Verletzte von Eigentumsdelikten einen Anspruch, denn sie erwarten die Rückgabe der entwendeten Gegenstände.

---

[12] *Bialon/Springer* EingriffsR Rn. 118 ff.
[13] *Bialon/Springer* EingriffsR Rn. 124 ff.
[14] *Bialon/Springer* EingriffsR Rn. 565 ff.

Gem. § 111b V StPO finden in diesen Fällen dennoch die Vorschriften über den Verfall Anwendung, sodass derartige Gegenstände beschlagnahmt werden, um sie im Rahmen der Rückgewinnungshilfe dem Verletzten zurückzugeben.

Ein Verfallsausschluss über § 73c StGB im Rahmen einer unbilligen Härte kann nicht angenommen werden.

2. a) Besondere Verfahrensvorschriften[15]

Gem. § 111c I StPO, erfolgt die Beschlagnahme der Pkw und des anderen Diebesguts durch amtliche Gewahrsamnahme. Dies bewirkt ein Veräußerungsverbot, § 111c V StPO.

Die Beachtung der §§ 111f I, 111k, 111b IV iVm §§ 107, 109 StPO wird unterstellt.

b) Anordnungsbefugnis

§ 111e I StPO wird beachtet, da ein richterlicher Beschluss vorliegt.

3. Adressat

Adressaten der Beschlagnahme sind die Gewahrsamsinhaber, im vorliegenden Fall also die Beschuldigten.

4. Rechtsfolge

a) Zugelassene Rechtsfolge[16]

Zugelassene Rechtsfolge nach § 111b I StPO ist die Sicherstellung durch Beschlagnahme. Genau dies wird auch im Sachverhalt durch die Polizei durchgeführt.

b) Hinreichende Bestimmtheit

Hier nicht zu prüfen.

c) Ermessen

Ermessensfehler sind aus dem Sachverhalt nicht zu erkennen.

d) Verhältnismäßigkeit im weiteren Sinn

Die Beschlagnahme wird durch amtliche Inverwahrungnahme vorgenommen, § 111c I StPO. Damit tritt ein Veräußerungsverbot nach § 111c V StPO in Kraft. Die Beschlagnahme ist damit geeignet, eine Veräußerung der Gegenstände durch die Beschuldigten zu verhindern. Eine mildere Maßnahme ist hier nicht zu erkennen.

Der Eingriff in die allgemeine Handlungsfreiheit bei den Beschuldigten ist als gering anzusehen. Das Ziel, den Geschädigten das gestohlene Gut zurückzugeben, überwiegt hier deutlich den Grundrechtseingriff. Die Maßnahme ist damit auch verhältnismäßig im engeren Sinn.

---

[15] *Bialon/Springer* EingriffsR Rn. 569 ff.

[16] *Bialon/Springer* EingriffsR Rn. 574.

IV. Ergebnis

Die Beschlagnahme zur Rückgewinnungshilfe ist rechtmäßig.

Aufgabe 3: Beschlagnahme der Tatwerkzeuge zur Einziehung

I. Ermächtigungsgrundlage

Es wird auf die obigen Ausführungen verwiesen.

II. Formelle Rechtmäßigkeit

Es wird auf die obigen Ausführungen verwiesen.

III. Materielle Rechtmäßigkeit

1. Tatbestand der Ermächtigungsgrundlage

Die Ermächtigungsgrundlage könnte sich aus §111b I und V StPO iVm §74 I und II Nr. 1 StGB ergeben.[17] Gem. §111b I StPO können Gegenstände durch Beschlagnahme sichergestellt werden, wenn Gründe für die Annahme vorhanden sind, dass die Voraussetzungen für ihre Einziehung vorliegen. Entsprechend der Vorschrift aus §74 I StGB liegen die Voraussetzungen der Einziehung vor, wenn jemand eine vorsätzliche Straftat begangen hat und durch diese Straftat Gegenstände hervorgebracht oder zur ihrer Begehung oder Vorbereitung gebraucht oder bestimmt gewesen sind. Im vorliegenden Sachverhalt wurden, wie oben belegt, vorsätzliche Straftaten begangen. Brecheisen und Ziehfix-Geräte wurden zur Begehung der Straftaten gebraucht. Gem. §74 II 1 StGB ist die Einziehung unter anderem nur zulässig, wenn die Gegenstände zur Zeit der Entscheidung dem Täter oder Teilnehmer gehören oder zustehen.

Da diese Gegenstände in den Wohnungen der Beschuldigten gefunden wurden, ist davon auszugehen, dass die betroffenen Personen die Eigentümer sind. Eine besondere Einziehungsvorschrift ist nicht gegeben.

Gem. §74b I StGB darf die Einziehung unter anderem in den Fällen des §74 II Nr. 1 StGB nicht angeordnet werden, wenn sie zur Bedeutung der Tat und zum Vorwurf, der den von der Einziehung betroffenen Täter oder Teilnehmer trifft, außer Verhältnis steht. Im vorliegenden Sachverhalt wurden schwerwiegende Taten begangen, zu denen spezielle Werkzeuge genutzt wurden. Die Wegnahme der Tatwerkzeuge steht nicht außer Verhältnis zu den Taten.

Damit sind die Tatbestandvoraussetzungen gegeben.

Bezüglich der weiteren Prüfpunkte wird auf die Ausführungen zur Beschlagnahme zur Rückgewinnungshilfe verwiesen.

IV. Ergebnis

Die Beschlagnahme der Brecheisen und des Ziehfix-Gerätes zur Einziehung ist rechtmäßig.

---

[17] *Bialon/Springer* EingriffsR Rn. 553 ff.

Fall 13: Randalierende Bayern in der Düsseldorfer Altstadt

Schwerpunkte: Durchsuchung zur Eigensicherung, Gewahrsamnahme, Identitätsfeststellung

Sachverhalt

In der Altstadt von Düsseldorf wird eine Doppelfußstreife auf fünf Bayernfans aufmerksam. Diese ziehen laut grölend durch die engen Gassen und winken mit ihren Weizenbierflaschen.

Die Polizeibeamten sprechen die Gruppe an. Die Fans kommen aus Köln, wo ihre Mannschaft 3:0 gewonnen hat. Nun wollen sie sich an der „längsten Theke der Welt" volllaufen lassen und wehe, es sagt einer etwas gegen den „weltbesten Club aus München". Von einem Passanten werden die Beamten darauf hingewiesen, dass die Bayernfans 100 m entfernt die Außenbegrenzung eines Biergartens umgerissen haben (kein Schaden entstanden).

Die Gruppe wird von POK Z angehalten und befragt, was sie in der Altstadt noch vorhaben. Die Beamten werden von den Bayernfans jedoch nur beschimpft. POK Z und POM B fordern die fünf Personen auf, sich auszuweisen. Widerwillig geben zwei ihren Personalausweis heraus. Die anderen drei behaupten, keinen Ausweis dabei zu haben. Mit Unterstützung einer inzwischen eingetroffenen zweiten Doppelstreife werden die fünf Bayernfans zur Eigensicherung durchsucht. Dabei findet sich bei einem ein Monatsticket der Münchner Verkehrsbetriebe mit Personalien. Die anderen beiden geben mündlich Personalien an.

Der Rädelsführer, Alois P, wird zunehmend aggressiv und erklärt, dass die Gruppe es den Preußen heute Abend noch zeigen werde. Bis jetzt sei man noch friedlich gewesen, damit sei jetzt aber Schluss.

Er ist stark alkoholisiert. Die Beamten merken, dass er enormen Einfluss auf die anderen Bayernfans hat. Da er auf gutes Zureden der Polizisten nicht eingeht, wird ihm von POK Z eröffnet, dass er in Gewahrsam genommen wird.

POK Z macht den anderen Personen der Bayerngruppe deutlich, dass sie ab sofort unter Beobachtung stehen und es ihnen genauso wie dem P ergehen wird, wenn sie in der Altstadt randalieren. Das konsequente Einschreiten der Polizisten hat auf die Gruppe eine ernüchternde Wirkung. Sie machen sich direkt auf den Weg zum Hauptbahnhof, um nach Bayern zurückzufahren.

Aufgaben:

1. Listen Sie die im Sachverhalt dargestellten Maßnahmen der Polizeibeamten auf.
2. Prüfen Sie in einem Gutachten die Rechtmäßigkeit der Durchsuchung der fünf Personen und die Gewahrsamnahme des P.
3. Nach welcher Rechtsgrundlage darf die Polizei die Identität der Gruppenmitglieder feststellen?

Bearbeitungshinweis: Für die Aufgabe 3 gilt folgende Einschränkung: Es ist nur der Tatbestand der Ermächtigung und die Verhältnismäßigkeit im weiteren Sinn zu prüfen. Auf andere Prüfschritte zur Rechtmäßigkeit dieser Maßnahme braucht nicht eingegangen zu werden.

Lösungsskizze

Aufgabe 1: Aufzählung der getroffenen Maßnahmen

Bearbeitungszeit: ca. 5 Min.

- Anhalten und Befragen der Gruppe
- Aufforderung, sich auszuweisen
- Durchsuchung zur Eigensicherung
- Fragen nach Personalien
- Gewahrsamnahme des P
- Gefährderansprache an vier Bayernfans

Aufgabe 2a: Durchsuchung zur Eigensicherung

Bearbeitungszeit: ca. 45 Min.

I. Ermächtigungsgrundlage

1. Grundrechtseingriffe
- Art. 2 II 2 GG, Bewegungsfreiheit (+)
- Art. 2 I iVm Art. 1 I GG, APR (+)

2. Zielrichtung der Maßnahme
Präventiv, Gefahr für die öffentliche Sicherheit (+)

II. Formelle Rechtmäßigkeit

1. Zuständigkeit

a) sachliche Zuständigkeit
- § 1 I 1 und 2 PolG NRW iVm § 11 I Nr. 1 POG NRW (+)
- Gefahr für die Gesundheit der Polizisten und für die Unverletzlichkeit der Rechtsordnung (+)
- Verhüten von Straftaten, originäre Zuständigkeit (+)

b) örtliche Zuständigkeit
§ 7 I POG NRW

2. Allgemeine Verfahrensvorschriften
§§ 28, 37 I, 41, 43 VwVfG NRW als beachtet unterstellt (+)

3. Formvorschrift
§ 37 II VwVfG NRW als beachtet unterstellt (+)

III. Materielle Rechtmäßigkeit

1. Tatbestand der Ermächtigungsgrundlage
§ 39 II 1 PolG NRW
- Identität der betroffenen Personen soll festgestellt werden (+)
- Nach den Umständen zum Schutz der Polizisten gegen eine Gefahr für Leib oder Leben (+)
- Erforderlichkeit der Durchsuchung

2. a) Besondere Verfahrensvorschriften
§ 39 III PolG NRW (+)

b) Anordnungsbefugnis
Durch jeden Polizeibeamten (+)

3. Adressat
Aus der Ermächtigung, die zu identifizierenden Personen (+)

4. Rechtsfolge

a) Zugelassene Rechtsfolge
Durchsuchung der Personen nach Waffen und gefährlichen Gegenständen (+)

b) Hinreichende Bestimmtheit
Hier nicht zu prüfen

c) **Ermessen**
- Entschließungsermessen – höchste Rechtsgüter gefährdet = Ermessensreduzierung auf Null
- Auswahlermessen (+)

d) **Verhältnismäßigkeit im weiteren Sinn**
Durchsuchung zur Eigensicherung
- geeignet s. oben (+)
- erforderlich s. oben (+)
- angemessen (+)

IV. Ergebnis
Durchsuchung zur Eigensicherung (+)

Aufgabe 2b: Gewahrsamnahme des P

Bearbeitungszeit: ca. 45 Min.

I. Ermächtigungsgrundlage

1. Grundrechtseingriff
Art. 2 II 2 GG, Bewegungsfreiheit (+)

2. Zielrichtung der Maßnahme
Präventiv, Gefahr für die öffentliche Sicherheit (+)

II. Formelle Rechtmäßigkeit

1. Zuständigkeit

a) **sachliche Zuständigkeit**
§ 1 I 1 und 2 PolG NRW iVm § 11 I Nr. 1 POG NRW (+)
- Gefahr für die Unverletzlichkeit der Rechtsordnung, Gesundheit und Eigentum Dritter (+)
- Verhüten von Straftaten, originäre Zuständigkeit (+)

b) **örtliche Zuständigkeit**
§ 7 I POG NRW

2. Allgemeine Verfahrensvorschriften
§§ 28, 37 I, 41, 43 VwVfG NRW als beachtet unterstellt (+)

3. Formvorschrift
§ 37 II VwVfG NRW als beachtet unterstellt (+)

III. Materielle Rechtmäßigkeit

1. Tatbestand der Ermächtigungsgrundlage
§ 35 I Nr. 2 PolG NRW
- Unmittelbar bevorstehende Begehung oder Fortsetzung von Straftaten (+)
- Unerlässlichkeit der Gewahrsamnahme (+)

2. a) **Besondere Verfahrensvorschriften**
§§ 37–38 PolG NRW (+)

b) **Anordnungsbefugnis**
Durch jeden Polizeibeamten unter Beachtung von § 36 I PolG NRW (+)

3. Adressat
Aus der Ermächtigung, die zu Straftaten ansetzende Person, hier P (+)

4. Rechtsfolge

a) **Zugelassene Rechtsfolge**
Gewahrsamnahme (+)

b) **Hinreichende Bestimmtheit**
Hier nicht zu prüfen

c) **Ermessen**
Keine Ermessensfehler erkennbar (+)

d) Verhältnismäßigkeit im weiteren Sinn
Gewahrsamnahme des P
- geeignet s. oben (+)
- erforderlich s. oben (+)
- angemessen (+)

IV. Ergebnis
Gewahrsamnahme des P (+)

Aufgabe 3: Identitätsfeststellung der fünf Personen

Bearbeitungszeit: ca. 15 Min.

A. Befugnis
§ 12 I Nr. 1 PolG NRW
Konkrete Gefahr für die öffentliche Sicherheit (+)

B. Verhältnismäßigkeit im weiteren Sinn
Identitätsfeststellung
- geeignet (+)
- erforderlich (+)
- angemessen (+)

Lösungsvorschlag

Aufgabe 1: Aufzählung der Maßnahmen

Es wird auf die Lösungsskizze verwiesen.

Aufgabe 2a: Durchsuchung zur Eigensicherung

I. Ermächtigungsgrundlage

1. Grundrechtseingriffe[1]

Die Durchsuchung könnte in die Bewegungsfreiheit, Art. 2 II 2 GG, eingreifen. Die Bewegungsfreiheit schützt das Recht jedes Menschen, jeden tatsächlich und rechtlich zugänglichen Ort aufzusuchen, dort zu verweilen und den Ort auch wieder zu verlassen. Somit dürften die Bayernfans den Kontrollort verlassen, ohne von jemandem aufgehalten zu werden. Ein Grundrechtseingriff ist gegeben, wenn eine staatliche Maßnahme nicht nur ganz unerheblich den Schutzbereich eines Grundrechts beeinträchtigt. Während der Durchsuchung müssen die Männer vor Ort bleiben. Damit liegt ein Eingriff in die Bewegungsfreiheit in Form der Freiheitsbeschränkung vor.

Die Maßnahme könnte auch in das APR, Art. 2 I iVm Art. 1 I GG, eingreifen. Geschützt ist unter anderem das Recht selbst zu entscheiden, von wem man sich in welcher Form berühren lässt. Damit dürften die betroffenen Männer eine Durchsuchung ablehnen. Im Sachverhalt müssen die Bayern dulden, von der Polizei durchsucht zu werden. Der Eingriff in das APR ist gegeben.

2. Zielrichtung der Maßnahme

Die Maßnahme könnte der Gefahrenabwehr dienen. Dann müsste eine Gefahr für die öffentliche Sicherheit oder Ordnung vorliegen. Mit Gefahr ist ein Verhalten oder einen Zustand gemeint, bei dem bei ungehindertem Geschehensablauf in absehbarer Zeit mit hinreichender Wahrscheinlichkeit mit einem Schadenseintritt für ein Rechtsgut der öffentlichen Sicherheit oder Ordnung zu rechnen ist. Zur öffentlichen Sicherheit gehören unter anderem das Individualrechtsgut Gesundheit und die Unverletzlichkeit der Rechtsordnung.[2] Der Sachverhalt weist aus, dass die angehaltenen Personen bereits Alkohol konsumiert haben. Sie haben die Außenbegrenzung eines Biergartens umgerissen und verhalten sich aggressiv. Die einschreitenden Polizisten werden von den Bayern beschimpft. Diese Tatsachen sprechen für eine hinreichende Wahrscheinlichkeit, dass die Polizisten aus der Gruppe heraus angegriffen werden. Es ist mit Körperverletzungsdelikten, §§ 223, 224 StGB, zu rechnen. Somit besteht eine Gefahr für die Gesundheit der Polizisten und für die Unverletzlichkeit der Rechtsordnung.

---

1 *Bialon/Springer* EingriffsR Rn. 589.
2 *Bialon/Springer* EingriffsR Rn. 35 ff.

II. Formelle Rechtmäßigkeit

1. Zuständigkeit

a) sachliche Zuständigkeit

Die sachliche Zuständigkeit könnte sich aus § 1 I 1 und 2 PolG NRW iVm § 11 I Nr. 1 POG NRW ergeben.[3] Dass eine Gefahr für die öffentliche Sicherheit iSd § 1 I 1 PolG NRW vorliegt, wurde bereits oben begründet. Ziel der Beamten ist es, Straftaten verhüten, § 1 I 2 PolG NRW. Für diese Aufgabe ist die Polizei originär zuständig. Die Aufgabe ist den KPB zugewiesen und es kann unterstellt werden, dass die einschreitenden Polizisten der sachlich zuständigen KPB angehören.

b) örtliche Zuständigkeit[4]

Die örtliche Zuständigkeit ergibt sich aus § 7 I POG NRW.

2. Allgemeine Verfahrensvorschriften

Es kann unterstellt werden, dass die Bayern von den Polizisten aufgefordert wurden, die Durchsuchung zu dulden. Diese Verfügung stellt einen Verwaltungsakt iSd § 35 VwVfG NRW dar.[5] Da der Sachverhalt keine näheren Angaben dazu macht, wird die Beachtung der §§ 28, 37 I, 41, 43 VwVfG NRW unterstellt.[6]

3. Formvorschrift

Die Duldungsverfügung wird mündlich erteilt. § 37 II VwVfG NRW wird beachtet.

III. Materielle Rechtmäßigkeit

1. Tatbestand der Ermächtigungsgrundlage[7]

Die Befugnis könnte sich aus § 39 II 1 PolG NRW ergeben.

Als erstes Tatbestandsmerkmal verlangt die Norm, dass die Polizei beabsichtigt, die Identität der kontrollierten Personen festzustellen. Laut Sachverhalt werden die fünf Personen aufgefordert, Ausweise auszuhändigen. Die IDF ist somit beabsichtigt, aber noch nicht abgeschlossen, da nur zwei Personen einen Ausweis herausgeben.[8]

Die Norm verlangt weiter, dass nach den Umständen eine Gefahr für Leben oder Gesundheit der einschreitenden Polizeibeamten möglich ist. Die Gefahrensituation wurde oben schon beschrieben. Die polizeiliche Erfahrung spricht

---

[3] *Bialon/Springer* EingriffsR Rn. 56 f.

[4] *Bialon/Springer* EingriffsR Rn. 110 ff.

[5] *Bialon/Springer* EingriffsR Rn. 5 f.

[6] *Bialon/Springer* EingriffsR Rn. 113 ff.

[7] *Bialon/Springer* EingriffsR Rn. 600 ff.

[8] Inzident ist hier die Rechtmäßigkeit der IDF zu prüfen. Der Umfang dieser Prüfung ist umstritten. Es wird auf die Ausführungen zu Aufgabe 3 verwiesen.

dafür, dass bei Kontrollsituationen Personen, die unter Alkoholeinfluss stehen und sich bereits aggressiv verhalten, dazu neigen, Polizeibeamte anzugreifen. Ein Schadenseintritt für Gesundheit oder sogar Leben der Polizisten ist damit in absehbarer Zeit hinreichend wahrscheinlich. Dabei muss die Gefahr noch nicht konkret sein. Auch dieses Tatbestandsmerkmal ist erfüllt.

Dann muss die Durchsuchung zur Gefahrenabwehr erforderlich sein. Dazu müsste die Maßnahme zuerst zur Gefahrenabwehr geeignet sein. Geeignet ist eine Maßnahme, wenn sie zumindest für die Erreichung des polizeilichen Ziels förderlich ist. Bei einer Durchsuchung der Personen können Waffen und gefährliche Gegenstände, mit denen die Polizisten angegriffen werden können, gefunden und sichergestellt werden. Ohne solche Gegenstände ist ein Angriff auf die Polizisten noch möglich, aber von den Folgen her wesentlich abgeschwächt. Damit ist die Durchsuchung zur Gefahrenabwehr geeignet. Die Erforderlichkeit ist in § 2 I PolG NRW legal definiert. Ein milderes Mittel als die Durchsuchung ist aus dem Sachverhalt nicht zu erkennen.

Somit ist der Tatbestand des § 39 II 1 PolG NRW erfüllt.

2. a) Besondere Verfahrensvorschriften[9]

Da der Sachverhalt nichts anderes ergibt, wird unterstellt, dass die Bayernfans von männlichen Polizisten durchsucht werden und damit § 39 III PolG NRW beachtet wird.

b) Anordnungsbefugnis

Die Maßnahme darf durch jeden Polizeibeamten angeordnet werden.

3. Adressat

Nach § 39 II PolG NRW sind die kontrollierten Personen Adressaten der Maßnahme. Das sind im Sachverhalt die fünf Bayernfans.

4. Rechtsfolge

a) Zugelassene Rechtsfolge

Die Befugnis erlaubt die Durchsuchung der Personen nach Waffen und gefährlichen Gegenständen. Durchsuchung der Person ist als das zielgerichtete Suchen nach verborgenen Gegenständen in der getragenen Kleidung, an der Körperoberfläche und in den ohne Weiteres zugänglichen Körperöffnungen definiert. Im Sachverhalt kann man davon ausgehen, dass hier ausschließlich in der am Körper getragenen Kleidung nach Waffen und gefährlichen Werkzeugen gesucht wird. Ungeschrieben gilt, dass die Personen für die Zeit der Durchsuchung angehalten werden dürfen. Damit entsprechen die getroffenen Maßnahmen der zugelassenen Rechtsfolge.

---

9 *Bialon/Springer* EingriffsR Rn. 604 f.

b) Hinreichende Bestimmtheit

Hier nicht zu prüfen.

c) Ermessen[10]

Ermessensfehler sind im Sachverhalt nicht zu erkennen.

d) Verhältnismäßigkeit im weiteren Sinn[11]

Die Geeignetheit und Erforderlichkeit der Durchsuchung wurde oben bereits belegt. Die Maßnahme dürfte wenige Min. dauern. Da sich die Durchsuchung auf die getragene Kleidung beschränkt, ist der Grundrechtseingriff in das APR gering. Dabei zielt die Durchsuchung darauf ab, Leben und Gesundheit der Polizisten, also höchste Rechtsgüter, und die Unverletzlichkeit der Rechtsordnung zu schützen. Eine Abwägung der eingetretenen Grundrechtseingriffe mit dem angestrebten polizeilichen Ziel lässt kein Missverhältnis erkennen. Damit ist die Durchsuchung der fünf Personen angemessen.

IV. Ergebnis

Die Durchsuchung der fünf Bayernfans ist rechtmäßig.

Aufgabe 2b: Gewahrsamnahme des P

I. Ermächtigungsgrundlage

1. Grundrechtseingriffe[12]

P wird in eine Zelle des Polizeigewahrsams gesperrt. Dies könnte einen Eingriff in die Bewegungsfreiheit, Art. 2 II 2GG, darstellen. Der Schutzbereich wurde oben bereits definiert. P dürfte sich daher in der Altstadt frei bewegen. Mit der Gewahrsamnahme wird ihm die Bewegungsfreiheit komplett entzogen. Damit liegt ein Eingriff in die Bewegungsfreiheit in Form der Freiheitsentziehung vor.

2. Zielrichtung der Maßnahme

Die Maßnahme könnte der Gefahrenabwehr dienen. Der P ist Rädelsführer der Gruppe und hat entscheidenden Einfluss auf ihr Verhalten. Ohne das Einschreiten der Polizisten ist damit zu rechnen, dass er dafür sorgt, dass die Gruppe in der Altstadt randaliert, andere Besucher der Altstadt angreift und es zu Körperverletzungs-und Eigentumsdelikten, §§ 223, 224, 303, 125 StGB kommt. Somit sind Gesundheit und Eigentum anderer und die Unverletzlichkeit der Rechtsordnung gefährdet. Die Polizei wird zur Gefahrenabwehr tätig.

---

[10] *Bialon/Springer* EingriffsR Rn. 118 ff.
[11] *Bialon/Springer* EingriffsR Rn. 124 ff.
[12] *Bialon/Springer* EingriffsR Rn. 397.

II. Formelle Rechtmäßigkeit

Es wird auf die obigen Ausführungen verwiesen, die hier auch sinngemäß für die Gewahrsamnahme des P gelten.

III. Materielle Rechtmäßigkeit

1. Tatbestand der Ermächtigungsgrundlage[13]

Als Befugnis kommt §35 I Nr. 2 PolG NRW infrage. Dann müsste mit der unmittelbar bevorstehenden Begehung oder Fortsetzung von Straftaten zu rechnen sein. Unmittelbar bedeutet, dass die Straftaten mit an Sicherheit grenzender Wahrscheinlichkeit in allernächster Zeit bevorstehen. Wie oben ausgeführt, ist damit zu rechnen, dass die Gruppe in den nächsten Stunden in der Altstadt erheblich randalieren wird. Mögliche Straftaten wurden oben beschrieben. Das Tatbestandsmerkmal ist erfüllt.

Die Gewahrsamnahme muss unerlässlich sein. Dies ist gegeben, wenn mildere Maßnahmen entweder schon erfolglos versucht wurden bzw. offensichtlich keinen Erfolg versprechen. Der Sachverhalt gibt an, dass die Polizisten es mit gutem Zureden versucht haben, damit aber keinen Erfolg gehabt haben. Fraglich ist, ob ein Platzverweis gegen den P nicht ausgereicht hätte. Wie oben schon angemerkt, ist P die Alpha-Person der Gruppe, also der Anführer. Ein Platzverweis würde dazu führen, dass die Gruppe an einem anderen Ort innerhalb oder auch außerhalb der Altstadt Straftaten begeht. Eine wirksame und dauerhafte Gefahrenabwehr wird mit einem Platzverweis gegen P nicht erreicht. Andere geeignete mildere Maßnahmen sind nicht zu erkennen. Aus polizeilicher Erfahrung ist bekannt, dass es häufig ausreicht, den Anführer einer Gruppe zu entfernen, damit sich die restlichen Personen dann regelkonform verhalten. Genau diese Wirkung soll mit der Gewahrsamnahme des P erreicht werden. Damit ist die Maßnahme unerlässlich.

2. a) Besondere Verfahrensvorschriften[14]

Da der Sachverhalt nichts anderes ergibt, wird die Beachtung der §§37–38 PolG NRW unterstellt.

b) Anordnungsbefugnis

Es würde zu lange dauern, eine richterliche Entscheidung einzuholen. In der Zwischenzeit könnte der P mit seiner Gruppe weiter randalieren. Daher ist hier die Gewahrsamnahme durch die anwesenden Polizisten anzuordnen. Die richterliche Bestätigung der Maßnahme ist unverzüglich einzuholen, §36 I PolG NRW.

---

[13] *Bialon/Springer* EingriffsR Rn. 406ff.

[14] *Bialon/Springer* EingriffsR Rn. 428aff.

3. Adressat

Der Adressat ergibt sich aus der Ermächtigung, es ist die Person, die zu Straftaten ansetzt, hier der P.

4. Rechtsfolge

a) Zugelassene Rechtsfolge[15]

§ 35 PolG NRW lässt die Gewahrsamnahme der Person zu. Damit ist das Festhalten der Person an einem eng umgrenzten Ort gemeint. P wird zuerst mit dem Streifenwagen transportiert und dann in einer Zelle des Polizeigewahrsams untergebracht. Die Maßnahme entspricht damit der zugelassenen Rechtsfolge.

b) Hinreichende Bestimmtheit

Hier nicht zu prüfen.

c) Ermessen[16]

Ermessensfehler sind nicht zu erkennen.

d) Verhältnismäßigkeit im weiteren Sinn[17]

Dass die Gewahrsamnahme geeignet und unerlässlich ist, wurde bereits oben belegt. P wird für einige Stunden in Gewahrsam bleiben müssen, bis er ausgenüchtert ist und sich beruhigt hat. Die Freiheitsentziehung ist ein schwerer Grundrechtseingriff. Die polizeiliche Maßnahme zielt darauf ab, die Gesundheit der anderen Altstadtbesucher zu schützen und Straftaten zu verhüten. Wägt man den Grundrechtseingriff bei P mit dem angestrebten polizeilichen Ziel ab, so ist ein Missverhältnis nicht zu erkennen. Die Maßnahme ist angemessen.

IV. Ergebnis

Die Gewahrsamnahme des P ist rechtmäßig.

Aufgabe 3

A. Identitätsfeststellung der fünf Personen[18]

Die Ermächtigung zur IDF könnte sich aus § 12 I Nr. 1 PolG NRW ergeben.

Dann müsste eine konkrete Gefahr für die öffentliche Sicherheit vorliegen. Gefahr für die öffentliche Sicherheit wurde oben schon geprüft. Konkret ist eine Gefahr, wenn sie für den Einzelfall besteht, § 8 I PolG NRW. Dann sind betroffene Personen, Ort und Zeit näher zu beschreiben. Die fünf Bayern halten sich in der Altstadt Düsseldorf auf und es ist, wie oben geprüft, mit hinreichender

---

[15] *Bialon/Springer* EingriffsR Rn. 394 ff. und 431.
[16] *Bialon/Springer* EingriffsR Rn. 118 ff.
[17] *Bialon/Springer* EingriffsR Rn. 124 ff.
[18] *Bialon/Springer* EingriffsR Rn. 191 ff.

Wahrscheinlichkeit in absehbarer Zeit mit Straftaten aus der Gruppe zu rechnen. Damit liegt eine konkrete Gefahr für die öffentliche Sicherheit vor.[19]

B. Verhältnismäßigkeit im weiteren Sinn[20]

Die IDF muss zur Gefahrenabwehr geeignet sein. Mit der IDF werden die fünf Bayern aus der Anonymität geholt. Die Polizei kann ihnen mitteilen, dass sie die ersten sind, bei denen man nachfragen und Ermittlungen anstellen wird, wenn es in den nächsten Stunden in der Altstadt zu Ausschreitungen kommt. Damit erhöht die IDF die Hemmschwelle für diese Personen, jetzt noch Straftaten zu begehen (Hemmschwellentheorie). Die IDF trägt zur Gefahrenabwehr bei und ist daher geeignet.

Mildere Mittel könnten die Gefährderansprache und ein Platzverweis sein. Diese Maßnahmen alleine reichen jedoch zur Gefahrenabwehr nicht aus, solange die Personen anonym bleiben, da dann das Entdeckungsrisiko nach Straftaten gering ist. Somit ist die IDF der Personen erforderlich.

Die IDF dauert wenige Min. Für diese Zeit müssen die Personen vor Ort bleiben. Die Datenerhebung der Personalien stellt einen Eingriff in das RIS, Art. 2 I iVm Art. 1 I GG, dar. Die erhobenen Daten müssen in einer Vielzahl von Lebenssituationen offenbart werden. Daher ist dieser Eingriff relativ gering. Die Maßnahme dient dazu, Ausschreitungen in der Altstadt zu verhüten. Es soll die Gesundheit anderer Altstadtbesucher und damit ein hohes Rechtsgut sowie die Unverletzlichkeit der Rechtsordnung geschützt werden. Eine Abwägung zwischen den eingeschränkten Grundrechten und dem angestrebten polizeilichen Ziel lässt kein Missverhältnis erkennen. Die Maßnahme ist angemessen.

C Ergebnis

Die IDF der fünf Bayern ist rechtmäßig.

---

[19] Ortsbereiche in Großstädten werden häufig als gefährliche Orte iSv § 12 I Nr. 2a PolG NRW eingestuft. Im vorliegenden Sachverhalt kann mangels konkreter Angaben davon nicht ausgegangen werden. Da tatsächlich auch eine konkrete Gefahr vorliegt, wird das polizeiliche Handeln auf § 12 I Nr. 1 PolG NRW gestützt.

[20] *Bialon/Springer* EingriffsR Rn. 124 ff.

Fall 14: Androhen eines Zwangsgelds (s. Sachverhalt „Aufenthaltsverbot für einen Drogendealer“)

Schwerpunkte: Zwang zur Gefahrenabwehr nach vorausgegangenem Verwaltungsakt, Androhen eines Zwangsgelds

Sachverhalt

… Um dem Aufenthaltsverbot Nachdruck zu verleihen, droht PHK'in B dem L für jeden Fall, bei dem er das Aufenthaltsverbot nicht beachtet, ein Zwangsgeld in Höhe von 200 EUR an. Außerdem erklärt sie dem L, dass die Polizei für den Fall, dass er ein festgesetztes Zwangsgeld nicht zahlt, beim Verwaltungsgericht Zwangshaft beantragen wird. In der schriftlichen Mitteilung über das Aufenthaltsverbot wird die sofortige Vollziehung angeordnet und die Androhung des Zwangsgelds ausgesprochen.

Aufgabe: Prüfen Sie in einem Gutachten die Rechtmäßigkeit der Androhung eines Zwangsgelds.

Lösungsskizze

Androhen eines Zwangsgelds

Bearbeitungszeit: ca. 45 Min.

I. Ermächtigungsgrundlage

1. Grundrechtseingriff
Art. 2 I iVm Art. 1 I GG, APR (+)

2. Zielrichtung der Maßnahme
S. Grundmaßnahme (+)

II. Formelle Rechtmäßigkeit
S. Grundmaßnahme (+)

III. Materielle Rechtmäßigkeit

1. Tatbestand der Ermächtigungsgrundlage
Vorbemerkung: Es darf nur das angedroht werden, was auch rechtmäßig durchgeführt werden darf. Daher ist das Androhen von Zwangsgeld so zu prüfen, als wenn das Zwangsgeld schon festgesetzt worden wäre.
§ 50 I PolG NRW
- Verwaltungsakt, auf ein Unterlassen gerichtet, vorausgegangen (+)
- Verwaltungsakt ist wirksam (+)
- Rechtsmittel haben keine aufschiebende Wirkung, § 80 II Nr. 4 VwGO (+)
- § 51 I Nr. 2 PolG NRW, Zwangsgeld als zugelassenes Zwangsmittel (+)
- § 53 I PolG NRW, andere Zwangsmittel versprechen keinen Erfolg (+)

2. a) Besondere Verfahrensvorschriften
§§ 56 I 1 und 2, II, III, V, VI und 54 I 1 PolG NRW (+)

b) Anordnungsbefugnis
Durch jeden Polizeibeamten (+)

3. Adressat
Aus der Grundmaßnahme (+)

4. Rechtsfolge

a) Zugelassene Rechtsfolge
Androhen eines Zwangsgelds (+)

b) Hinreichende Bestimmtheit
Hier nicht zu prüfen

c) Ermessen
Ermessensfehler sind nicht zu erkennen (+)

d) Verhältnismäßigkeit im weiteren Sinn
Androhen des Zwangsgelds in Höhe von 200 EUR
- geeignet (+)
- erforderlich (+)
- angemessen (+)

IV. Ergebnis
Androhen eines Zwangsgelds (+)

Lösungsvorschlag

Androhen eines Zwangsgelds

I. Ermächtigungsgrundlage

1. Grundrechtseingriff

Das Androhen von Zwangsgeld könnte einen Eingriff in die allgemeine Handlungsfreiheit, Art. 2 I GG, darstellen.[1] Das Grundrecht schützt jegliches Tun und Unterlassen. Dazu gehört auch das Recht, vom Staat in Ruhe gelassen zu werden. B droht dem L ein Zwangsgeld an. Damit soll sein Wille gebeugt werden, sodass er das Aufenthaltsverbot beachtet. Die Androhung eines Zwangsgelds hat auch einen gewissen Einschüchterungseffekt. Damit liegt ein Eingriff in die allgemeine Handlungsfreiheit vor.

2. Zielrichtung der Maßnahme

Es wird auf die Ausführungen zur Grundmaßnahme verwiesen.

II. Formelle Rechtmäßigkeit

Es wird auf die Ausführungen zur Grundmaßnahme verwiesen.

III. Materielle Rechtmäßigkeit

1. Tatbestand der Ermächtigungsgrundlage

Vorbemerkung: Es darf nur das angedroht werden, was auch rechtmäßig durchgeführt werden darf.[2] Daher ist das Androhen von Zwangsgeld so zu prüfen, als wenn das Zwangsgeld schon festgesetzt worden wäre.

Die Befugnis, das Aufenthaltsverbot mit Zwang durchzusetzen, könnte sich aus § 50 I PolG NRW ergeben.[3] Dann müsste ein Verwaltungsakt, der unter anderem auf ein Unterlassen gerichtet ist, vorausgegangen sein. Wie oben geprüft, ist der Verwaltungsakt an L vorausgegangen, für die nächsten drei Monate den Worringer Platz nicht zu betreten. Dieser Verwaltungsakt fordert ein Unterlassen vom L. Ungeschrieben gilt, dass der Verwaltungsakt wirksam sein muss. Dies liegt unter anderem vor, wenn der Verwaltungsakt bekanntgegeben wurde und rechtmäßig ist. Wie bei der Grundmaßnahme geprüft, wurde der Verwaltungsakt zuerst mündlich bekanntgegeben und später noch einmal schriftlich wiederholt. Der Verwaltungsakt ist, wie bei der Grundmaßnahme geprüft, auch rechtmäßig. Also ist der Verwaltungsakt wirksam.

Die Norm fordert, dass Rechtsmittel keine aufschiebende Wirkung haben dürfen. Dies könnte sich aus § 80 II Nr. 4 VwGO ergeben. Danach entfällt die aufschiebende Wirkung von Rechtsmitteln, wenn die sofortige Vollziehung im besonderen öffentlichen Interesse ist. Da damit zu rechnen ist, dass der

---

1 *Bialon/Springer* EingriffsR Rn. 778.
2 *Bialon/Springer* EingriffsR Rn. 815.
3 *Bialon/Springer* EingriffsR Rn. 784 ff.

L in allernächster Zeit erneut mit Betäubungsmitteln handelt und so Leben und Gesundheit anderer Menschen akut gefährdet, kann hier nicht auf eine verwaltungsgerichtliche Entscheidung über die Rechtmäßigkeit des Aufenthaltsverbots gewartet werden. Es besteht besonderes öffentliches Interesse an der sofortigen Vollziehung der Maßnahme. Im Sachverhalt steht, dass das Aufenthaltsverbot und die Androhung des Zwangsgelds schriftlich bestätigt werden. Es wird unterstellt, dass die sofortige Vollziehung dann auch schriftlich begründet wird und damit §80 III VwGO beachtet wird. Damit entfällt die aufschiebende Wirkung von Rechtsmitteln. Der Tatbestand des §50 I PolG NRW ist erfüllt.

Gem. §51 I Nr. 2 PolG NRW ist Zwangsgeld ein zugelassenes Zwangsmittel.[4]

Zu prüfen ist §53 I PolG NRW.[5] Ungeschrieben gilt, dass im Tatbestand zu prüfen ist, dass Zwangsgeld nur angewendet werden kann, wenn andere Zwangsmittel erfolglos angewendet wurden bzw. keinen Erfolg versprechen. Da von dem L ein Unterlassen verlangt wird, ist eine Ersatzvornahme, §52 PolG NRW, nicht durchführbar. Das Aufenthaltsverbot kann mit unmittelbarem Zwang, §55 I PolG NRW, immer nur kurzfristig durchgesetzt werden, nicht aber dauerhaft für den Zeitraum von drei Monaten. Daher ist unmittelbarer Zwang hier auch nicht geeignet. Somit kann Zwangsgeld angewendet werden.

2. a) Besondere Verfahrensvorschriften

§56 PolG NRW regelt die Androhung von Zwang.[6] Die Androhung soll schriftlich erfolgen, §56 I 1 PolG NRW. Zunächst droht PHK'in B das Zwangsgeld mündlich an, weil das vor Ort auch nicht anders möglich ist. Mit dem schriftlichen Aufenthaltsverbot wird dann aber auch das Zwangsgeld schriftlich angedroht, sodass die Norm beachtet wird. Da es sich um eine Unterlassungsverfügung handelt, braucht keine Frist für die Erfüllung der Verpflichtung gesetzt zu werden, §56 I 2 PolG NRW. Auch wurde ein bestimmtes Zwangsmittel, nämlich das Zwangsgeld, und dieses in einer bestimmten Höhe, nämlich 200 EUR, angedroht. Damit werden §56 III und V PolG NRW beachtet. Die Androhung ist dem L zusammen mit dem Aufenthaltsverbot zugestellt worden, §56 VI PolG NRW.

b) Anordnungsbefugnis

Die Maßnahme darf durch jeden Polizeibeamten angeordnet werden.

3. Adressat

Der Adressat ergibt sich aus der Grundmaßnahme und ist hier der L, gegen den das Aufenthaltsverbot ausgesprochen wurde.

---

[4] *Bialon/Springer* EingriffsR Rn. 795.
[5] *Bialon/Springer* EingriffsR Rn. 801 ff.
[6] *Bialon/Springer* EingriffsR Rn. 815 ff.

4. Rechtsfolge

a) Zugelassene Rechtsfolge

Als Rechtsfolge sind das Festsetzen eines Zwangsgelds und damit auch die vorherige Androhung zugelassen. Damit entspricht die Maßnahme der PHK'in B der zugelassenen Rechtsfolge.

b) Hinreichende Bestimmtheit

Hier nicht zu prüfen.

c) Ermessen

Ermessensfehler sind aus dem Sachverhalt nicht zu erkennen.

d) Verhältnismäßigkeit im weiteren Sinn[7]

Das Androhen des Zwangsgelds in Höhe von 200 EUR muss geeignet, erforderlich und angemessen sein. Im vorliegenden Sachverhalt wird davon ausgegangen, dass es sich bei L um einen Kleindealer handelt, der kleine „Drogengeschäfte" macht, um seinen eigenen Heroinkonsum zu finanzieren. Insofern dürften 200 EUR für ihn deshalb ein ausreichend hoher Betrag sein, ihn davon abzuhalten, in den nächsten drei Monaten den Worringer Platz aufzusuchen. Für den Tagesbedarf an Heroin muss der L mindestens 200 EUR aufbringen. Das angedrohte Zwangsgeld entspricht genau diesem Betrag und dürfte daher für den L auch eine abschreckende Wirkung entfalten. Ein geringerer Betrag würde ihn weniger beeindrucken und wäre ungeeignet, das Aufenthaltsverbot durchzusetzen. Daher ist auch der Betrag von 200 EUR für jeden Verstoß gegen das Aufenthaltsverbot erforderlich.

Zuletzt ist der Grundrechtseingriff mit dem angestrebten polizeilichen Ziel abzuwägen. Die Androhung des Zwangsgelds übt einen psychischen Druck auf L aus. Der Grundrechtseingriff dürfte gering sein. Auf der anderen Seite sollen, wie bei der Grundmaßnahme ausgeführt, die Gesundheit einer Vielzahl von Menschen geschützt und weitere Straftaten verhindert werden. Wägt man dies miteinander ab, so ist ein Missverhältnis nicht zu erkennen.

IV. Ergebnis

Das Androhen des Zwangsgelds in Höhe von 200 EUR ist rechtmäßig.

---

[7] *Bialon/Springer* EingriffsR Rn. 124 ff. und 828.

Fall 15: Öffnen einer Wohnungstür durch den Schlüsseldienst nach ruhestörendem Lärm

Schwerpunkte: Zwang zur Gefahrenabwehr ohne vorausgegangenen Verwaltungsakt, Ersatzvornahme, Betreten einer Wohnung zur Gefahrenabwehr

Sachverhalt

Heute Nacht um 22:30 Uhr bekommt der Fustkw Düsseldorf 13/31 einen Einsatz zur Torfbruchstraße 124, dort ruhestörender Lärm. Schon von der Straße aus kann man laute Musik aus dem Mehrfamilienhaus hören. Die Polizisten werden von aufgebrachten Nachbarn angesprochen. Pünktlich zu Beginn der Nachtruhe um 22:00 Uhr sei der Lärm losgegangen. Die Nachbarn wissen auch, aus welcher Wohnung die Musik kommt, denn Herr Schmidt (S) ist in der Vergangenheit schon öfter unliebsam aufgefallen, weil immer zur Nachtzeit die Musikanlage bis zum Anschlag aufgedreht wird. PK V und POK'in R begeben sich zu der Wohnung, schellen dort an und klopfen kräftig gegen die Tür. Doch nichts geschieht. Ein Nachbar teilt PK V mit, dass nach seinem Wissen S für mindestens 14 Tage in Urlaub gefahren ist. Nach dem in der Zwischenzeit immer noch niemand die Wohnungstür geöffnet hat, bestellt POK'in R einen Schlüsseldienst, der nach einer halben Stunde eintrifft und das Türschloss ohne größere Beschädigungen ausbaut und gegen ein neues Schloss ersetzt. Die Beamten betreten die Wohnung und finden im Wohnzimmer eine Stereoanlage, die mit einer Zeitschaltuhr gekoppelt ist. Die Uhr ist so eingestellt, dass um 22:00 Uhr die Stromversorgung eingeschaltet wird. PK V schaltet die Stereoanlage aus und zieht zusätzlich den Stecker aus der Steckdose.

Die Polizisten schreiben eine Mitteilung an S, dass die Schlüssel für das neue Schloss der Wohnungstür auf der Hauptwache abgeholt werden können. Die Schlüssel werden auf der Hauptwache asserviert.

Aufgabe: Prüfen Sie in einem Gutachten die Rechtmäßigkeit des Öffnens der Wohnungstür und des Betretens der Wohnung.

Bearbeitungshinweis: Die formelle Rechtmäßigkeit wird als gegeben unterstellt.

Lösungsskizze

A. Öffnen der Wohnungstür durch den Schlüsseldienst

Bearbeitungszeit: ca. 70 Min.

I. Ermächtigungsgrundlage

1. Grundrechtseingriff

- Art. 13 I GG, Unverletzlichkeit der Wohnung (+)
- Art. 14 I GG, Recht auf Eigentum, hier: Kostenpflicht für Polizeieinsatz (+)

2. Zielrichtung der Maßnahme

Präventiv, Gefahr für die öffentliche Sicherheit (+)

II. Formelle Rechtmäßigkeit

Laut Bearbeitungshinweis zu unterstellen (+)

III. Materielle Rechtmäßigkeit

1. Tatbestand der Ermächtigungsgrundlage

§ 50 II PolG NRW

- Kein Verwaltungsakt vorausgegangen (+)
- Gegenwärtige Gefahr (+)
- Sofortvollzug erforderlich (+)
- Polizei handelt innerhalb ihrer Befugnisse: eingeschobene Prüfung des fiktiven VA „Öffnen Sie die Wohnungstür":
- Ermächtigungsgrundlage und formelle Rechtmäßigkeit s. oben
- Materielle Rechtmäßigkeit
- § 41 I Nr. 3 PolG NRW
- Adressat aus der Befugnis, § 41 I Nr. 3 PolG NRW
  Rechtsfolge: Betreten der Wohnung, ungeschrieben die Aufforderung, die Wohnungstür zu öffnen (+)
- Das Betreten ist auch zur Nachtzeit zulässig, § 41 II PolG NRW (+)
- Da die Wohnung nur betreten wird, ist § 42 PolG NRW nicht zu prüfen (+)
- Ermessen (+)
- Verhältnismäßigkeit im weiteren Sinn (+)
- Ergebnis (+)
- § 51 I PolG NRW, Ersatzvornahme als zugelassenes Zwangsmittel (+)
- § 52 I PolG NRW,
- Handlung gefordert (+)
- Durch anderen durchführbar (+)
- Handlungsidentität (+)

2. a) Besondere Verfahrensvorschriften

§§ 56 I 3 PolG NRW

Verzicht auf Androhung, weil niemand vor Ort ist (+)

b) Anordnungsbefugnis

Durch jeden Polizeibeamten (+)

3. Adressat

S. oben § 50 II PolG NRW (+)

4. Rechtsfolge

a) Zugelassene Rechtsfolge

Öffnen der Wohnungstür durch den Schlüsseldienst (+)

b) Hinreichende Bestimmtheit

Hier nicht zu prüfen

c) Ermessen

- Entschließungsermessen – akute Gefahr für Gesundheit der Nachbarn und für die Nachtruhe = Ermessensreduzierung auf null (+)
- Auswahlermessen (+)

d) Verhältnismäßigkeit im weiteren Sinn
Einsatz des Schlüsseldienstes
- geeignet (+)
- erforderlich (+)
- angemessen (+)

IV. Ergebnis
Einsatz Schlüsseldienst (+)

B. Betreten der Wohnung
Verweis auf die obige Prüfung des fiktiven Verwaltungsakts (+)

Lösungsvorschlag

A. Öffnen der Wohnungstür durch den Schlüsseldienst

I. Ermächtigungsgrundlage

1. Grundrechtseingriff

Das Öffnen der Wohnungstür könnte ein Eingriff in Art. 13 I GG, die Unverletzlichkeit der Wohnung, darstellen.[1] Wohnung umfasst die Räume, die der Einzelne der Allgemeinheit durch räumliche Abgrenzung entzogen hat und zur Stätte seines Lebens und Wirkens bestimmt. Welche Räume unter dem Begriff der Wohnung fallen, definiert § 41 I 2 PolG NRW. Die Wohnung des S fällt unter diesen Wohnungsbegriff. Damit kann Herr S selbst bestimmen, wen er in seine Wohnung hinein lässt. Ein Grundrechtseingriff ist gegeben, wenn eine staatliche Maßnahme nicht nur ganz unerheblich den Schutzbereich eines Grundrechts beeinträchtigt. Die Polizisten lassen die Wohnungstür durch einen Schlüsseldienst öffnen, ohne dass der S dem ausdrücklich zustimmt. Solange nicht ausdrücklich das Einverständnis erklärt wird, ist vom entgegenstehenden Willen des Betroffenen auszugehen. Somit liegt ein Eingriff in die Unverletzlichkeit der Wohnung vor.

Zusätzlich könnte ein Eingriff in das Eigentum, Art. 14 I GG, vorliegen.[2] Mit Eigentum sind alle vermögenswerten Rechte zum entscheidungserheblichen Zeitpunkt gemeint. Durch den Einsatz des Schlüsseldienstes auf Anordnung der Polizei entstehen Kosten, die der Verursacher, hier der S, zu zahlen hat, § 52 I 1 PolG NRW. Somit liegt ein Eingriff in das Eigentum vor.

2. Zielrichtung der Maßnahme

Die Maßnahme könnte der Gefahrenabwehr dienen. Dann müsste eine Gefahr für die öffentliche Sicherheit vorliegen.[3] Im Sachverhalt wird geschildert, dass aus einer Wohnung laute Musik bis auf die Straße zu hören ist. Nachbarn haben sich bereits über den Lärm beschwert. Der Einsatz findet um 22:30 Uhr statt. Damit liegt ein Verstoß gegen § 17 I e und f LImschG NRW vor. Die Störung der materiellen Rechtsordnung dauert noch an. Durch den erheblichen ruhestörenden Lärm zur Nachtzeit ist auch die Gesundheit der Nachbarn des S in dem Mehrfamilienhaus beeinträchtigt. Somit liegt eine Gefahr für das Individualgut Gesundheit mehrerer Personen und für die Unverletzlichkeit der materiellen Rechtsordnung vor. Die Polizei handelt, um diese Gefahr für die öffentliche Sicherheit abzuwehren.

II. Formelle Rechtmäßigkeit

Laut Bearbeitungshinweis ist die formelle Rechtmäßigkeit zu unterstellen.

---

1 *Bialon/Springer* EingriffsR Rn. 626 ff.
2 *Bialon/Springer* EingriffsR Rn. 779.
3 *Bialon/Springer* EingriffsR Rn. 35 ff.

III. Materielle Rechtmäßigkeit

1. Tatbestand der Ermächtigungsgrundlage

Als Ermächtigungsgrundlage könnte §50 II PolG NRW dienen.[4] Dann dürfte kein Verwaltungsakt der Zwangsmaßnahme vorausgegangen sein. Die Polizisten versuchen sich durch Schellen und Klopfen an der Wohnungstür bemerkbar zu machen. Da dies nicht gelingt, ist davon auszugehen, dass niemand anwesend ist. Dann kann auch kein Verwaltungsakt erlassen werden.

Weiter müsste eine gegenwärtige Gefahr für die öffentliche Sicherheit vorliegen. Wie oben beschrieben, ist bereits eine Störung der öffentlichen Sicherheit eingetreten, die noch andauert. Damit liegt eine gegenwärtige Gefahr für die öffentliche Sicherheit vor.

Fraglich ist, ob der Sofortvollzug der Maßnahme zur Abwehr der Gefahr erforderlich ist. Da ein Verwaltungsakt wie oben ausgeführt an S nicht erlassen werden kann, ist der Sofortvollzug der Maßnahme erforderlich.

Nun ist zu prüfen, ob die Polizei innerhalb ihrer Befugnisse handelt. Hier ist eingeschoben zu prüfen, ob der fiktive Verwaltungsakt „Öffnen Sie die Wohnungstür" rechtmäßig gewesen wäre.

Zur Zielrichtung der Maßnahme und der formellen Rechtmäßigkeit wird nach oben verwiesen.

Die Ermächtigung könnte sich aus §41 I Nr. 3 PolG NRW ergeben.[5] Dann müssten von der Wohnung des S Immissionen ausgehen, die nach Art, Ausmaß und Dauer zu einer erheblichen Belästigung der Nachbarschaft führen. Der Sachverhalt weist aus, dass die Nachbarn sich bei der Polizei beschweren und die Musik so laut ist, dass die eingesetzten Polizisten schon auf der Straße den Lärm hören. Daher liegt hier eine erhebliche Belästigung der Nachbarschaft vor.

Der Adressat ergibt sich direkt aus der Befugnis und ist der Wohnungsinhaber, hier der S.

Als Rechtsfolge lässt §41 I Nr. 3 PolG NRW das Betreten und Durchsuchen der Wohnung zu. Betreten ist das Hineingehen in die Wohnungsräume und von Allem Kenntnis zu nehmen, was ohne gezieltes Suchen wahrgenommen werden kann. Genau dies führen die Beamten im Sachverhalt durch. Ungeschrieben lässt die Norm zu, dass als notwendige Begleitmaßnahme aufgefordert wird, die Wohnungstür zu öffnen.[6] Damit entsprechen die durchgeführten Maßnahmen der zugelassenen Rechtsfolge.

Der Einsatz findet um 22:30 Uhr statt. Damit wird die Wohnung zur Nachtzeit von den Beamten geöffnet und betreten, s. §104 III StPO. §41 II PolG NRW gestattet in den Fällen des §41 I Nr. 3 PolG NRW das Betreten und Durchsuchen auch zur Nachtzeit.

Da die Wohnung nur betreten wird, ist §42 PolG NRW nicht zu prüfen.

---

4 *Bialon/Springer* EingriffsR Rn. 789ff.

5 *Bialon/Springer* EingriffsR Rn. 636ff.

6 Nach aA soll für diese Verfügung §8 I PolG NRW als Ermächtigung dienen. Folgt man dieser Meinung, kommt man zum selben Ergebnis, dass die Verfügung rechtmäßig ist.

Ermessensfehler sind aus dem Sachverhalt nicht zu erkennen.

Die Aufforderung, die Tür zu öffnen und das Betreten der Wohnung sind geeignet, um die Emissionsquelle ausfindig zu machen und abzustellen. Mildere Mittel, die den Wohnungsinhaber geringer in seinen Grundrechten beeinträchtigen, sind hier nicht zu erkennen. Fraglich ist, ob die Maßnahmen auch angemessen sind. Die Wohnung des S wird lediglich betreten und es werden nur die unbedingt notwendigen Räume aufgesucht. Damit ist der Grundrechtseingriff in Art. 13 I GG als relativ gering zu betrachten. Da hier die Gesundheit der Nachbarn und die Unverletzlichkeit der materiellen Rechtsordnung geschützt werden sollen, ist zwischen dem Grundrechtseingriff und dem angestrebten polizeilichen Ziel kein Missverhältnis zu erkennen.

Somit wäre der fiktive Verwaltungsakt „Öffnen Sie die Wohnungstür" rechtmäßig.

Damit ist der Tatbestand des § 50 II PolG NRW erfüllt.

Gem. § 51 I Nr. 1 PolG NRW ist die Ersatzvornahme ein zugelassenes Zwangsmittel.[7]

§ 52 I PolG NRW nennt als Voraussetzung für die Ersatzvornahme[8], dass die betroffene Person zu einer Handlung verpflichtet wird. Im Sachverhalt ist das die fiktive Aufforderung an S, die Wohnungstür zu öffnen. Diese geforderte Handlung muss vertretbar sein. Eine Wohnungstür kann auch von anderen Personen als dem S geöffnet werden. Damit liegt auch eine vertretbare Handlung vor. Ungeschrieben gilt, dass zwischen der geforderten Handlung und dem, was dann auf Anordnung der Polizei durchgeführt wird, Handlungsidentität bestehen muss. Im Sachverhalt wird die Wohnungstür durch einen Schlüsseldienst geöffnet, in dem das Schloss ausgebaut wird. Das ist zunächst einmal keine Handlung, die üblicherweise vom Wohnungsinhaber so durchgeführt wird. Der Begriff der Handlungsidentität ist weit auszulegen. Diese Voraussetzung gilt als noch gegeben, wenn keine Substanzverletzung entsteht und weder Hilfsmittel der körperlichen Gewalt noch Waffen eingesetzt werden. Im Sachverhalt steht, dass bei dem Austausch des Schlosses keine größeren Schäden entstehen. Daher wird hier von Handlungsidentität ausgegangen.

2. a) Besondere Verfahrensvorschriften

§ 56 I 1 PolG NRW verpflichtet die Polizei dazu, Zwangsmittel anzudrohen.[9] Das ist im Sachverhalt nicht geschehen. § 56 I 3 PolG NRW lässt es zu, dass die Androhung unterbleibt, wenn die Umstände sie nicht zulassen. Dazu gehört auch, dass die Androhung entfallen kann, wenn die pflichtige Person nicht vor Ort ist. Der Sachverhalt weist aus, dass kein Verantwortlicher vor Ort ist. Daher kann hier auf das Androhen der Ersatzvornahme verzichtet werden.

---

[7] *Bialon/Springer* EingriffsR Rn. 795.
[8] *Bialon/Springer* EingriffsR Rn. 796 ff.
[9] *Bialon/Springer* EingriffsR Rn. 815 ff.

b) Anordnungsbefugnis

Die Maßnahme darf durch jeden Polizeibeamten angeordnet werden.

3. Adressat

Wie schon oben geprüft, ist Adressat der Maßnahme der Wohnungsinhaber, hier also der S.

4. Rechtsfolge

a) Zugelassene Rechtsfolge

Rechtsfolge des § 52 I PolG NRW ist die Ersatzvornahme, die im Sachverhalt in Form der Fremdvornahme durchgeführt wird. Damit entspricht die Maßnahme der zugelassenen Rechtsfolge.

b) Hinreichende Bestimmtheit

Hier nicht zu prüfen.

c) Ermessen

Ermessensfehler sind aus dem Sachverhalt nicht ersichtlich.

d) Verhältnismäßigkeit im weiteren Sinn[10]

Der Einsatz des Schlüsseldienstes ist zur Gefahrenabwehr geeignet, weil er ermöglicht, dass die Beamten anschließend die Wohnung betreten können. Ein milderes Mittel als das Ausbauen des Türschlosses wäre gewesen, mit einem Schlüssel des Vermieters oder einer anderen berechtigten Person die Tür zu öffnen. Es wird unterstellt, dass ein solcher Schlüssel nicht zur Verfügung stand. Es wäre auch eine geeignete Maßnahme gewesen, die Tür direkt aufzutreten und nicht erst auf das Eintreffen eines Schlüsseldienstes zu warten. Dabei wären aber mit großer Wahrscheinlichkeit größere Schäden entstanden, die für den S auch teurer geworden wären, als die Kosten für den Einsatz des Schlüsseldienstes. Damit ist die Ersatzvornahme ein milderes Mittel als das Anwenden unmittelbaren Zwangs. Mithin ist der Einsatz des Schlüsseldienstes auch erforderlich. Die entstehenden Kosten durch die Arbeiten des Schlüsseldienstes dürften sich auf 200–300 EUR belaufen. Die Wohnung des S wird lediglich betreten und es werden nur die unbedingt notwendigen Räume aufgesucht. Damit sind die Grundrechtseingriffe als relativ gering zu betrachten. Da hier die Gesundheit der Nachbarn und die Unverletzlichkeit der materiellen Rechtsordnung geschützt werden sollen, ist zwischen den Grundrechtseingriffen und dem angestrebten polizeilichen Ziel kein Missverhältnis zu erkennen. Die Zwangsmaßnahme ist angemessen.

IV. Ergebnis

Die Ersatzvornahme durch den Einsatz des Schlüsseldienstes ist rechtmäßig.

---

[10] *Bialon/Springer* EingriffsR Rn. 124 ff. und 829.

Fall 16: Festnahme nach Verfolgungsfahrt

Schwerpunkte: Zwang zur Strafverfolgung mit vorausgegangenem Justizverwaltungsakt, Unmittelbarer Zwang, Hilfsmittel der körperlichen Gewalt

Sachverhalt

Ein mit fünf Personen besetzter Pkw wurde auf belgischem Hoheitsgebiet auf der E 40 durch belgische Polizeikräfte verfolgt. Die Pkw-Insassen standen im Verdacht, zuvor einen Wohnungseinbruch begangen zu haben. Nach genehmigtem und erfolgtem Grenzübertritt der belgischen Einsatzkräfte wurde eine BAO aufgebaut. Nordrhein-westfälische Einsatzkräfte besetzten Anschlussstellen der BAB 44. Das flüchtige Fahrzeug verließ an der Anschlussstelle Aachen-Brand die Autobahn und fuhr sich in einer Sackgasse fest. Die Pkw-Insassen flüchteten zu Fuß. Kräfte aus Belgien, der Bundespolizei sowie der KPB Aachen konnten im Zusammenwirken vier Personen festnehmen. Die fünfte Person, Heinrich Tischler, wurde durch einen Diensthundeführer, PHK D, gestellt. Dabei wurde der T durch einen Diensthund gebissen. T war vorher mehrfach laut und deutlich aufgefordert worden stehenzubleiben, sonst würde der Diensthund gegen ihn eingesetzt. Der als gestohlen gemeldete Pkw wurde sichergestellt. Die Ermittlungen in Belgien dauern an. Bei der Verfolgungsfahrt kam es zu keiner Gefährdung Dritter.

Aufgabe: Prüfen Sie in einem Gutachten die Rechtmäßigkeit des Einsatzes des Diensthundes.

Hinweis: Die Rechtmäßigkeit der vorläufigen Festnahme des T wird als gegeben unterstellt.

Lösungsskizze

Rechtmäßigkeit des Einsatzes des Diensthundes

Bearbeitungszeit: ca. 50 Min.

I. Ermächtigungsgrundlage

1. Grundrechtseingriff
Art. 2 II 1 GG, körperliche Unversehrtheit (+)

2. Zielrichtung der Maßnahme
Repressiv, Anfangsverdacht einer Straftat, hier § 244 I Nr. 3 StGB (+)

II. Formelle Rechtmäßigkeit
Laut Bearbeitungshinweis zu unterstellen (+)

III. Materielle Rechtmäßigkeit

1. Tatbestand der Ermächtigungsgrundlage
- Ungeschrieben gilt, dass eine rechtmäßige Maßnahme der Strafverfolgung das Recht beinhaltet, sie zwangsweise durchzusetzen, s. Bearbeitungshinweis (+)
- Ungeschrieben gilt, dass der Polizei bei Strafverfolgungsmaßnahmen als einziges Zwangsmittel der unmittelbare Zwang zur Verfügung steht (+)
- § 57 I PolG NRW
  Für Art und Weise des unmittelbaren Zwangs gelten §§ 58 ff. PolG NRW
- § 58 I und III PolG NRW: Diensthund (+)

2. a) Besondere Verfahrensvorschriften
- § 61 I 1 PolG NRW (+)
- § 60 PolG NRW (+)

b) Anordnungsbefugnis
Durch jeden Polizeibeamten (+)

3. Adressat
Aus der rechtmäßigen Grundmaßnahme (+)

4. Rechtsfolge

a) Zugelassene Rechtsfolge
Einsatz des Diensthundes (+)

b) Hinreichende Bestimmtheit
Hier nicht zu prüfen

c) Ermessen
- Entschließungsermessen – Legalitätsprinzip (+)
- Auswahlermessen (+)

d) Verhältnismäßigkeit im weiteren Sinn
Einsatz des Diensthundes
- geeignet (+)
- erforderlich (+)
- angemessen (+)

IV. Ergebnis
Einsatz des Diensthundes rechtmäßig (+)

Lösungsvorschlag

Rechtmäßigkeit des Einsatzes des Diensthundes

I. Ermächtigungsgrundlage

1. Grundrechtseingriff[1]

Durch den Biss des Diensthundes könnte ein Eingriff in die körperliche Unversehrtheit, Art. 2 II 1 GG, gegeben sein. Der sachliche Schutzbereich umfasst die biologisch-physiologische Gesundheit. Dazu gehört auch das Freisein von Schmerz. Der T wird von dem Diensthund gebissen. Dabei wird er zumindest Schmerzen verspüren, wahrscheinlich ist aber auch eine Bisswunde die Folge. Damit liegt ein Eingriff in die körperliche Unversehrtheit vor.

2 Zielrichtung der Maßnahme

Laut Sachverhalt sind die fünf Männer, also auch der T, verdächtig, einen Wohnungseinbruch, § 244 I Nr. 3 StGB, begangen zu haben. Hier soll die vorläufige Festnahme durchgesetzt werden. Damit erfolgt die Maßnahme zur Strafverfolgung.

II. Formelle Rechtmäßigkeit

Laut Bearbeitungshinweis ist die vorläufige Festnahme rechtmäßig. Damit ist dann auch die formelle Rechtmäßigkeit der Maßnahme gegeben. Diese gilt auch für die Zwangsanwendung.

III. Materielle Rechtmäßigkeit

1. Tatbestand der Ermächtigungsgrundlage

Ungeschrieben gilt, dass eine rechtmäßige Maßnahme der Strafverfolgung das Recht beinhaltet, sie zwangsweise durchzusetzen.[2] Laut Bearbeitungshinweis ist die vorläufige Festnahme rechtmäßig. Damit ist die Befugnis gegeben, die Maßnahme mit Zwang durchzusetzen.

Ungeschrieben gilt, dass der Polizei bei Strafverfolgungsmaßnahmen als einziges Zwangsmittel der unmittelbare Zwang zur Verfügung steht.

Nach ganz überwiegender Meinung sind für die Art und Weise der Durchführung des unmittelbaren Zwangs die §§ 57 ff. PolG NRW anzuwenden.[3]

Wie oben geprüft, ist die Polizei nach der StPO zur Anwendung unmittelbaren Zwangs befugt. § 57 I PolG NRW bestimmt, dass dann die §§ 58 ff. PolG NRW anzuwenden sind.

§ 58 I PolG NRW zählt die Formen des unmittelbaren Zwangs auf. Dazu gehören auch die Hilfsmittel der körperlichen Gewalt. § 58 III PolG NRW legt fest, dass

---

[1] *Bialon/Springer* EingriffsR Rn. 781.
[2] *Bialon/Springer* EingriffsR Rn. 854.
[3] *Bialon/Springer* EingriffsR Rn. 856.

auch Diensthunde zu diesen Hilfsmitteln gehören. Somit durfte der Diensthund als Hilfsmittel der körperlichen Gewalt im Sachverhalt eingesetzt werden.

2. a) Besondere Verfahrensvorschriften

Unmittelbarer Zwang ist vor seiner Anwendung anzudrohen, §61 I 1 PolG NRW.[4] Im Sachverhalt hat der Diensthundeführer mehrfach angedroht, den Diensthund einzusetzen, wenn T nicht stehen bleibt. Damit wird der unmittelbare Zwang angedroht.

Falls der T verletzt wurde, kann unterstellt werden, dass die eingesetzten Polizisten Erste Hilfe leisten und damit §60 PolG NRW beachten.[5]

b) Anordnungsbefugnis

Die Maßnahme darf durch jeden Polizeibeamten angeordnet werden.

3. Adressat

Der Adressat ergibt sich aus der rechtmäßigen Grundmaßnahme, hier der vorläufigen Festnahme, der beschuldigte T.

4. Rechtsfolge

a) Zugelassene Rechtsfolge

Der Diensthund darf als zugelassenes Hilfsmittel der körperlichen Gewalt eingesetzt werden. Genau dies geschieht im Sachverhalt. Damit entspricht die getroffene Maßnahme der zugelassenen Rechtsfolge.

b) Hinreichende Bestimmtheit

Hier nicht zu prüfen.

c) Ermessen[6]

Der Einsatz des Diensthundes dient der Strafverfolgung. Dabei besteht für die Polizei kein Entschließungsermessen.

Fehler im Auswahlermessen sind aus dem Sachverhalt nicht zu erkennen.

d) Verhältnismäßigkeit im weiteren Sinn[7]

Der Einsatz des Diensthundes müsste geeignet sein. Geeignet ist eine Maßnahme, wenn sie das Erreichen des polizeilichen Ziels fördert. Im Sachverhalt soll ein beweissicheres Strafverfahren ermöglicht werden. Dazu muss die Identität der Tatverdächtigen festgestellt werden. Gegebenenfalls müssen sie auch festgenommen werden. Der Einsatz des Diensthundes ermöglicht es, Anschluss-

---

4 *Bialon/Springer* EingriffsR Rn. 824.
5 *Bialon/Springer* EingriffsR Rn. 823.
6 *Bialon/Springer* EingriffsR Rn. 118 ff. und 825 f.
7 *Bialon/Springer* EingriffsR Rn. 124 ff. und 825 ff.

maßnahmen wie die IDF oder die vorläufige Festnahme durchzuführen. Damit ist der unmittelbare Zwang geeignet.

Die Maßnahme muss auch erforderlich sein. Die Definition dafür ergibt sich sinngemäß aus §2 I PolG NRW. Es wäre ein geringerer Grundrechtseingriff gewesen, wenn die Polizisten dem T hinterher gelaufen wären und ihn mit körperlicher Gewalt an der Flucht gehindert hätten. Nach polizeilicher Erfahrung besteht hier jedoch das Risiko, dass der Tatverdächtige schneller ist und es ihm gelingt, zu fliehen. Die hohe kriminelle Energie, die die fünf Männer mit ihrer Flucht im Pkw vor der Polizei bewiesen haben, spricht dafür, dass der T alles daran setzen wird, seine Festnahme zu verhindern. Damit sind ein Hinterherlaufen und der Einsatz von einfacher körperlicher Gewalt hier als ungeeignet anzusehen. Damit ist der Einsatz des Diensthundes ein erforderliches Mittel des unmittelbaren Zwangs.

Die Zwangsanwendung müsste auch verhältnismäßig im engeren Sinn sein. Die Definition ergibt sich sinngemäß aus §2 II PolG NRW. Die Schmerzen des T durch den Hundebiss dürften nach einigen Tagen abklingen. Eine mögliche Bisswunde dürfte relativ schnell verheilen. Gleichwohl stellen diese Folgen des unmittelbaren Zwangs einen mittelschweren Grundrechtseingriff dar. Die fünf Männer sind eines Wohnungseinbruchs verdächtig. Für diese Straftat sieht §244 I StGB eine Freiheitsstrafe von sechs Monaten bis zu zehn Jahren vor. Damit wird deutlich, dass es sich um ein Delikt der mittelschweren Kriminalität handelt. Wohnungseinbrüche zählen zu den Delikten, die das subjektive Sicherheitsgefühl der Bevölkerung besonders intensiv beeinträchtigen. Entsprechend ist das Interesse, solche Taten beweissicher aufzuklären, groß. Eine Abwägung zwischen dem bei T eingetretenen Grundrechtseingriff und dem angestrebten polizeilichen Ziel der beweissicheren Strafverfolgung lässt kein deutliches Missverhältnis erkennen. Damit ist der unmittelbare Zwang angemessen.

IV. Ergebnis

Der Einsatz des Diensthundes ist rechtmäßig.

Fall 17: Öffnen einer Lagerhalle mit Zwang für eine strafprozessuale Durchsuchung

Schwerpunkte: Zwang zur Strafverfolgung ohne vorausgegangenen Justizverwaltungsakt, Unmittelbarer Zwang durch den Schlüsseldienst, Durchsuchung beim Tatverdächtigen

Sachverhalt

Durch umfangreiche Ermittlungen ist der Willi H dringend tatverdächtig, in den letzten Wochen 18 Firmeneinbrüche begangen zu haben und dabei eine größere Anzahl von Notebooks mit Zubehör gestohlen zu haben. KHK M erwirkt über die Staatsanwaltschaft einen Durchsuchungsbeschluss des zuständigen Amtsgerichts für die Wohnung des H und die auf seinem Privatgrundstück stehende Lagerhalle. Am heutigen Tag um 7:00 Uhr fahren KHK M und acht Kriminalbeamte des zuständigen Kommissariats zum Anwesen des H. Dort treffen sie aber niemanden an. Sie versuchen sich bemerkbar zu machen und jemanden zu erreichen, was jedoch scheitert. Durch einen herbeigerufenen Schlüsseldienst lässt KHK M die Eingangstür der Lagerhalle gewaltsam öffnen. Bei der anschließenden Durchsuchung wird umfangreiches Diebesgut aufgefunden.

Aufgabe: Prüfen Sie in einem Gutachten die Rechtmäßigkeit der gewaltsamen Öffnung der Eingangstür.

Bearbeitungshinweis: Die formelle Rechtmäßigkeit wird als gegeben unterstellt.

Lösungsskizze:[1]

Zwangsweises Öffnen der Lagerhalle

Bearbeitungszeit: ca. 70 Min.

I. Ermächtigungsgrundlage

1. Grundrechtseingriff
- Art. 13 I GG, Unverletzlichkeit der Wohnung (+)
- Art. 14 I GG, Eigentum (+)

2. Zielrichtung der Maßnahme
Repressiv, Anfangsverdacht einer Straftat, hier § 243 I Nr. 1 und Nr. 3 StGB (+)

II. Formelle Rechtmäßigkeit
Laut Bearbeitungshinweis zu unterstellen (+)

III. Materielle Rechtmäßigkeit

1. Tatbestand der Ermächtigungsgrundlage
- Ungeschrieben gilt, dass die rechtmäßige Maßnahme der Strafverfolgung das Recht beinhaltet, sie zwangsweise durchzusetzen.
- Eingeschobene Prüfung der Grundmaßnahme, hier Durchsuchung der Lagerhalle: Zielrichtung der Maßnahme und formelle Rechtmäßigkeit s. oben,
- Ermächtigung aus § 102 StPO:
  - Tatverdacht gegen H (+)
  - Ziel ist das Auffinden von Beweismitteln, die nach § 94 I und II StPO sichergestellt werden können (+)
  - Erfolgsvermutung für die Durchsuchung (+)
  - Besondere Verfahrensvorschriften §§ 105 II, 106 I, 107 StPO (+)
  - Anordnungsbefugnis § 105 I StPO (+)
  - Adressat: der Tatverdächtige, hier H
  - Rechtsfolge: Betreten und Durchsuchen (+)
  - Ermessen (+)
  - Verhältnismäßigkeit im weiteren Sinn (+)

Ergebnis: Durchsuchung ist rechtmäßig, damit darf die Maßnahme mit Zwang durchgesetzt werden.
- Ungeschrieben gilt, dass der Polizei bei Strafverfolgungsmaßnahmen als einziges Zwangsmittel der unmittelbare Zwang zur Verfügung steht (+)
- § 57 I PolG NRW: für Art und Weise des unmittelbaren Zwangs gelten §§ 58 ff. PolG NRW
- § 58 I, II und III PolG NRW: Schlüsseldienst (+)

2. a) Besondere Verfahrensvorschriften
§ 61 I 2 PolG NRW (+)

b) Anordnungsbefugnis
Durch jeden Polizeibeamten (+)

3. Adressat
Aus der rechtmäßigen Grundmaßnahme (+)

---

[1] **Hinweis:** Bei vorliegendem Durchsuchungsbeschluss obliegt die Verantwortung für die Rechtmäßigkeit der Durchsuchung dem anordnenden Gericht. In der Regel wird durch das Gericht auch zugleich die zwangsweise Durchsetzung der Durchsuchung mit angeordnet. Die nachfolgende Prüfung erfolgt insofern aus der Sicht des anordnenden Gerichts.

4. Rechtsfolge

a) Zugelassene Rechtsfolge

Einsatz des Schlüsseldienstes (+)

b) Hinreichende Bestimmtheit

Hier nicht zu prüfen

c) Ermessen

Entschließungsermessen – Legalitätsprinzip (+)

Auswahlermessen (+)

d) Verhältnismäßigkeit im weiteren Sinn

Einsatz des Schlüsseldienstes

- geeignet (+)
- erforderlich (+)
- angemessen (+)

IV. Ergebnis

Einsatz des Schlüsseldienstes rechtmäßig (+)

Lösungsvorschlag

Zwangsweises Öffnen der Lagerhalle

I. Ermächtigungsgrundlage

1. Grundrechtseingriff

Das Öffnen der Tür der Lagerhalle könnte ein Eingriff in Art. 13 I GG, die Unverletzlichkeit der Wohnung, darstellen.[2] Der Begriff der Wohnung umfasst die Räume, die der Einzelne der Allgemeinheit durch räumliche Abgrenzung entzogen hat und zur Stätte seines Lebens und Wirkens bestimmt. Welche Räume unter den Begriff der Wohnung fallen, definiert § 41 I 2 PolG NRW. Die Lagerhalle dürfte ein Betriebs- bzw. Geschäftsraum sein und fällt damit unter den Wohnungsbegriff des § 41 I 2 PolG NRW. Damit kann H selbst bestimmen, wem er gestattet, die Lagerhalle zu öffnen und zu betreten. Ein Grundrechtseingriff ist gegeben, wenn eine staatliche Maßnahme nicht nur ganz unerheblich den Schutzbereich eines Grundrechts beeinträchtigt. Die Polizisten lassen die Tür durch einen Schlüsseldienst öffnen, ohne dass der H dem ausdrücklich zustimmt. Solange nicht ausdrücklich das Einverständnis erklärt wird, ist vom entgegenstehenden Willen des Betroffenen auszugehen. Somit liegt ein Eingriff in die Unverletzlichkeit der Wohnung vor.

Zusätzlich könnte ein Eingriff in das Eigentum, Art. 14 I GG, vorliegen.[3] Mit Eigentum sind alle vermögenswerten Rechte zum entscheidungserheblichen Zeitpunkt gemeint. Durch den Einsatz des Schlüsseldienstes auf Anordnung der Polizei entstehen Auslagen, die H, falls er als Täter überführt und verurteilt wird, zu zahlen hat (Anlage 1 Teil 9 Nr. 9009 und 9013 GKG). Somit liegt ein Eingriff in das Eigentum vor.

2. Zielrichtung der Maßnahme

Der Sachverhalt weist aus, dass der H dringend verdächtig ist, in den letzten Wochen 18 Firmeneinbrüche begangen zu haben, § 243 I Nr. 1 und Nr. 3 StGB. Die Durchsuchung der Lagerhalle dient dazu, Tatmittel und Tatbeute aufzufinden. Die Polizei wird zur Strafverfolgung tätig.

II. Formelle Rechtmäßigkeit

Die formelle Rechtmäßigkeit ist laut Bearbeitungshinweis zu unterstellen.

III. Materielle Rechtmäßigkeit

1. Tatbestand der Ermächtigungsgrundlage

Ungeschrieben gilt, dass eine rechtmäßige Maßnahme der Strafverfolgung das Recht beinhaltet, sie zwangsweise durchzusetzen.[4] Daher ist hier zu prüfen, ob die Grundmaßnahme, die Durchsuchung der Lagerhalle, rechtmäßig ist.

---

2 *Bialon/Springer* EingriffsR Rn. 658.
3 *Bialon/Springer* EingriffsR Rn. 779.
4 *Bialon/Springer* EingriffsR Rn. 854.

Die Durchsuchung der Lagerhalle ist ein Eingriff in Art. 13 I GG, wie oben geprüft.

Für die Zielrichtung der Durchsuchung und die formelle Rechtmäßigkeit wird nach oben verwiesen.

Die Ermächtigung könnte sich aus § 102 StPO ergeben.[5] Oben wurde bereits belegt, dass H dringend tatverdächtig ist, Firmeneinbrüche begangen zu haben. Zielrichtung der Durchsuchung ist, Beweismittel, hier Tatwerkzeug und Tatbeute, aufzufinden. Diese Gegenstände dürfen auch nach § 94 I StPO sichergestellt oder nach § 94 II StPO beschlagnahmt werden, da mit ihnen der Tathergang der Firmeneinbrüche belegt werden kann. Sollten keine Beweismittel gefunden werden, so könnte das den H vom Tatvorwurf entlasten. Die Gegenstände sind damit für das Strafverfahren von Bedeutung.

Fraglich ist, ob für die Durchsuchung eine Erfolgsvermutung vorliegt. Nach kriminalistischer Erfahrung werden Tatwerkzeuge und auch Tatbeute häufig in der Wohnung bzw. in Betriebs-und Geschäftsräumen des Tatverdächtigen gelagert. Daher ist zu vermuten, dass die Durchsuchung der Lagerhalle des H Erfolg haben wird.

Da der Sachverhalt nichts anderes ergibt, wird die Beachtung der §§ 105 II, 106 I und 107 StPO unterstellt.

Die Durchsuchung wird durch das Amtsgericht angeordnet. Damit wird § 105 I StPO beachtet.

Adressat der Durchsuchung ist der Tatverdächtige, hier der H.

Als Rechtsfolge erlaubt § 102 StPO das Betreten und Durchsuchen der Wohnung und anderen Räumen, wozu auch die Lagerhalle gehört.

Ermessensfehler sind aus dem Sachverhalt nicht zu erkennen.

Da aus dem Sachverhalt keine rechtlichen Probleme zu erkennen sind, wird hier festgestellt, dass die Durchsuchung geeignet, erforderlich und angemessen ist, um die Firmeneinbrüche aufzuklären.

Damit ist die Durchsuchung der Lagerhalle rechtmäßig. Also darf diese Maßnahme auch mit Zwang durchgeführt werden.

Ungeschrieben gilt, dass der Polizei bei Strafverfolgungsmaßnahmen als einziges Zwangsmittel der unmittelbare Zwang zur Verfügung steht.[6] Laut Sachverhalt lässt die Polizei die Tür durch einen Schlüsseldienst öffnen. Es stellt sich die Frage, ob diese Vorgehensweise nicht eine Ersatzvornahme in Form der Fremdvornahme ist.[7] § 52 I PolG NRW führt als Tatbestandsmerkmal auf, dass eine Person zu einer Handlung verpflichtet wird. Ein Tatverdächtiger ist im Strafverfahren aber nicht verpflichtet, aktiv an dem gegen ihn gerichteten Strafverfahren mitzuwirken. Er muss polizeiliche Maßnahmen lediglich dulden. Damit scheidet die Ersatzvornahme zur Durchsetzung einer strafprozessualen Maßnahme aus. Die gewaltsame Öffnung der Tür ist daher unmittelbarer Zwang.

---

5 *Bialon/Springer* EingriffsR Rn. 661 ff.
6 *Bialon/Springer* EingriffsR Rn. 854.
7 *Bialon/Springer* EingriffsR Rn. 855.

Für die Art und Weise der Durchführung des unmittelbaren Zwangs bestimmt § 57 I PolG NRW, dass die §§ 58 ff. PolG NRW anzuwenden sind.[8]

§ 58 I PolG NRW führt die verschiedenen Arten des unmittelbaren Zwangs auf. Dazu gehören auch die körperliche Gewalt und ihre Hilfsmittel, § 58 II und III PolG NRW. Im Sachverhalt lässt die Polizei die Tür durch einen Schlüsseldienst öffnen. Der Mitarbeiter des Schlüsseldienstes wird die Tür mit entsprechendem Werkzeug öffnen. Es wird somit unmittelbar körperlich auf eine Sache, hier die Tür, eingewirkt. Die Hilfsmittel der körperlichen Gewalt sind in § 58 III PolG NRW nicht abschließend aufgezählt, was an der Formulierung „insbesondere" deutlich wird.[9] Somit kann auch das eingesetzte Werkzeug Hilfsmittel der körperlichen Gewalt sein.

2. a) Besondere Verfahrensvorschriften

Gem. § 61 I 1 PolG NRW ist der unmittelbare Zwang anzudrohen.[10] Davon kann abgesehen werden, wenn die Umstände die Androhung nicht zulassen, § 61 I 2 PolG NRW. Da niemand vor Ort ist, kann der unmittelbare Zwang hier nicht angedroht werden.

b) Anordnungsbefugnis

Die Maßnahme darf durch jeden Polizeibeamten angeordnet werden.

3. Adressat

Der Adressat ergibt sich aus der oben geprüften rechtmäßigen Grundmaßnahme.

4. Rechtsfolge

a) Zugelassene Rechtsfolge

Zugelassene Rechtsfolge des § 58 PolG NRW ist unter anderem der Einsatz körperlicher Gewalt und ihrer Hilfsmittel. Die gewaltsame Öffnung der Tür durch den Schlüsseldienst entspricht damit der zugelassenen Rechtsfolge.

b) Hinreichende Bestimmtheit

Hier nicht zu prüfen.

c) Ermessen[11]

Ermessensfehler sind aus dem Sachverhalt nicht zu erkennen.

---

[8] *Bialon/Springer* EingriffsR Rn. 856.
[9] *Bialon/Springer* EingriffsR Rn. 804.
[10] *Bialon/Springer* EingriffsR Rn. 824.
[11] *Bialon/Springer* EingriffsR Rn. 118 ff.

d) Verhältnismäßigkeit im weiteren Sinn[12]

Der Einsatz des Schlüsseldienstes ist geeignet, um die anschließende Durchsuchung der Lagerhalle zu ermöglichen. Da ein regulärer Schlüssel für die Lagerhalle nicht greifbar ist, gibt es kein milderes Mittel, als durch einen professionell arbeitenden Schlüsseldienst die Tür öffnen zu lassen.

An der Tür entsteht ein Sachschaden. Außerdem sind die Kosten des Schlüsseldienstes durch H zu zahlen. Insgesamt dürften die Kosten in einem Rahmen von 200–500 EUR liegen. Zusätzlich ist die Unverletzlichkeit der Wohnung tangiert, da die Lagerhalle gegen den Willen des H geöffnet wird. Die Firmeneinbrüche, die Anlass sind für das Strafverfahren, gehören in den Bereich der mittelschweren Kriminalität. Da eine Vielzahl von Notebooks gestohlen wurde, dürfte der entstandene materielle Schaden erheblich sein. Damit besteht großes öffentliches Interesse an der Aufklärung dieser Straftaten, um den Rechtsfrieden wiederherzustellen. Wägt man die Grundrechtseingriffe mit dem angestrebten polizeilichen Ziel ab, so ist kein Missverhältnis zu erkennen. Die Maßnahme ist verhältnismäßig im engeren Sinn.

IV. Ergebnis

Die gewaltsame Öffnung der Tür durch den Schlüsseldienst ist rechtmäßig.

[12] *Bialon/Springer* EingriffsR Rn. 124 ff. und 825 ff.

Fall 18: Schäferhund beißt Polizistin

Schwerpunkte: Zwang zur Gefahrenabwehr ohne vorausgegangenen Verwaltungsakt, Einsatz von Pfefferspray, Schusswaffengebrauch gegen ein Tier, Schusswaffengebrauch gegen Personen

Sachverhalt

Nach einem Hinweis über den polizeilichen Notruf zu einem verwahrlosten Hund nahmen die Einsatzkräfte vor Ort Kontakt mit der Hundehalterin auf. Während des Gesprächs verbiss sich der Schäferhund unerwartet im rechten Unterarm der 25-jährigen Polizeibeamtin. Nur durch den mehrfachen Einsatz des Pfeffersprays ließ das Tier von der Beamtin ab. Die 25-Jährige wurde schwer verletzt in ein Krankenhaus eingeliefert. Das Ordnungsamt nahm den Hund anschließend in amtliche Verwahrung.

Aufgaben:

1. Prüfen Sie in einem Gutachten die Rechtmäßigkeit des Gebrauchs des Pfeffersprays.
2. Wäre es zulässig gewesen, statt des Pfeffersprayeinsatzes den Hund zu erschießen? Begründen Sie Ihre Auffassung mit den dazu anzuwenden Paragrafen des Polizeigesetzes.

Bearbeitungshinweis: Die formelle Rechtmäßigkeit der getroffenen Maßnahmen wird als gegeben unterstellt.

Lösungsskizze

Aufgabe 1: Einsatz des Pfeffersprays gegen den Schäferhund

Bearbeitungszeit: ca. 70 Min.

I. Ermächtigungsgrundlage

1. Grundrechtseingriff
- Art. 14 I GG, Eigentum, hier: Nutzungsrecht (+)
- Art. 20a GG, Schutz der Tiere (-)

2. Zielrichtung der Maßnahme
Präventiv, Gefahr für die öffentliche Sicherheit (+)

II. Formelle Rechtmäßigkeit
Laut Bearbeitungshinweis zu unterstellen (+)

III. Materielle Rechtmäßigkeit

1. Tatbestand der Ermächtigungsgrundlage
- § 50 II PolG NRW
  - Kein Verwaltungsakt vorausgegangen (+)
  - Gegenwärtige Gefahr (+)
  - Sofortvollzug erforderlich (+)
  - Polizei handelt innerhalb ihrer Befugnisse: eingeschobene Prüfung des fiktiven VA „Nehmen Sie Ihren Hund zurück.":
  - Ermächtigungsgrundlage und formelle Rechtmäßigkeit s. oben
  - Materielle Rechtmäßigkeit
- § 8 I PolG NRW
  - Adressat aus § 5 I PolG NRW
  - Ermessen (+)
  - Verhältnismäßigkeit im weiteren Sinn (+)
  - Ergebnis (+)
- § 51 I PolG NRW
  - Unmittelbarer Zwang als zugelassenes Zwangsmittel (+)
- § 55 I PolG NRW
  - Andere Zwangsmittel versprechen keinen Erfolg (+)
- § 57 I PolG NRW
  - Für Art und Weise des unmittelbaren Zwangs gelten §§ 58 ff. PolG NRW
- § 58 I und III PolG NRW
  - Pfefferspray (+)

2. a) Besondere Verfahrensvorschriften
- §§ 56 I 3 und 61 I 2 PolG NRW
  - Verzicht auf Androhung, weil eine gegenwärtiger Gefahr gegeben ist (+)
- § 60 PolG NRW
  - Analoge Anwendung, hier: Übergabe an Ordnungsamt (+)

b) Anordnungsbefugnis
Durch jeden Polizeibeamten (+)

3. Adressat
S. oben § 50 II PolG NRW (+)

4. Rechtsfolge

a) Zugelassene Rechtsfolge
Einsatz des Pfeffersprays (+)

b) Hinreichende Bestimmtheit
Hier nicht zu prüfen

c) **Ermessen**
  - Entschließungsermessen – akute Gefahr für Gesundheit der Polizisten = Ermessensreduzierung auf null
  - Auswahlermessen (+)

d) **Verhältnismäßigkeit im weiteren Sinn**
  Einsatz des Pfeffersprays
  - geeignet (+)
  - erforderlich (+)
  - angemessen (+)

IV. Ergebnis
Einsatz Pfefferspray (+)

Aufgabe 2: Erschießen des Schäferhundes

Bearbeitungszeit: ca. 30 Min.

I. Ermächtigungsgrundlage
S. Ausführungen zu Aufgabe 1

II. Formelle Rechtmäßigkeit
S. Ausführungen zu Aufgabe 1

III. Materielle Rechtmäßigkeit

1. Tatbestand der Ermächtigungsgrundlage
- Für die §§ 50 II, 51 I Nr. 3, 55 I und 57 I PolG NRW wird auf die Ausführungen zu Aufgabe 1 verwiesen.
- § 58 I und IV PolG NRW Pistole als zugelassene Waffe (+)
- § 63 I 1 PolG NRW (+) körperliche Gewalt und Hilfsmittel der körperlichen Gewalt versprechen keinen Erfolg – auch nicht Einsatz des RSG
- § 63 I 2 PolG NRW (+) Schusswaffengebrauch gegen Hund s. VV 63.13 zu § 63 PolG NRW
- § 63 IV 2 PolG NRW (–) Unbeteiligte (Polizist, Hundehalterin), gegenwärtige Lebensgefahr (Folgen des Angriffs durch den Hund – eher nicht)

IV. Ergebnis
Einsatz Schusswaffe (–)

Lösungsvorschlag

Aufgabe 1: Einsatz des Pfeffersprays gegen den Schäferhund

I. Ermächtigungsgrundlage

1. Grundrechtseingriff

Mit dem Einsatz des RSG könnte ein Eingriff in das Recht auf Eigentum, Art. 14 I GG, verbunden sein. Zum Eigentumsrecht gehört, dass der Eigentümer einer Sache bzw. eines Tieres, soweit nicht das Gesetz oder Rechte Dritter entgegenstehen, mit der Sache/dem Tier nach Belieben verfahren und andere von jeder Einwirkung ausschließen kann, § 903 BGB. Tiere sind gem. § 90a S. 1 BGB keine Sachen. Nach § 90a S. 3 BGB sind jedoch die Vorschriften über Sachen auf sie anwendbar, soweit nichts anderes bestimmt ist. Die Hundehalterin muss die Vorschriften des Tierschutzgesetzes (TierSchG) beachten. Sie hat grundsätzlich das Recht, den Hund auf ihrem Grundstück frei laufen zu lassen. Ohne ihre Einwilligung darf auch niemand auf das Tier einwirken. Ohne Einwilligung der Hundehalterin besprühen die Polizeibeamten den Schäferhund mit Pfefferspray. Dadurch kommt es bei dem Tier zu Schmerzen in den Augen und Atemwegsproblemen. Das steht so nicht ausdrücklich im Sachverhalt. Nach dem Einsatz des Pfeffersprays lässt der Hund jedoch den Arm der Polizisten los. Daraus kann geschlossen werden, dass die oben beschriebenen Wirkungen eingetreten sind. Damit wird in das Nutzungsrecht der Hundehalterin eingegriffen und Art. 14 I GG ist betroffen.

Ein Eingriff in Art. 20a GG liegt nicht vor, da es sich bei dieser Norm um eine Staatszielbestimmung handelt und der Bürger daraus keine subjektiv einklagbaren Rechte herleiten kann.[1]

2. Zielrichtung der Maßnahme

Der Einsatz des Pfeffersprays könnte der Gefahrenabwehr dienen.[2] Laut Sachverhalt hat sich der Schäferhund in den Unterarm der Polizistin verbissen. Bei einem so großen und kräftigen Tier wie dem Schäferhund besteht die Gefahr, dass die Polizistin schwer verletzt wird. Unter Umständen können die beigefügten Bisswunden zum Verlust des Armes und damit zur Polizeidienstunfähigkeit führen. Somit besteht eine Gefahr für die Gesundheit der Beamtin. Gleichzeitig besteht die Gefahr, dass die Straftat der fahrlässigen Körperverletzung durch Unterlassen, §§ 229, 13 StGB andauert, solange der Angriff durch den Hund nicht beendet wird. Die Zwangsanwendung dient somit der Gefahrenabwehr.

II. Formelle Rechtmäßigkeit

Laut Bearbeitungshinweis ist diese zu unterstellen.

---

[1] *Sannwald* in: Schmidt-Bleibtreu/Hofmann/Henneke: Kommentar zum Grundgesetz, 13. Aufl. 2014, § 20a Rn. 7.

[2] *Bialon/Springer* EingriffsR Rn. 35 ff.

III. Materielle Rechtmäßigkeit

1. Tatbestand der Ermächtigungsgrundlage

Die Ermächtigung für die Anwendung des Zwangs könnte sich aus §50 II PolG NRW ergeben.[3] Dem Einsatz des Pfeffersprays ist keine Verfügung auf ein Dulden, Unterlassen oder Handeln vorausgegangen. Voraussetzungen aus §50 II PolG NRW ist deshalb, dass eine gegenwärtige Gefahr vorliegt. Wie oben begründet, liegt eine Gefahr für die Gesundheit der Polizistin und für die Unverletzlichkeit der Rechtsordnung vor. Hier ist bereits ein Schaden eingetreten, da sich der Hund in den Unterarm der Beamtin verbissen hat. Von dieser Situation gehen weitere Gesundheitsgefahren und damit auch eine Gefahr für die Unverletzlichkeit der Rechtsordnung aus. Damit ist die Gefahr für die öffentliche Sicherheit gegenwärtig.

Fraglich ist, ob der Sofortvollzug des Zwangs nötig ist, um die Gefahr abzuwehren. Das Gesetz nennt dafür drei Anwendungsbeispiele. Zutreffen könnte hier, dass Maßnahmen gegen die Hundehalterin nicht rechtzeitig möglich sind. Für das Verhalten des Tieres ist die Halterin gem. §5 I PolG NRW die Zustandsverantwortliche. An sie müsste die Polizei die Aufforderung richten, den Hund zurückzunehmen und den Angriff zu beenden. Diese Aufforderung würde zu viel Zeit kosten. In der Zwischenzeit besteht die Möglichkeit, dass sich die Verletzungen des Arms vertiefen und ausweiten. Daher muss hier sofort gehandelt werden. Der Sofortvollzug des Zwangs ist nötig.

Weiter ist zu prüfen, ob die Polizei innerhalb ihrer Befugnisse handelt. Diese liegt vor, wenn der fiktive/hypothetische Verwaltungsakt rechtmäßig ist. Eingeschoben ist hier zu prüfen, ob die Verfügung an die Hundehalterin „Nehmen Sie den Hund zurück und beenden Sie den Angriff des Tieres" rechtmäßig ist.

Die Verfügung greift in die allgemeine Handlungsfreiheit, Art. 2 I GG, der Tierhalterin ein.[4] Sie kann durch diese Anweisung nicht mehr nach Belieben mit dem Tier umgehen. Die Zielrichtung der Maßnahme ist die gleiche wie für den Einsatz des RSG. Es wird auf die obigen Ausführungen verwiesen. Die formelle Rechtmäßigkeit wird laut Bearbeitungshinweis unterstellt. Als Ermächtigungsgrundlage greift §8 I PolG NRW.[5] Da eine gegenwärtige Gefahr oben schon begründet wurde, liegt damit auch die konkrete Gefahr vor. Die oben beschriebene Aufforderung an die Frau ist nicht in den §§9–46 PolG NRW geregelt. Somit findet die Generalklausel Anwendung. Wie oben begründet ergibt sich die Adressatenregelung aus §5 I PolG NRW. §8 I PolG NRW lässt erforderliche Maßnahmen zu. Die Aufforderung, den Hund zurückzunehmen, ist geeignet, den gegenwärtigen Angriff des Hundes abzuwehren. Ein milderes Mittel ist nicht denkbar. Von der Beachtung des Ermessens und der Verhältnismäßigkeit im weiteren Sinn wird hier ausgegangen. Damit ist der fiktive Verwaltungsakt gegen die Hundehalterin rechtmäßig. Die Polizei handelt innerhalb ihrer Befugnisse.[6]

---

[3] *Bialon/Springer* EingriffsR Rn. 789 ff.

[4] *Bialon/Springer* EingriffsR Rn. 158.

[5] *Bialon/Springer* EingriffsR Rn. 161 ff.

[6] **Hinweis:** Da sich aus dem Sachverhalt keine rechtlichen Bedenken für die Rechtmäßigkeit des zu prüfenden Verwaltungsakts ergeben, wird die eingeschobene Prüfung

Der Tatbestand des § 50 II PolG NRW ist erfüllt.

Das Anwenden unmittelbaren Zwangs ist ein zulässiges Zwangsmittel nach § 51 I Nr. 3 PolG NRW.[7]

Gem. § 55 PolG NRW kann die Polizei unmittelbaren Zwang anwenden, wenn andere Zwangsmittel nicht in Betracht kommen oder keinen Erfolg versprechen oder unzweckmäßig sind.[8] Ein Zwangsgeld, § 53 PolG NRW, ist schriftlich festzusetzen und wäre hier untauglich, um die gegenwärtige Gefahr abzuwehren. Eine Ersatzvornahme käme begrifflich in Betracht, da nicht nur die Hundehalterin in der Lage wäre, den Angriff des Tieres zu beenden. Damit wäre die Handlungsaufforderung auch vertretbar. Dabei ist zu beachten, dass eine andere Person (Fremdvornahme) nicht anwesend ist und damit allein aus zeitlichen Gründen diese theoretische Möglichkeit ausscheidet. Allerdings ist auch die Polizei selbst im Gesetz aufgeführt, um eine vertretbare Handlung auszuführen (Selbstvornahme). Damit läge auch dann begrifflich eine Ersatzvornahme vor. Eine solche scheidet allerdings aus, wenn bei der Vornahme einer Handlung durch die Polizei ein Hilfsmittel der körperlichen Gewalt oder sogar eine Waffe eingesetzt wird.[9] Im Sachverhalt wird das RSG eingesetzt. Dies stellt gem. § 58 I, III PolG NRW ein Hilfsmittel der körperlichen Gewalt dar. Somit scheidet die Ersatzvornahme als Zwangsmittel aus und die Polizei kann gem. § 55 PolG NRW unmittelbaren Zwang anwenden.

Gem. § 57 I PolG NRW sind für die Art und Weise, wie unmittelbarer Zwang eingesetzt wird, die §§ 58 ff. PolG NRW zu beachten. Die Zuordnung des RSG als Hilfsmittel der körperlichen Gewalt wurde oben bereits vorgenommen.

2. a) Besondere Verfahrensvorschriften

Unmittelbarer Zwang ist nach §§ 51 II, 56 I und 61 I PolG NRW vor der Anwendung anzudrohen.[10] Im Sachverhalt wurde der Einsatz des RSG jedoch nicht angedroht. Die Androhung kann entfallen, §§ 56 I 3 und 61 I 2 PolG NRW, wenn dies unter anderem zur Abwehr einer gegenwärtigen Gefahr erforderlich ist. Die Gegenwärtigkeit der Gefahr wurde oben belegt. Da der Hund sich schon im Arm der Polizistin verbissen hat und mit weiteren Verletzungen und schwereren Schäden zu rechnen ist, bleibt hier keine Zeit, den RSG-Einsatz erst anzudrohen und darauf zu warten, dass die Halterin ihren Hund unter Kontrolle bringt. Hier muss sofort gehandelt werden. Daher ist es zulässig, auf das Androhen des RSG-Einsatzes zu verzichten.

---

des fiktiven Verwaltungsaktes stark gekürzt und im Urteilsstil vorgenommen. Die Verfasser halten es für zulässig, die Beachtung des Ermessens und des Übermaßverbots zu unterstellen. Wenn später diese Themen bei der Prüfung des unmittelbaren Zwangs gründlich bearbeitet werden, dann lässt sich daraus folgern, dass der Bearbeiter auch in der Lage ist, bei der rechtlich unproblematischen Prüfung des fiktiven Verwaltungsaktes diese Begutachtung vorzunehmen. Dann ist es sinnvoll und zulässig, an geeigneter Stelle die Prüfung abzukürzen.

7 *Bialon/Springer* EingriffsR Rn. 795.

8 *Bialon/Springer* EingriffsR Rn. 809 ff.

9 *Bialon/Springer* EingriffsR Rn. 814.

10 *Bialon/Springer* EingriffsR Rn. 815 ff.

b) Anordnungsbefugnis

Die Maßnahme darf durch jeden Polizeibeamten angeordnet werden.

3. Adressat

Die Richtung der Maßnahme wurde oben bereits geprüft. Adressat ist hier die Zustandsverantwortliche für den Hund nach §5 I PolG NRW.

4. Rechtsfolge

a) Zugelassene Rechtsfolge

§50 II PolG NRW erlaubt den Sofortvollzug des Zwangs. Nach §51 I Nr. 3 PolG NRW ist der unmittelbare Zwang zugelassenes Zwangsmittel. §55 I PolG NRW erlaubt die Anwendung des unmittelbaren Zwangs. Das RSG ist Hilfsmittel der körperlichen Gewalt nach §58 I, III PolG NRW. Damit ist der Einsatz des Pfeffersprays im Sachverhalt eine Maßnahme, die der zugelassenen Rechtsfolge entspricht.

b) Hinreichende Bestimmtheit

Hier nicht zu prüfen.

c) Ermessen[11]

Wegen der akuten Gefahr für die Gesundheit der Polizistin reduziert sich das Entschließungsermessen auf null. Fehler bei der Ausübung des Auswahlermessens sind im Sachverhalt nicht zu erkennen.

d) Verhältnismäßigkeit im weiteren Sinn[12]

Nun ist das Übermaßverbot, §2 PolG NRW, zu prüfen. Dass der Einsatz des unmittelbaren Zwangs geeignet und erforderlich ist, wurde bereits in §55 I PolG NRW geprüft. Auf die obigen Ausführungen dazu wird verwiesen.

Fraglich ist, ob der Einsatz des RSG die geeignete Form des unmittelbaren Zwangs ist, um den Angriff des Schäferhundes abzuwehren. Pfefferspray wird im Handel auch bei Tierabwehrsprays genutzt. Der Wirkstoff des polizeilich eingesetzten RSG ist stärker als der im öffentlichen Handel verwendete. Wenn man bereits davon ausgeht, dass ein Tierabwehrspray geeignet ist, einen Hundeangriff abzuwehren oder zu beenden, dann gilt dies erst recht für das dienstlich gelieferte RSG, da der dabei verwendete Wirkstoff deutlich stärker ist. Somit ist der Einsatz des RSG geeignet.

Die Erforderlichkeit der Maßnahme ist nach §2 I PolG NRW zu begutachten. Dabei ist das geeignete Mittel einzusetzen, das den Betroffenen und auch die Allgemeinheit am wenigsten beeinträchtigt. Fraglich ist, ob hier nicht körperliche Gewalt nach §58 II PolG NRW ausgereicht hätte, um den Hundeangriff

---

[11] *Bialon/Springer* EingriffsR Rn. 118ff.

[12] *Bialon/Springer* EingriffsR Rn. 124ff. und 830ff.

zu beenden. Ein Schäferhund ist so kräftig, stark und ausdauernd, dass die einfache körperliche Gewalt nicht ausreicht, um den Hund zu lösen, wenn er sich im Unterarm verbissen hat. Damit ist körperliche Gewalt ungeeignet, die gegenwärtige Gefahr zu beenden. Ein anderes geeignetes Hilfsmittel der körperlichen Gewalt ist hier nicht zu erkennen. Schläge mit dem Einsatzmehrzweckstock (EMS), Waffe nach § 58 IV PolG NRW, auf den Körper und Kopf des Tieres, könnten dazu führen, dass der Hund loslässt. Allerdings dürfte der Erfolg ungewiss sein und auch deutlich länger dauern, als die Wirkung des Pfeffersprays. Damit wird eine wirksame und dauerhafte und sofortige Gefahrenabwehr nicht erzielt. Somit ist auch der Einsatz des EMS ungeeignet. Aus dem Sachverhalt geht nicht hervor, ob der Einsatz unter freiem Himmel oder im geschlossenen Raum erfolgt. Sollte die Situation in einem Raum ablaufen, so wird durch den RSG-Einsatz nicht nur der Hund beeinflusst, sondern auch die im Raum befindlichen Menschen werden unter Augenreizungen und gegebenenfalls Atemwegsbeschwerden leiden. Allerdings ist hier kein anderes Mittel des unmittelbaren Zwangs geeignet. Daher ist das RSG mildestes Mittel der Gefahrenabwehr.

Zuletzt ist zu prüfen, ob der Einsatz des Pfeffersprays angemessen ist, § 2 II PolG NRW. Wie oben beschrieben werden dem Schäferhund Schmerzen und körperliche Leiden zugefügt. Die Hundehalterin ist damit in ihrem Grundrecht nach Art. 14 I GG beeinträchtigt. Die Auswirkungen auf den Schäferhund sind jedoch vorübergehend und hinterlassen keine bleibenden Schäden. Daher kann hier von einem geringen Grundrechtseingriff ausgegangen werden. Auf der anderen Seite geht es um den Schutz eines der höchsten Rechtsgüter, nämlich der Gesundheit der Polizisten. Dazu kommt noch die mögliche Polizeidienstunfähigkeit als Folge des Hundebisses. Wägt man dies miteinander ab, so ist ein Missverhältnis zwischen dem betroffenen Grundrecht und dem angestrebten Ziel nicht erkennbar. Der RSG-Einsatz ist verhältnismäßig im engeren Sinn.

IV. Ergebnis

Der Einsatz des Pfeffersprays ist rechtmäßig.

Aufgabe 2: Erschießen des Schäferhundes

I. Ermächtigungsgrundlage

Es wird auf die Ausführungen zu Aufgabe 1 verwiesen.

II. Formelle Rechtmäßigkeit

Es wird auf die Ausführungen zu Aufgabe 1 verwiesen.

III. Materielle Rechtmäßigkeit

1. Tatbestand der Ermächtigungsgrundlage

Für die Bearbeitung der §§ 50 II, 51 I Nr. 3, 55 I und 57 I PolG NRW wird auf die Ausführungen zu Aufgabe 1 verwiesen.

Ergänzend ist folgendes festzustellen:

Gem. §58 I und IV PolG NRW ist die Dienstwaffe zugelassene Waffe.[13]

§63 I 1 PolG NRW schreibt vor, dass die Schusswaffe nur eingesetzt werden darf, wenn mildere Formen des unmittelbaren Zwangs erfolglos angewendet wurden oder offensichtlich keinen Erfolg versprechen.[14] Oben wurde bejaht, dass der Einsatz des RSG zur Abwehr des Hundeangriffs geeignet ist. In der Gefahrenabwehr gilt der Grundsatz, dass das Mittel zu wählen ist, mit dem die Gefahr mit hoher Wahrscheinlichkeit wirksam und dauerhaft abgewehrt werden kann. Man kann daran Zweifel haben, ob das RSG schnell genug und auch mit hoher Wahrscheinlichkeit ausreichend wirkt, um den Hundebiss zu lösen. Hier wird die Meinung vertreten, dass beide Ergebnisse zulässig sind, nämlich dass das RSG geeignet bzw. ungeeignet ist. Für den letzteren Fall wäre die Voraussetzung nach §63 I 1 PolG NRW erfüllt. Eindeutig reicht die körperliche Gewalt nicht aus, um den im Sachverhalt geschilderten Angriff abzuwehren. Auch der Einsatz des EMS wurde oben schon als ungeeignet eingeordnet. Damit ist vertretbar, dass die Schusswaffe zur Gefahrenabwehr genutzt werden darf.

Gegen Personen ist ihr Gebrauch nur zulässig, wenn der Zweck nicht durch Schusswaffengebrauch gegen Sachen erreicht werden kann, §63 I 2 PolG NRW.[15] Der Schusswaffengebrauch gegen Tiere ist im Gesetz nicht ausdrücklich geregelt. §5 I 2 PolG NRW bestimmt, dass, soweit nichts anderes bestimmt ist, die für Sachen geltenden Vorschriften entsprechend auf Tiere anzuwenden sind. Die Verwaltungsvorschrift zum PolG NRW führt unter 63.13 aus, dass der Schusswaffengebrauch gegen Tiere zulässig ist, wenn von ihnen eine Gefahr ausgeht (sie insbesondere Menschen bedrohen) und die Gefahr nicht auf andere Weise zu beseitigen ist. Somit dürfte auf den Schäferhund geschossen werden. Allerdings legt die Verwaltungsvorschrift zum PolG NRW unter 63.12 fest, dass ein Schusswaffengebrauch gegen Sachen nicht vorliegt, wenn mit Wahrscheinlichkeit damit gerechnet werden muss, dass hierdurch Personen verletzt werden. Der Sachverhalt spricht von drei Personen, die in der Einsatzsituation vor Ort sind, nämlich die Hundehalterin und die beiden Polizisten. Da die Beamten im Gespräch mit der Frau sind, ist anzunehmen, dass die Personen relativ dicht zusammen stehen. Der Schuss auf den Hund wird aus dem Nahbereich abgegeben. Das spricht für eine hohe Treffwahrscheinlichkeit. Mit der heute eingesetzten Munition ist es wahrscheinlich, dass die Kugel auch im Körper des Tieres stecken bleibt. Andererseits ist das Tier, auch wenn es sich in den Arm der Polizistin verbissen hat, ein sich bewegendes Ziel, was die Wahrscheinlichkeit eines Treffers verringert. Dazu kommt noch der hohe Stress durch die außergewöhnliche Einsatzsituation und den gegenwärtigen Angriff auf die Gesundheit der Polizistin. Daher ist es durchaus wahrscheinlich, dass ein abgegebener Schuss das Ziel verfehlt und stattdessen eine der in der Nähe stehenden Personen trifft. Damit liegt nicht mehr ein Schusswaffengebrauch gegen das Tier vor,

[13] *Bialon/Springer* EingriffsR Rn. 807 f.
[14] *Bialon/Springer* EingriffsR Rn. 838 f.
[15] *Bialon/Springer* EingriffsR Rn. 840 f.

sondern es ist hier so zu prüfen, als ob auf eine der Personen geschossen wird. Dabei müssen die Voraussetzungen für den Schusswaffengebrauch gegen eine Person für jeden Menschen geprüft werden, der von der Kugel getroffen werden könnte. Geht man davon aus, dass der nicht vom Hund angegriffene Polizist schießt, so betrifft das im Sachverhalt die Hundehalterin und die angegriffene Polizistin. Damit sind die Voraussetzungen aus §64 I PolG NRW zu prüfen.

Einzige Ermächtigungsgrundlage könnte hier §64 I Nr. 1 PolG NRW sein.[16] Dann müsste eine gegenwärtige Gefahr für Gesundheit (im Gesetz mit „Leib" bezeichnet) oder Leben einer Person vorliegen. Dabei muss gemäß der Verwaltungsvorschrift zum PolG NRW, Ziff. 64.11, mindestens die Gefahr einer schwerwiegenden Körperverletzung gegeben sein. Diese Voraussetzung ist, wie weiter oben geprüft, erfüllt. Der Tatbestand des §64 I Nr. 1 PolG NRW ist damit gegeben.

§63 IV 1 PolG NRW verbietet den Einsatz der Schusswaffe, wenn für den Polizeivollzugsbeamten erkennbar Unbeteiligte mit hoher Wahrscheinlichkeit gefährdet werden.[17] Dies liegt, wie oben ausgeführt, in der gegebenen Situation vor. Allerdings lässt §63 IV 2 PolG NRW den Schusswaffengebrauch ausnahmsweise zu, wenn der Schusswaffengebrauch das einzige Mittel zur Abwehr einer gegenwärtigen Lebensgefahr ist. Fraglich ist, ob die Polizistin durch den Angriff des Hundes sterben könnte. Der Angriff des Hundes auf einen erwachsenen Menschen kann zu schweren Verletzungen führen, wie sie im Sachverhalt auch beschrieben werden. Dass die Polizistin mit Wahrscheinlichkeit durch den Angriff verstirbt, ist schwer vorstellbar. Dazu müsste eine Reihe von unglücklichen Umständen zusammenkommen. Das reicht jedoch nicht aus, um eine gegenwärtige Lebensgefahr zu begründen. Die Voraussetzungen des §63 IV 2 PolG NRW liegen nicht vor.

IV. Ergebnis:

Der Schusswaffengebrauch gegen den Schäferhund ist rechtswidrig.

Anmerkung: §57 II PolG NRW bestimmt, dass die Vorschriften über Notwehr und Notstand unberührt bleiben.[18] Damit kann der Schusswaffengebrauch straf- und zivilrechtlich gerechtfertigt sein.

---

[16] *Bialon/Springer* EingriffsR Rn. 846.
[17] *Bialon/Springer* EingriffsR Rn. 845.
[18] *Bialon/Springer* EingriffsR Rn. 822.

Fall 19: Schusswaffeneinsatz gegen Polizisten

Schwerpunkte: Zwang zur Gefahrenabwehr ohne vorausgegangenen Verwaltungsakt, Abgabe von Warnschüssen, Schusswaffengebrauch gegen Personen, Anscheinsgefahr

Sachverhalt

Ein stark alkoholisierter 26-Jähriger schoss auf offener Straße in Krefeld um 6:47 Uhr mit einer Schusswaffe. Bei Eintreffen der Funkstreifenwagenbesatzung saß der Mann in einem Wartehäuschen des ÖPNV und schoss gezielt auf die Beamten, die daraufhin hinter ihrem Fahrzeug Schutz suchten und ihrerseits mehrere Warnschüsse in die Luft abgaben. Der 26-Jährige legte daraufhin die Waffe ab und konnte überwältigt werden. Dabei trugen er und ein Polizeibeamter leichte Verletzungen davon. Bei der Waffe handelte es sich um eine Schreckschusswaffe.

Aufgabe: Prüfen Sie in einem Gutachten die Abgabe mehrerer Warnschüsse in die Luft.

Bearbeitungshinweis: Die formelle Rechtmäßigkeit ist als gegeben zu unterstellen.

Lösungsskizze

Abgabe von Warnschüssen in die Luft

Bearbeitungszeit: ca. 90 Min.

I. Ermächtigungsgrundlage

1. Grundrechtseingriff
Art. 2 I GG, allgemeine Handlungsfreiheit (+)

2. Zielrichtung der Maßnahme
Präventiv, Gefahr für die öffentliche Sicherheit (+)

II. Formelle Rechtmäßigkeit
Laut Bearbeitungshinweis zu unterstellen (+)

III. Materielle Rechtmäßigkeit

1. Tatbestand der Ermächtigungsgrundlage
Vorbemerkung:
- Es darf nur das angedroht werden, was auch rechtmäßig durchgeführt werden darf, s. Ziff. 61.11 VV PolG NRW. Daher ist die Abgabe von Warnschüssen so zu prüfen, als wenn auf den Mann geschossen worden wäre.
- § 50 II PolG NRW
  - Kein Verwaltungsakt vorausgegangen (+)
  - Gegenwärtige Gefahr (+), Problem: nur Anscheinsgefahr
  - Sofortvollzug erforderlich (+)
  - Polizei handelt innerhalb ihrer Befugnisse: eingeschobene Prüfung des fiktiven VA „Legen Sie die Waffe ab“:
- Ermächtigungsgrundlage und formelle Rechtmäßigkeit s. oben
- Materielle Rechtmäßigkeit
- § 8 I PolG NRW
  - Adressat aus § 4 I PolG NRW
  - Ermessen (+)
  - Verhältnismäßigkeit im weiteren Sinn (+)
  - Ergebnis (+)
- § 51 I PolG NRW
  - Unmittelbarer Zwang als zugelassenes Zwangsmittel (+)
- § 55 I PolG NRW
  - Andere Zwangsmittel versprechen keinen Erfolg (+)
- § 57 I PolG NRW
  - Für Art und Weise des unmittelbaren Zwangs gelten §§ 58 ff. PolG NRW
- § 58 I und IV PolG NRW
  - Schusswaffe (+)
- § 63 PolG NRW (+)
- § 64 I Nr. 1 PolG NRW (+)

2. a) Besondere Verfahrensvorschriften
§§ 56 I 1 und 61 I 1, 3 PolG NRW (+)

b) Anordnungsbefugnis
Durch jeden Polizeibeamten (+)

3. Adressat
S. oben § 50 II PolG NRW (+)

4. Rechtsfolge

a) Zugelassene Rechtsfolge
Einsatz der Schusswaffe (+)

b) Hinreichende Bestimmtheit
Hier nicht zu prüfen

c) Ermessen
Entschließungsermessen – akute Gefahr für Gesundheit der Polizisten
= Ermessensreduzierung auf Null
Auswahlermessen (+)

d) Verhältnismäßigkeit im weiteren Sinn
Einsatz der Schusswaffe
- geeignet (+)
- erforderlich (+)
- angemessen (+)

IV. Ergebnis
Einsatz der Schusswaffe (+)

Lösungsvorschlag

Abgabe von Warnschüssen in die Luft

I. Ermächtigungsgrundlage

1. Grundrechtseingriff

Die Abgabe von Warnschüssen könnte ein Eingriff in die allgemeine Handlungsfreiheit, Art. 2 I GG, darstellen.[1] Das Grundrecht schützt jedes Tun und Unterlassen. Daher darf der Betroffene grundsätzlich mit der Waffe hantieren, wie er möchte. Die Abgabe der Warnschüsse macht dem Betroffenen verständlich, dass er damit rechnen muss, dass die Polizisten gezielt auf ihn schießen, falls er nicht seinen Angriff beendet und die Waffe ablegt. Damit wird er psychisch unter Druck gesetzt und ein Eingriff in die allgemeine Handlungsfreiheit liegt vor.

2. Zielrichtung der Maßnahme

Die Schussabgabe könnte der Gefahrenabwehr dienen. Dann müsste eine Gefahr für die öffentliche Sicherheit vorliegen.[2] Laut Sachverhalt werden die Beamten am Einsatzort von dem Mann gezielt beschossen. Hier stellt sich das Problem, dass nach dem Einsatz festgestellt wird, dass es sich um eine Schreckschusswaffe handelt, mit der aus einer Distanz von mehreren Metern weder das Leben noch die Gesundheit der Polizeibeamten gefährdet werden konnte. Es könnte sich um eine Anscheinsgefahr handeln.[3/4] Diese liegt vor, wenn ex ante, also vor Durchführung der Maßnahme, alle Tatsachen dafür sprechen, dass eine reale Gefahrenlage besteht. Ex post ergibt sich, dass die Situation ungefährlich ist. Dabei müssen die eingesetzten Vollzugsbeamten alles unternehmen, um die erforderlichen Informationen zu bekommen, um die Situation sachgerecht einzuschätzen. Im Sachverhalt war den Polizeibeamten bekannt, dass ein betrunkener Mann auf offener Straße mit einer Schusswaffe geschossen haben soll. Beim Eintreffen vor Ort werden sie ebenfalls beschossen. Die Beamten hatten keine Zeit, zu untersuchen, ob es sich um eine scharfe Schusswaffe oder nur um eine Schreckschusswaffe handelte. Sie mussten davon ausgehen, dass die Zielperson bisher nicht getroffen hatte, aber mit weiteren Schüssen zu rechnen sei, durch die die Polizisten verletzt oder getötet werden würden. Daher liegt im vorliegenden Fall eine Anscheinsgefahr vor. Die getroffenen Maßnahmen sind daher rechtmäßig, auch wenn sich später herausstellt, dass die Situation deutlich harmloser war, als zuerst angenommen.

---

1 *Bialon/Springer* EingriffsR Rn. 778.

2 *Bialon/Springer* EingriffsR Rn. 35 ff.

3 Die Prüfung der Anscheinsgefahr kann entweder schon bei der Zielrichtung der Maßnahme untersucht werden oder man geht später im Rahmen der Prüfung des § 50 II PolG NRW bei der Begutachtung der gegenwärtigen Gefahr darauf ein – beides ist zulässig. Möglich wäre auch, dieses Problem im Rahmen der sachlichen Zuständigkeit zu behandeln, die aber bei dieser Prüfung als gegeben unterstellt wird, s. den Hinweis zur Aufgabe.

4 *Bialon/Springer* EingriffsR Rn. 32.

II. Formelle Rechtmäßigkeit

Laut Bearbeitungshinweis ist diese zu unterstellen.

III. Materielle Rechtmäßigkeit

Vorbemerkung: Die Polizeibeamten haben im Sachverhalt Warnschüsse abgegeben. Zu einer direkten Schussabgabe auf den Mann ist es nicht gekommen. Trotzdem ist hier so zu prüfen, als wenn auf die Person geschossen worden wäre, denn es darf nur angedroht werden, was auch zulässig durchgeführt werden darf, s. Ziff. 61.11 VV PolG NRW.

1. Tatbestand der Ermächtigungsgrundlage

Die Ermächtigung für die Zwangsanwendung könnte sich aus §50 II PolG NRW ergeben.[5] Ein Verwaltungsakt wird von den Polizeibeamten nicht ausgesprochen. Es müsste eine gegenwärtige Gefahr für die öffentliche Sicherheit vorliegen. Hier wird auf die Ausführungen zur Zielrichtung der Maßnahme verwiesen. Weitere Schüsse auf die Polizisten standen unmittelbar und mit an Sicherheit grenzender Wahrscheinlichkeit bevor. Fraglich ist, ob die sofortige Zwangsanwendung notwendig ist. Hätten die Polizisten den Mann zuerst aufgefordert, sich nicht mehr zu bewegen, keine Schüsse abzugeben und die Waffe abzulegen, hätte der Mann in dieser Zeit weitere Schüsse abgeben und die Beamten verletzen oder töten können. Daher ist hier keine Zeit, um einen Verwaltungsakt zu erlassen. Der Sofortvollzug des Zwangs ist hier notwendig.

Nun ist zu prüfen, ob die Polizei innerhalb ihrer Befugnisse handelt.[6] Das liegt vor, wenn der hypothetische Verwaltungsakt „Legen Sie die Waffe ab" rechtmäßig ist. Diese Aufforderung würde wie die Abgabe von Warnschüssen in die allgemeine Handlungsfreiheit, Art. 2 I GG, eingreifen. Wie oben dargestellt, würde auch diese Maßnahme der Gefahrenabwehr dienen. Die Ermächtigungsgrundlage ergibt sich aus §8 I PolG NRW.[7] Wie oben geprüft, liegt eine gegenwärtige Gefahr vor, die auch die konkrete Gefahr beinhaltet. Die Maßnahme ist nicht in den §§9–46 PolG NRW geregelt. Somit kann die Polizei die erforderlichen Maßnahmen treffen. Die Aufforderung an den Mann, die Waffe abzulegen, ist zielführend und auch das mildeste Mittel. Da der Mann die Gefahr durch sein Verhalten verursacht, ergibt sich der Adressat aus §4 I PolG NRW. Rechtliche Bedenken in Bezug auf das Ermessen und die Verhältnismäßigkeit im weiteren Sinn ergeben sich nicht. Der hypothetische Verwaltungsakt ist damit rechtmäßig.

Der Tatbestand des §50 II PolG NRW ist erfüllt.

---

[5] *Bialon/Springer* EingriffsR Rn. 789 ff.

[6] **Hinweis:** Grundsätzlich ist an dieser Stelle der fiktive Verwaltungsakt hinsichtlich seiner Rechtmäßigkeit komplett zu prüfen. Diese eingeschobene Rechtmäßigkeitsprüfung kann hier kurz gehalten werden, da keinerlei rechtliche Probleme zu erkennen sind.

[7] *Bialon/Springer* EingriffsR Rn. 161 ff.

Das Anwenden unmittelbaren Zwangs ist ein zulässiges Zwangsmittel nach § 51 I Nr. 3 PolG NRW.[8]

§ 55 I PolG NRW setzt für die Anwendung unmittelbaren Zwangs voraus, dass andere Zwangsmittel unter anderem ungeeignet sind.[9] Ein Zwangsgeld, § 53 PolG NRW, ist schriftlich festzusetzen und wäre hier untauglich, um die gegenwärtige Gefahr abzuwehren. Die Aufforderung, die Waffe wegzulegen, kann nur von dem Mann befolgt werden. Damit ist die geforderte Handlung unvertretbar und eine Ersatzvornahme nicht möglich. Somit kann unmittelbarer Zwang eingesetzt werden.

Gem. § 57 I PolG NRW sind für die Art und Weise, wie unmittelbarer Zwang eingesetzt wird, die §§ 58 ff. PolG NRW zu beachten.

Es dürfte sich bei der eingesetzten Waffe, mit der die Warnschüsse abgegeben wurde, um die dienstlich zur Verfügung gestellte Walther P 99 handeln. Diese Waffe ist zugelassene Waffe iSd § 58 I und IV PolG NRW.

Es sind die allgemeinen Voraussetzungen des Schusswaffengebrauchs nach § 63 PolG NRW zu prüfen. Gem. Abs. 1 S. 1 dürfen Schusswaffen nur gebraucht werden, wenn andere Maßnahmen des unmittelbaren Zwangs erfolglos angewendet worden sind oder offensichtlich keinen Erfolg versprechen.[10] Da die einschreitenden Polizeibeamten davon ausgehen müssen, dass es sich um eine scharfe Schusswaffe handelt, ist der Einsatz von körperlicher Gewalt und ihren Hilfsmitteln aussichtslos und damit ungeeignet, die gegenwärtige Gefahr abzuwehren. Somit darf die Schusswaffe gebraucht werden. Ein Einsatz der Schusswaffe gegen Sachen, § 63 I 2 PolG NRW, ist hier nicht möglich. Daher darf die Schusswaffe gegen die Person gerichtet werden. Es ist davon auszugehen, dass die Polizisten, wenn sie gezielt auf die Person beschossen hätten, auf den Oberkörper geschossen hätten, die Person angriffsunfähig zu machen. Ein gezielter Schuss auf die Arme oder Beine der Person wäre hier aus Zeitmangel nicht möglich gewesen. Daher liegt es nahe, dass die Beamten einen Deutschuss[11] abgegeben hätten. Damit wird § 63 II 1 PolG NRW beachtet.

Selbst wenn, was sich aus dem Sachverhalt nicht entnehmen lässt, durch den Schusswaffengebrauch der Polizeivollzugsbeamten Unbeteiligte erkennbar mit hoher Wahrscheinlichkeit gefährdet werden, § 63 IV 2 PolG NRW,[12] ist hier die Schussabgabe zulässig, da eine gegenwärtige Lebensgefahr für die Polizeibeamten vorliegt, wie oben begründet, und der Schusswaffengebrauch auch das einzige denkbare Mittel ist, um diese Gefahr abzuwehren. Damit werden die allgemeinen Voraussetzungen des Schusswaffengebrauchs aus § 63 PolG NRW beachtet.

§ 64 I Nr. 1 PolG NRW könnte als Ermächtigung für den Schusswaffengebrauch gegen die Person infrage kommen.[13] Die in der Norm geforderte gegenwärtige

---

[8] *Bialon/Springer* EingriffsR Rn. 795.

[9] *Bialon/Springer* EingriffsR Rn. 809 ff.

[10] *Bialon/Springer* EingriffsR Rn. 838 f.

[11] *Bialon/Springer* EingriffsR Rn. 843.

[12] *Bialon/Springer* EingriffsR Rn. 845.

[13] *Bialon/Springer* EingriffsR Rn. 846.

Gefahr für Leben und Gesundheit der Polizisten wurde oben bereits bejaht. Damit ist der Tatbestand erfüllt.

2. a) Besondere Verfahrensvorschriften

Unmittelbarer Zwang ist nach §§ 51 II, 56 I und 61 I PolG NRW vor der Anwendung anzudrohen.[14] Laut § 61 I 3 PolG NRW gilt auch die Abgabe von Warnschüssen als Androhung. Dies wurde im Sachverhalt durchgeführt.

b) Anordnungsbefugnis

Die Maßnahme darf durch jeden Polizeibeamten angeordnet werden.

3. Adressat

Die Richtung der Maßnahme wurde oben bereits geprüft.

4. Rechtsfolge

a) Zugelassene Rechtsfolge

§ 50 II PolG NRW erlaubt den Sofortvollzug des Zwangs. Nach § 51 I Nr. 3 PolG NRW ist der unmittelbaren Zwang zugelassenes Zwangsmittel. § 55 I PolG NRW erlaubt die Anwendung des unmittelbaren Zwangs. Die eingesetzte Schusswaffe ist zugelassene Waffe nach § 58 I, IV PolG NRW. Damit ist der Einsatz der Schusswaffe eine Maßnahme, die der zugelassenen Rechtsfolge entspricht.

b) Hinreichende Bestimmtheit

Hier nicht zu prüfen.

c) Ermessen[15]

Wegen der akuten Gefahr für das Leben und die Gesundheit der Polizisten reduziert sich das Entschließungsermessen auf null. Fehler bei der Ausübung des Auswahlermessens sind im Sachverhalt nicht zu erkennen.

d) Verhältnismäßigkeit im weiteren Sinn[16]

Der Schusswaffengebrauch müsste geeignet, erforderlich und verhältnismäßig i.e.S. sein. Die Geeignetheit und Notwendigkeit unmittelbaren Zwang anzuwenden, wurde bereits in § 55 I PolG NRW geprüft. Die Geeignetheit und Erforderlichkeit des Schusswaffengebrauchs wurde im Rahmen des § 63 PolG NRW geprüft. Fraglich ist, ob es nicht ausgereicht hätte, den Schusswaffengebrauch mündlich anzudrohen, Ziff. 61.13 VV PolG NRW. In der vorliegenden Situation ist das Risiko groß, dass eine mündliche Androhung von dem Mann nicht verstanden wird. Zum einen ist er stark angetrunken, was die Aufnahmemög-

---

[14] *Bialon/Springer* EingriffsR Rn. 815 ff.
[15] *Bialon/Springer* EingriffsR Rn. 118 ff.
[16] *Bialon/Springer* EingriffsR Rn. 124 ff. und 830 ff.

lichkeit und vor allen Dingen die Verarbeitungsmöglichkeit von Sinneseindrücken herabsetzt. Hier war es entscheidend, dass der Mann unmissverständlich erkennt, dass auf ihn geschossen wird, falls er die Waffe nicht sofort weglegt. Daher ist hier die Abgabe von Warnschüssen statt einer mündlichen Androhung geeignet und auch erforderlich.

Fraglich ist, ob die Maßnahme angemessen, § 2 II PolG NRW, ist. Wenn auf die Zielperson geschossen wird, wird sie entweder verletzt bzw. im schlimmsten Fall sogar getötet. Damit liegen schwerwiegende Grundrechtseingriffe vor. Auf der anderen Seite sollen hier Leben und Gesundheit der eingesetzten Polizisten geschützt werden. Wie oben dargestellt, stehen der Polizei keine milderen Maßnahmen zur Verfügung, um diese Gefahr anderweitig abzuwehren. Die Warnschüsse sollen bewirken, dass der Mann keine weiteren Schüsse auf die Beamten abgibt. Damit hat der Betroffene es selbst in der Hand, gezielte Schüsse auf ihn durch die Polizisten zu verhindern. Eine Abwägung der zu erwartenden Grundrechtseingriffe bei einem gezielten Schuss durch die Polizisten mit dem angestrebten polizeilichen Ziel lässt hier kein Missverhältnis erkennen. Die gezielte Schussabgabe und damit auch die Warnschüsse sind angemessen.

IV. Ergebnis

Die Abgabe der Warnschüsse ist rechtmäßig.

Fall 20: Einsatz „Häusliche Gewalt"

Schwerpunkte: Wohnungsverweisung und Rückkehrverbot, Gewaltschutzgesetz, Betreten der Wohnung zur Gefahrenabwehr

Sachverhalt

Herr Bonn ruft auf der Leitstelle der Polizei an und teilt mit, dass sein Nachbar Hugo S. die Möbel in seiner Wohnung gerade rückt. Man könne laut die Schreie der entsetzten Ehefrau hören.

Am Einsatzort treffen die Beamten vor dem Haus auf Herrn Bonn. Sie befragen ihn näher zu dem Geschehen.

Die Beamten begeben sich zur Wohnung des S und klingeln. S öffnet ihnen, die Beamten erklären den Einsatzgrund und wollen die Wohnung betreten. S ist ausdrücklich dagegen, lässt die Polizisten jedoch in die Wohnung.

In der Wohnung sieht es chaotisch aus. Die Tapeten hängen von den Wänden, überall sind Spinnweben zu sehen. Mitten in dem Chaos sitzt ein ca. zehnjähriges Mädchen weinend auf dem Boden. Sie wirkt völlig verängstigt, scheint aber keine Verletzungen zu haben.

Die Ehefrau des S wird im Schlafzimmer gefunden. Sie macht einen verstörten und stark alkoholisierten Eindruck. Das rechte Auge ist zugeschwollen. Nach Belehrung gibt sie an, dass der S sie wieder mal vertrimmt habe. Das sei regelmäßig der Fall.

Eine Nachschau in polizeilichen Dateien bestätigt das.

PK D spricht gegen den S eine Wohnungsverweisung und ein Rückkehrverbot für die nächsten zehn Tage aus. S protestiert nicht weiter und verspricht, sich zu seinem Bruder in der Nachbarstadt zu begeben.

Aufgaben:

1. Prüfen Sie die Rechtmäßigkeit der Wohnungsverweisung und des Rückkehrverbots gegen S.
2. § 34a IV PolG NRW verpflichtet die Polizei, die gefährdete Person darauf hinzuweisen, dass sie zivilrechtlichen Schutz beantragen kann. Erläutern Sie, nach welchem Gesetz dieser zivilrechtliche Schutz gewährt werden kann, wer dafür zuständig ist und welche Schutzmöglichkeiten nach dem entsprechenden Gesetz möglich sind.
3. Welche Ermächtigungsgrundlage erlaubt es der Polizei im oben beschriebenen Fall, die Wohnung des S zu betreten? Begründen Sie in wenigen Sätzen die Auswahl der Ermächtigungsgrundlage.

Hinweis: Die örtliche Zuständigkeit und die Beachtung der allgemeinen Form- und Verfahrensvorschriften werden unterstellt.

Lösungsskizze

Aufgabe 1: Wohnungsverweisung und Rückkehrverbot gegen S

Bearbeitungszeit: ca. 70 Min.

I. Ermächtigungsgrundlage

1. Grundrechtseingriffe
- Art. 11 I GG, Niederlassungsfreiheit (+)
- Art. 14 I GG, Eigentum (+)
- Art. 13 I GG, Unverletzlichkeit der Wohnung (+)

2. Zielrichtung der Maßnahme
Präventiv, Gefahr für die öffentliche Sicherheit (+)

II. Formelle Rechtmäßigkeit

1. Zuständigkeit

a) sachliche Zuständigkeit
- § 1 I 1 und 2 PolG NRW iVm § 11 I Nr. 1 POG NRW (+)
- Gefahr für Leben, Gesundheit und materielle Rechtsordnung (§§ 223 ff. StGB) (+)
- Verhüten von Straftaten, originäre Zuständigkeit (+)

b) örtliche Zuständigkeit
Als gegeben unterstellt

2. Allgemeine Verfahrensvorschriften
Als beachtet unterstellt

3. Formvorschrift
Als beachtet unterstellt

III. Materielle Rechtmäßigkeit

1. Tatbestand der Ermächtigungsgrundlage
§ 34a I PolG NRW
- Gegenwärtige Gefahr für Leben und Gesundheit der Frau (+)
- Häusliche Lebensgemeinschaft (+)

2. a) Besondere Verfahrensvorschriften
§ 34a I 2 und 3, II–VII PolG NRW (+)

b) Anordnungsbefugnis
Durch jeden Polizeibeamten (+)

3. Adressat
Aus der Ermächtigung, der Ehemann (+)

4. Rechtsfolge

a) Zugelassene Rechtsfolge
Wohnungsverweisung und Rückkehrverbot für zehn Tage (+)

b) Hinreichende Bestimmtheit
Hier nicht zu prüfen

c) Ermessen
- Entschließungsermessen – akute Gefahr für Gesundheit vieler Menschen = Ermessensreduzierung auf Null
- Auswahlermessen (+)

d) Verhältnismäßigkeit im weiteren Sinn
Wohnungsverweisung und Rückkehrverbot
- geeignet (+)
- erforderlich (+)
- angemessen (+)

IV. Ergebnis
Platzverweis (+)

Aufgabe 2

Bearbeitungszeit: ca. 30 Min.

- Anzuwendendes Gesetz: Gesetz zum zivilrechtlichen Schutz vor Gewalttaten und Nachstellungen, Gewaltschutzgesetz (GewSchG)
- Zuständiges Gericht: Familiengericht (Abteilung beim Amtsgericht), §§ 111 Nr. 6, 210 ff. FamFG
- Nach § 1 I GewSchG können insbesondere folgende Anordnungen durch das Gericht erfolgen:
  - Betretungsverbot der Wohnung
  - Aufenthaltsverbot im Umkreis der Wohnung
  - Verbot von Orten, an denen sich die verletzte Person regelmäßig aufhält
  - Verbot der Kontaktaufnahme (auch über Telekommunikationsmittel) mit der verletzten Person
  - Verbot von Verabredungen für ein Zusammentreffen mit der verletzten Person
  - Anordnung, die gemeinsam genutzte Wohnung der verletzten Person alleine zu überlassen

Aufgabe 3: Ermächtigungsgrundlage

Bearbeitungszeit: ca. 15 Min.

§ 41 I S. 1 Nr. 4 PolG NRW

A. Tatbestand

- Gegenwärtige Gefahr für Leben und Gesundheit, s. Aufgabe 1 (+)
- Betreten der Wohnung erforderlich:
  - geeignet (+)
  - erforderlich (+)

B. Rechtsfolge:

Betreten der Wohnung (+)

Lösungsvorschlag

Aufgabe 1: Wohnungsverweisung und Rückkehrverbot gegen S

I. Ermächtigungsgrundlage

1. Grundrechtseingriffe[1]

Die Maßnahme könnte in das Recht auf Freizügigkeit, Art. 11 I GG, eingreifen. Geschützt wird das Recht, an jedem Ort innerhalb Deutschlands Aufenthalt und Wohnsitz zu nehmen. Davon hat der S Gebrauch gemacht und darf daher auch seinen Wohnsitz behalten und nutzen. Ein Grundrechtseingriff ist gegeben, wenn eine staatliche Maßnahme nicht nur ganz unerheblich den Schutzbereich eines Grundrechts beeinträchtigt. Durch die Wohnungsverweisung und das Rückkehrverbot für zehn Tage greifen die Polizeibeamten in dieses Recht, sich niederzulassen, ein. Es wird in Art. 11 I GG eingegriffen.

Betroffen sein könnte auch das Recht auf Eigentum, Art. 14 I GG. Zum sachlichen Schutzbereich gehört unter anderem die Nutzung der eigenen oder gemieteten Wohnung. Also dürfte der S weiter seine Wohnung nutzen. Durch die oben beschriebene Maßnahme ist ihm das für zehn Tage verwehrt. Der Eingriff in das Eigentumsrecht liegt vor.

Es könnte auch das Recht auf Unverletzlichkeit der Wohnung, Art. 13 I GG, betroffen sein. Wohnung umfasst die Räume, die der einzelne der Allgemeinheit durch räumliche Abgrenzung entzogen hat und zur Stätte seines Lebens und Wirkens bestimmt. Welche Räume unter dem Begriff der Wohnung fallen, definiert § 41 I 2 PolG NRW. Die im Sachverhalt beschriebene Wohnung des S fällt unter diesen Wohnungsbegriff. S benutzt diese Räume zur privaten Lebensgestaltung. Diese Entfaltung der Privatsphäre wird dem S mit der beschriebenen Maßnahme genommen. Damit liegt auch ein Eingriff in Art. 13 I GG vor.[2]

2. Zielrichtung der Maßnahme[3]

Die Maßnahme könnte der Gefahrenabwehr dienen. Laut Sachverhalt hat die Ehefrau des S ein geschwollenes Auge und gibt an, von ihrem Mann geschlagen worden zu sein. Dies soll schon häufiger vorgekommen sein. Die Überprüfung in den polizeilichen Dateien bestätigt das. Ohne das polizeiliche Einschreiten ist hier zu erwarten, dass S seine Frau weiter schlagen wird. Es liegt eine Gefahr für Leben und Gesundheit der Frau vor. Der S steht im Verdacht, eine Körperverletzung nach § 223 StGB begangen zu haben. Da mit weiteren Straftaten zu rechnen ist, ist auch die Unverletzlichkeit der Rechtsordnung gefährdet.

---

[1] *Bialon/Springer* EingriffsR Rn. 861.

[2] **Hinweis:** Ob ein Eingriff in Art. 13 I GG vorliegt, ist in der Literatur umstritten.

[3] **Hinweis:** Bei der hier vorgestellten Lösung wird der Gutachtenstil teilweise in gekürzter Form angewendet. Bei Prüfschritten, die rechtlich unproblematisch sind, werden Definitionen nicht mehr ausgeschrieben, sondern die Subsumtion des Sachverhalts erfolgt direkt.

Die Polizeibeamten schreiten auch ein, um strafverfolgend tätig zu werden. Allerdings dienen die Wohnungsverweisung und das Rückkehrverbot ausschließlich der Gefahrenabwehr.

II. Formelle Rechtmäßigkeit

1. Zuständigkeit

a) sachliche Zuständigkeit

Diese könnte sich aus §1 I 1 und 2 PolG NRW iVm §11 I Nr. 1 POG NRW ergeben.[4] Die Gefahr für die öffentliche Sicherheit wurde schon oben bejaht. Absicht der Polizisten ist es, weitere Straftaten zu verhüten. Für diese Aufgabe ist die Polizei originär zuständig. Die Zuständigkeit für die Gefahrenabwehr ergibt sich aus §11 I Nr. 1 POG NRW für die KPB. Es wird unterstellt, dass die einschreitenden Beamten der sachlich zuständigen KPB angehören.

b) örtliche Zuständigkeit

Als gegeben unterstellt.

2. Allgemeine Verfahrensvorschriften

Als beachtet unterstellt.

3. Formvorschrift

Als beachtet unterstellt.

Somit ist die Formelle Rechtmäßigkeit gegeben.

III. Materielle Rechtmäßigkeit

1. Tatbestand der Ermächtigungsgrundlage

Ermächtigungsgrundlage für die Maßnahme könnte §34a I PolG NRW sein.[5] Dann müsste eine gegenwärtige Gefahr vorliegen.[6] Eine Gefahr ist gegenwärtig, wenn das schädigende Ereignis bereits begonnen hat und die Gefahr noch andauert oder der Schadenseintritt unmittelbar oder in allernächster Zeit mit an Sicherheit grenzender Wahrscheinlichkeit bevorsteht. Wie oben beschrieben, liegt eine Gefahr für Leben und Gesundheit der Frau vor. Bei dem Phänomen der Häuslichen Gewalt ist aus vielen Untersuchungen bekannt, dass die Ge-

---

4 *Bialon/Springer* EingriffsR Rn. 56f.

5 *Bialon/Springer* EingriffsR Rn. 866ff.

6 **Hinweis:** Das Vorliegen einer gegenwärtigen Gefahr lässt sich mit den Angaben im Sachverhalt unproblematisch begründen. Allerdings ist bei der Häuslichen Gewalt der klassische Begriff der gegenwärtigen Gefahr nicht immer anwendbar. Das gilt vor allem, wenn die gefährdende Person geflohen ist, also gar nicht mehr vor Ort ist. Daher sind hier Erkenntnisse aus der Psychologie und Kriminologie heranzuziehen und mit dem Phänomen der Gewaltspirale zu belegen, dass es jederzeit zu einem schädigenden Ereignis für Leben, Gesundheit und/oder Freiheit der bedrohten Person kommen kann. An dieser Stelle ist es daher auch nötig, den Gutachtenstil wieder ausführlich anzuwenden.

waltanwendungen in immer kürzeren Abständen und jeweils in gesteigerter Intensität erfolgen. Diese Gewaltspirale lässt erwarten, dass der S seine Frau in allernächster Zeit mit an Sicherheit grenzender Wahrscheinlichkeit wieder schlagen wird. Dafür spricht auch, dass er in der Vergangenheit laut Aussage seiner Frau und auch den Erkenntnissen aus den polizeilichen Dateien gewalttätig geworden ist. Diese gegenwärtige Gefahr besteht, wie oben belegt, für Leben und Gesundheit der Frau. Als weiteres Tatbestandsmerkmal müssten die beteiligten Personen in einer häuslichen Gemeinschaft leben. Diese liegt vor, wenn die Personen nicht nur vorübergehend einen gemeinsamen Haushalt begründet haben. Laut Sachverhalt lebt das Ehepaar gemeinsam in der Wohnung. Damit ist eine häusliche Gemeinschaft gegeben.

2. a) Besondere Verfahrensvorschriften[7]

Die besonderen Verfahrensvorschriften ergeben sich aus § 34a I 2 und 3, II–VII PolG NRW. Es wird unterstellt, dass die Polizeibeamten den räumlichen Bereich, für den die Wohnungsverweisung gilt, genau beschrieben haben, § 34a I 2 und 3 PolG NRW. Die Beachtung der weiteren Verfahrensvorschriften wird hier unterstellt, da der Sachverhalt nichts Gegenteiliges beschreibt.

b) Anordnungsbefugnis

Die Maßnahme darf durch jeden Polizeibeamten angeordnet werden.

3. Adressat[8]

Adressat der Maßnahme ist die Person, die die gegenwärtige Gefahr verursacht. Das ist laut Sachverhalt der S.

4. Rechtsfolge

a) Zugelassene Rechtsfolge[9]

Die Ermächtigung lässt als Rechtsfolge die Wohnungsverweisung und das Rückkehrverbot für zehn Tage zu. Genau diese Maßnahmen treffen die Polizisten im Sachverhalt.

b) Hinreichende Bestimmtheit

Hier nicht zu prüfen.

c) Ermessen[10]

Wegen der akuten Bedrohung von Leben und Gesundheit der Ehefrau reduziert sich das Entschließungsermessen auf null. Fehler bei der Ausübung des Auswahlermessens sind im Sachverhalt nicht zu erkennen.

---

[7] *Bialon/Springer* EingriffsR Rn. 870 ff.
[8] *Bialon/Springer* EingriffsR Rn. 151.
[9] *Bialon/Springer* EingriffsR Rn. 878 f.
[10] *Bialon/Springer* EingriffsR Rn. 118 ff.

d) Verhältnismäßigkeit im weiteren Sinn[11]

Nun ist das Übermaßverbot, § 2 PolG NRW, zu prüfen.

Danach müssten die getroffenen Maßnahmen zuerst geeignet sein. Wohnungsverweisung und Rückkehrverbot verfolgen zwei Ziele. Zum einen soll die gegenwärtige Gefahr für Leben und Gesundheit der Frau abgewehrt werden. Zum anderen soll ihr Gelegenheit gegeben werden, in Ruhe und ohne erneute Bedrohung durch die gefährdende Person zu überlegen, welche weiteren Schritte sie unternimmt. Dazu gehört auch, sich durch eine geeignete Stelle beraten zu lassen und gegebenenfalls zivilrechtlichen Schutz zu beantragen. Sinn dieser gesetzlichen Regelung ist es, Frauen dabei zu unterstützen, die Gewaltspirale zu beenden. Durch die Wohnungsverweisung wird verhindert, dass der S seine Frau erneut schlägt. Da er für die nächsten zehn Tage auch nicht zurückkehren darf, sind Leben und Gesundheit der Frau in der Wohnung geschützt. Diesen Zeitraum kann sie für die oben beschriebenen Schritte nutzen. Damit sind die Maßnahmen zur Gefahrenabwehr geeignet.

Fraglich ist, ob die getroffenen Verfügungen der Polizei die betroffene Person und auch die Allgemeinheit am wenigsten beeinträchtigen, also die mildesten Mittel sind, § 2 I PolG NRW. Die Wohnungsverweisung betrifft nur die eigentliche Wohnung und gegebenenfalls noch die anliegenden Nebenräume (zB Treppenhaus, Keller, Speicher, Garten). In räumlicher Sicht ist ein milderes Mittel zur Gefahrenabwehr hier nicht erkennbar.

Fraglich ist, ob der Zeitraum von zehn Tagen für das Rückkehrverbot richtig gewählt wurde. Möglich gewesen wäre auch ein Platzverweis nach § 34 I 1 PolG NRW. Ein vorübergehender Platzverweis würde wohl die akute Gefährdung für Leben und Gesundheit der Frau abwehren, dies allerdings nur für wenige Stunden. In dieser Zeit wäre auch keine Möglichkeit für die Frau gegeben, sich beraten zu lassen und zivilrechtlichen Schutz bei Gericht zu beantragen. Daher ist der vorübergehende Platzverweis hier untauglich. Gleiches gilt für eine Gewahrsamnahme des S, da auch diese nur vorübergehend möglich ist, s. § 38 I Nr. 3 PolG NRW.

Nach § 34a V 1 PolG NRW beträgt das Rückkehrverbot im Regelfall zehn Tage. Das entspricht auch der von den Beamten ausgesprochenen Verfügung gegen den S. Aus dem Sachverhalt sind keine Tatsachen zu erkennen, die für eine Verkürzung dieser Frist sprechen. Die Beratung durch eine Fachorganisation und die Beantragung gerichtlichen Schutzes brauchen einige Zeit. Daher ist hier das zehntägige Rückkehrverbot erforderlich.

Zuletzt ist zu prüfen, ob die Maßnahme angemessen ist, § 2 II PolG NRW. Die oben beschriebenen Grundrechtseingriffe dauern zehn Tage und greifen tief in den alltäglichen Lebensablauf des S ein. Es liegen daher schwere Grundrechtseingriffe vor. Die Maßnahme dient dem Schutz höchster Rechtsgüter, nämlich dem Leben und der Gesundheit der Ehefrau. Es ist auch daran zu denken, dass die zehnjährige Tochter in dieser von Gewaltausübung geprägten Lebenssituation nicht behütet aufwachsen und sich gesund entwickeln kann.

---

[11] *Bialon/Springer* EingriffsR Rn. 124 ff.

Eine Abwägung der für den S entstehenden Nachteile mit dem angestrebten polizeilichen Ziel lässt kein Missverhältnis erkennen. Die Maßnahmen sind angemessen.

IV. Ergebnis

Die Wohnungsverweisung und das Rückkehrverbot für zehn Tage gegen den S sind rechtmäßig.

Aufgabe 2

Es wird auf die obige Lösungsskizze verwiesen.

Aufgabe 3: Ermächtigungsgrundlage

Das Betreten der Wohnung könnte nach §41 I Nr. 4 PolG NRW erlaubt sein.[12] Dann müsste eine gegenwärtige Gefahr für Leben und Gesundheit der Frau gegeben sein. Dies wurde oben belegt.

Als weiteres Tatbestandsmerkmal müsste das Betreten der Wohnung erforderlich, also geeignet und das mildeste Mittel sein. Um den Sachverhalt aufzuklären ist es nötig, sich vom Zustand der Wohnung einen eigenen Eindruck zu verschaffen. Außerdem müssen die beteiligten Personen zum Sachverhalt angehört werden. Dies kann nur in der Wohnung selbst geschehen. Damit ist das Betreten der Wohnung zur Gefahrenabwehr geeignet.

Ein milderes Mittel ist hier nicht ersichtlich. Damit ist das Betreten auch erforderlich.

Somit ist der Tatbestand der Norm erfüllt.

Betreten bedeutet, in die Wohnung hinein zu gehen und dort von Umständen und Zuständen Kenntnis zu nehmen, ohne weitere Handlungen vornehmen zu müssen. Diese Beschreibung trifft genau auf die im Sachverhalt getroffene Maßnahme der Polizisten zu. Ein Durchsuchen der Wohnung ist hier nicht erforderlich.

Als weitere Ermächtigungsgrundlage wäre §41 I Nr. 1 PolG NRW denkbar. Dann müssten Tatsachen die Annahme rechtfertigen, dass der S nach §35 PolG NRW in Gewahrsam genommen werden kann. Das wäre unter anderem der Fall, wenn der Gewahrsam unerlässlich ist, um die Maßnahmen nach §34a I PolG NRW durchzusetzen. Welche Ermächtigungsgrundlage gewählt wird, ist festzulegen, bevor die Wohnung betreten wird. Zu diesem Zeitpunkt steht aber noch gar nicht fest, ob der S die Wohnungsverweisung und das Rückkehrverbot beachten wird oder nicht. Daher kann hier §41 I Nr. 1 PolG NRW nicht als Ermächtigungsgrundlage für das Betreten gewählt werden.

---

[12] *Bialon/Springer* EingriffsR Rn. 639 f.

Fall 21: Körperliche Untersuchung nach einem Sexualdelikt

Schwerpunkt: Körperliche Untersuchung beim Beschuldigten

Sachverhalt

F kommt auf die Polizeiwache und erstattet Anzeige gegen M wegen versuchter Vergewaltigung. F gibt an, dass sie den M kräftig in den Oberarm gebissen hat.

Im Zuge der Ermittlungen wird M vorläufig festgenommen. Nach Anordnung durch einen Richter muss er gegen seinen ausdrücklichen Willen Ober- und Unterhemd ausziehen. Sein Oberkörper wird nach Spuren der Straftat abgesucht. An seinem linken Oberarm wird eine Bisswunde gefunden. Die Spur wird fotografisch gesichert. Durch einen Arzt wird Gewebematerial von der Wunde abgenommen.

Aufgabe: Prüfen Sie die Rechtmäßigkeit der getroffenen Maßnahmen.

Bearbeitungshinweise:
1. Die formelle Rechtmäßigkeit wird als gegeben unterstellt.
2. Die vorläufige Festnahme ist nicht zu prüfen.
3. Bei der von F geschilderten Handlung könnte es sich um eine sexuellen Nötigung, § 177 I StGB handeln.

Lösungsskizze

Körperliche Untersuchung des M

Bearbeitungszeit: ca. 60 Min.

I. Ermächtigungsgrundlage

1. Grundrechtseingriff
- Art. 2 I iVm Art. 1 I GG, unter anderem Recht auf körperliche Privatheit (+)
- Art. 2 II 1 GG, körperliche Unversehrtheit (+)
- Art. 2 II 2 GG, Bewegungsfreiheit, hier Freiheitsbeschränkung (-)

2. Zielrichtung der Maßnahme
Repressiv, Verdacht § 177 StGB (+)

II. Formelle Rechtmäßigkeit
Laut Bearbeitungshinweis zu unterstellen (+)

III. Materielle Rechtmäßigkeit

1. Tatbestand der Ermächtigungsgrundlage
§ 81a I StPO
- Anfangsverdacht einer Straftat, hier § 177 StGB (+)
- Beschuldigter, hier der M (+)
- Feststellen von Tatsachen, die für das Verfahren von Bedeutung sind, hier Bisswunde und andere Spuren der Straftat (+)
- Nachteile für die Gesundheit des M zu befürchten (+)

2. a) Besondere Verfahrensvorschriften
- § 81a I 2 StPO (+)
- § 81a III StPO (+)
- § 81d StPO (+)

b) Anordnungsbefugnis
§ 81a II StPO (+)

3. Adressat
Beschuldigter (+)

4. Rechtsfolge

a) Zugelassene Rechtsfolge
- Körperliche Untersuchung, hier Absuchen des Oberkörpers (+)
- Fotografische Sicherung der Bissspur (+)
- Abnahme von Gewebematerial (+)
- Festhalten der Person auf der Wache (+)

b) Hinreichende Bestimmtheit
Hier nicht zu prüfen

c) Ermessen
Entschließungsermessen – Legalitätsprinzip
Auswahlermessen (+)

d) Verhältnismäßigkeit im weiteren Sinn
Anordnung der körperlichen Untersuchung
- geeignet (+)
- erforderlich (+)
- angemessen (+)

IV. Ergebnis
Körperliche Untersuchung des M (+)

Lösungsvorschlag

Körperliche Untersuchung des M

I. Ermächtigungsgrundlage

1. Grundrechtseingriffe[1]

Die Aufforderung an den M, Ober-und Unterhemd auszuziehen, die Absuche nach Spuren an seinem Oberkörper und die fotografische Sicherung der gefundenen Bisswunde, könnten einen Eingriff in das APR, Art. 2 I iVm Art. 1 I GG, darstellen. Zu diesem Grundrecht gehört auch das Recht auf körperliche Privatheit. Danach darf der Betroffene selbst entscheiden, wie er seinen Körper in der Öffentlichkeit darstellt und welche Bereiche seines Körpers er unbekleidet lässt. Ein Grundrechtseingriff ist gegeben, wenn eine staatliche Maßnahme nicht nur ganz unerheblich den Schutzbereich eines Grundrechts beeinträchtigt. Der M muss gegen seinen ausdrücklichen Willen den Oberkörper freimachen und dulden, dass dort nach Spuren eines Sexualdelikts gesucht wird und die gefundene Bissspur fotografisch gesichert wird. Damit wird in das Recht auf körperliche Privatheit eingegriffen.

Ein Arzt nimmt Gewebematerial von der Bissstelle. Dadurch könnte ein Eingriff in die körperliche Unversehrtheit, Art. 2 II 1 GG, vorliegen. Der sachliche Schutzbereich umfasst die biologisch-physiologische Gesundheit. Dazu gehört auch, dass der Betroffene selber darüber entscheiden kann, ob aus seinem Körper Gewebe entnommen werden darf. Hier wird aus einer Wunde Körpermaterial durch einen Arzt entnommen. Das geschieht gegen den ausdrücklichen Willen des M. Damit liegt ein Eingriff in die körperliche Unversehrtheit vor.

Da der M bereits vorläufig festgenommen wurde, liegt für die Zeit des Festhaltens für die körperliche Untersuchung kein erneuter Eingriff in die Bewegungsfreiheit, Art. 2 II 2 GG, des Betroffenen vor.

2. Zielrichtung der Maßnahme

Aus dem Bearbeitungshinweis ergibt sich, dass der M einer sexuellen Nötigung bzw. einer versuchten Vergewaltigung, § 177 I StGB, verdächtig ist. Die im Sachverhalt geschilderten Maßnahmen dienen der Aufklärung dieser Straftat. Die Polizei wird zur Strafverfolgung tätig.

II. Formelle Rechtmäßigkeit

Die formelle Rechtmäßigkeit ist laut Bearbeitungshinweis zu unterstellen.

---

[1] *Bialon/Springer* EingriffsR Rn. 883.

III. Materielle Rechtmäßigkeit

1. Tatbestand der Ermächtigungsgrundlage

Als Ermächtigungsgrundlage könnte § 81a I StPO herangezogen werden.[2] Dann müsste der Anfangsverdacht einer Straftat vorliegen. Dies wurde oben bereits bejaht. M müsste Beschuldigter sein. Ein Tatverdächtiger wird zum Beschuldigten, wenn er durch einen Willensakt einer Strafverfolgungsbehörde diesen Status erhält. Mit der Anordnung der körperlichen Untersuchung durch den Richter wird der M zum Beschuldigten. Die körperliche Untersuchung müsste dazu dienen, Tatsachen festzustellen, die für das Strafverfahren von Bedeutung sind. Die F gibt an, den M bei der Tatausübung in den Oberarm gebissen zu haben. Für das Strafverfahren ist wesentlich zu überprüfen, ob diese Angabe zutrifft. Denn entweder verstärkt sich der Tatverdacht gegen M oder, falls die Wunde nicht bei M gefunden wird, entlastet ihn das deutlich vom Tatvorwurf. Neben der Bisswunde könnten auch noch andere Spuren, wie Hautkratzer, verursacht durch die Gegenwehr der F, gefunden werden. Diese Spuren sind wichtige Tatsachen, um den Tathergang rekonstruieren zu können und die Straftat aufzuklären. Somit sind die beschriebenen Spuren für das Strafverfahren von Bedeutung. Von der Bisswunde nimmt ein Arzt eine Gewebeprobe ab. § 81a I 2 StPO verlangt dafür, dass keine Nachteile für die Gesundheit des M zu befürchten sein dürfen. Hier wird unterstellt, dass der Arzt sachkundig vorgeht und damit kein Nachteil für die Gesundheit des M zu befürchten ist.

2. a) Besondere Verfahrensvorschriften[3]

Gem. § 81a I S 2 StPO dürfen körperliche Eingriffe nur durch einen Arzt nach den Regeln der ärztlichen Kunst durchgeführt werden. Wie aus dem Sachverhalt hervorgeht, wird eine Gewebeprobe durch einen Arzt entnommen. Körperliche Untersuchungen, § 81a I 1 StPO, unterliegen grundsätzlich nicht der unbedingten Durchführung durch einen Arzt. Kann gem. § 81d StPO die körperliche Untersuchung das Schamgefühl verletzen, so wird sie von einer Person gleichen Geschlechts oder von einer Ärztin oder einem Arzt vorgenommen. Bei berechtigtem Interesse soll dem Wunsch, die Untersuchung einer Person oder einem Arzt bestimmten Geschlechts zu übertragen, entsprochen werden.

Eine Inaugenscheinnahme und Fotografie einer Bisswunde verletzen mit hoher Wahrscheinlichkeit nicht das Schamgefühl. Sofern die Person den Wunsch äußert, von einer Person gleichen Geschlechts oder von einer Ärztin/einem Arzt untersucht zu werden, wird diesem Wunsch entsprochen. Der Sachverhalt lässt dies offen.

Die Beachtung des § 81a III StPO wird unterstellt.

---

2 *Bialon/Springer* EingriffsR Rn. 886 ff.
3 *Bialon/Springer* EingriffsR Rn. 889 ff.

b) Anordnungsbefugnis[4]

§81a II StPO verlangt, dass die Maßnahme durch einen Richter angeordnet wird. Laut Sachverhalt ist dies geschehen.

3. Adressat

Der Adressat ergibt sich aus der Ermächtigung. Es ist der Beschuldigte, also im Sachverhalt der M.

4. Rechtsfolge

a) Zugelassene Rechtsfolge

Als Rechtsfolge lässt §81a I StPO die körperliche Untersuchung zu. Dazu gehört die Inaugenscheinnahme des unbekleideten Körpers. Ungeschrieben sind auch notwendige Begleitmaßnahmen zulässig. Dazu gehört die Aufforderung an M, Ober-und Unterhemd auszuziehen. Hier wird die Auffassung vertreten, dass auch die fotografische Sicherung einer aufgefundenen Spur ungeschriebene Rechtsfolge des §81a I StPO ist.[5] §81a I 2 StPO erlaubt körperliche Eingriffe durch den Arzt. Ein solcher Eingriff liegt vor, wenn in das von der Haut umschlossene Muskelgewebe eingedrungen wird. Der Arzt entnimmt Gewebematerial aus der Wunde. Damit liegt ein körperlicher Eingriff vor. Die getroffenen Maßnahmen entsprechen der zugelassenen Rechtsfolge.

b) Hinreichende Bestimmtheit

Hier nicht zu prüfen.

c) Ermessen[6]

Bei der Strafverfolgung gilt für die Polizei das Legalitätsprinzip. Sie hat damit kein Entschließungsermessen. Fehler beim Auswahlermessen sind aus dem Sachverhalt nicht zu erkennen.

d) Verhältnismäßigkeit im weiteren Sinn[7]

Die Geeignetheit der körperlichen Untersuchung und des körperlichen Eingriffs für die Zwecke des Strafverfahrens wurden oben bereits geprüft. Mildere Maßnahmen sind hier nicht zu erkennen.

Die im Sachverhalt geschilderten Maßnahmen der Polizei führen nicht zu einer zusätzlichen Körperverletzung des M. Insofern das Schamgefühl verletzt worden sein könnte, wurde der Vorschrift aus §81d StPO entsprochen. Auf der anderen Seite geht es darum, ein Kapitaldelikt aufzuklären. Nach polizeilicher Erfahrung ist eine versuchte Vergewaltigung eine Straftat, die das Opfer er-

---

4 *Bialon/Springer* EingriffsR Rn. 893ff.

5 **Hinweis:** Nach anderer Auffassung wäre hier die Generalklausel, §163 I 2 StPO als Ermächtigungsgrundlage heranzuziehen.

6 *Bialon/Springer* EingriffsR Rn. 118ff.

7 *Bialon/Springer* EingriffsR Rn. 124ff.

heblich und für lange Zeit belastet. An der Aufklärung einer solchen Straftat besteht großes öffentliches Interesse. Eine Abwägung zwischen den Grundrechtseingriffen und dem angestrebten polizeilichen Ziel der beweissicheren Strafverfolgung lässt kein Missverhältnis erkennen. Die körperliche Untersuchung und der körperlicher Eingriff sind angemessen.

IV. Ergebnis

Die körperliche Untersuchung des M und der körperliche Eingriff sind rechtmäßig.

Fall 22: Spontandemo im Hofgarten

Schwerpunkte: Versammlungsbegriff des Art. 8 I GG und des § 1 I VersG, Anmeldepflicht nach § 14 I VersG, Auflösung nach § 15 III VersG

Sachverhalt

Die Bürger der Stadt Düsseldorf sind entsetzt. Im Innenstadtpark, dem Hofgarten, sollen 24 Bäume gefällt werden, um eine Verbindungsstraße zur Baustelle Köbogen am Jan-Wellem-Platz zu bauen.

Spontan versammelten sich etwa 30 Personen an dem betroffenen Platz im Hofgarten. Das passiert am 1.2.2010, etwa gegen 17:00 Uhr, nachdem das Lokalradio, Antenne Düsseldorf, eine entsprechende Meldung ausgestrahlt hat. An einem der betroffenen Bäume werden Grablichter, Stofftiere und Blumen abgelegt. Man beschließt, zum Rathaus zu ziehen, um dort den Oberbürgermeister Elbers aufzufordern, die Bäume zu schützen und stehen zu lassen.

Vor dem Rathaus werden die Demonstranten vom Stadtkämmerer in Empfang genommen. Ihnen wird versichert, dass die Verwaltung Alternativen prüfen wird. Nach einer längeren Diskussion löst sich die Versammlung langsam auf.

Aufgaben:

1. Prüfen Sie gutachterlich, ob eine Versammlung iSd Art. 8 GG und des § 1 I VersG vorliegt.
2. Haben die Bürger, indem sie sich ohne Anmeldung versammelt haben, gegen § 14 I VersG verstoßen? Ist die Versammlung dann gem. § 15 III VersG aufzulösen? Begründen Sie Ihre Auffassung.

Lösungsskizze

Aufgabe 1: Versammlung iSd Art. 8 I GG und des § 1 I VersG

Bearbeitungszeit: ca. 30 Min.

A. Versammlung iSd Art. 8 I GG

- mindestens drei Personen – hier 30 Personen (Staatsangehörigkeit nicht bekannt; bei Ausländern aus Nicht-EU-Staaten Schutz über Art. 2 I GG (+)
- an einem Ort – hier der Hofgarten (+)
- vorübergehend – hier Spätnachmittag und früher Abend (+)
- zur gemeinschaftlichen, auf die Teilhabe an der öffentlichen Meinungsbildung gerichteten Erörterung oder Kundgebung – wollen die kommunale Politik beeinflussen und auf dieses Problem die Öffentlichkeit aufmerksam machen (+)
- friedlich (+)
- ohne Waffen (+)

Ergebnis: Versammlung iSd Art. 8 I GG liegt vor.

B. Versammlung iSd § 1 I VersG

- Jedermann (+)
- Versammlung – s. Ausführungen zum Art. 8 I GG
- öffentlich – kein individuell eingegrenzten Personenkreis (+)

Ergebnis: Versammlung iSd § 1 I VersG liegt vor.

Aufgabe 2: Verstoß gegen § 14 I VersG und Auflösung der Versammlung nach § 15 III VersG?

Bearbeitungszeit: ca. 45 Min.

A. Verstoß gegen § 14 I VersG

- Art. 8 I GG – Sich-Versammeln ohne Anmeldung
- Art. 8 II GG – für Versammlungen unter freiem Himmel einfacher Gesetzesvorbehalt
- § 14 I VersG Konkretisierung des einfachen Gesetzesvorbehalt – Versammlungen unter freiem Himmel sind anzumelden
  Versammlung unter freiem Himmel:
  keine seitliche Begrenzung des Versammlungsraums (+).
  Brokdorf-Beschluss des BVerfG, Ziff. 2.1: für Spontanversammlungen entfällt die Anmeldepflicht
  Spontanversammlung
- aus aktuellem Anlass – Radiomeldung von Antenne Düsseldorf (+)
- ungeplant (+)

Ergebnis: Spontanversammlung liegt vor, daher keine Anmeldepflicht und kein Verstoß gegen § 14 I VersG (+)

B. Auflösung der Versammlung nach § 15 III VersG?

Da Spontanversammlung, keine Anmeldepflicht, daher auch kein Grund zur Auflösung der Versammlung (+)

Selbst bei Verstoß gegen die Anmeldepflicht, berechtigt dies nicht schematisch zur Auflösung der Versammlung (Brokdorf-Beschluss, Ziff. 2.1).

Lösungsvorschlag

Aufgabe 1

A. Versammlung iSd Art. 8 I GG[1]

Laut Entscheidung des Bundesverfassungsgerichts ist eine Versammlung definiert als eine örtliche Zusammenkunft mehrerer Personen zur gemeinschaftlichen, auf die Teilhabe an der öffentlichen Meinungsbildung gerichteten Erörterung oder Kundgebung. Dabei wird eine Mindestteilnehmerzahl von zwei Personen gefordert. Die Versammlung muss vorübergehender Natur sein. Dh, sie darf, in Abgrenzung zu Art. 9 GG, der Vereinigungsfreiheit, nicht darauf angelegt sein, eine dauerhafte Verbindung einzugehen.

Die Düsseldorfer Bürger versammeln sich im Hofgarten. Damit handelt es sich um eine örtliche Zusammenkunft. Mit 30 Personen ist die Mindestteilnehmerzahl deutlich überschritten. Absicht der Bürger ist es, die Politik dahingehend zu beeinflussen, die Bäume im Hofgarten nicht zu fällen. Damit verbindet die Menschen ein gemeinsamer Zweck, der auf die Teilhabe an der öffentlichen Meinungsbildung ausgerichtet ist. Man kann davon ausgehen, dass die geplante Aktion der Stadtverwaltung untereinander erörtert wird. Später kommt es zu einem Aufzug zum Rathaus und einer dortigen Kundgebung. Die Zusammenkunft ist nach einigen Stunden beendet und ist damit auch vorübergehender Natur. Somit liegt laut Definition des Bundesverfassungsgerichts eine Versammlung iSd Art. 8 I GG vor. Sollten Personen aus Nicht-EU-Staaten bei der Versammlung anwesend sein, sind diese über Art. 2 I GG geschützt. Die Argumentation folgt dem engen Versammlungsbegriff, der vom Bundesverfassungsgericht regelmäßig angewandt wird.

Art. 8 I GG verlangt, dass die Versammlung friedlich und ohne Waffen erfolgt.[2] Aus dem Sachverhalt sind keine Tatsachen erkennbar, die eine Missachtung dieser Schranken erkennen lassen.

B. Versammlung iSd § 1 I VersG

Nach § 1 I VersG hat jedermann das Recht, Versammlungen zu veranstalten und daran teilzunehmen. Damit ist der Personenkreis weiter gefasst als in Art. 8 I GG. Alle Personen, die an der Veranstaltung im Hofgarten teilnehmen werden somit von § 1 I VersG umfasst. Der Versammlungsbegriff der Norm ist identisch mit dem aus Art. 8 I GG. Hier wird auf die obigen Ausführungen verwiesen. Die Norm fordert, dass die Versammlung öffentlich ist. Gemeint ist damit, dass der Personenkreis nicht individuell eingegrenzt ist. Da die Bürger nach der Radiomeldung spontan in dem Park zusammenkommen, ist davon auszugehen, dass der Personenkreis nicht individuell eingegrenzt ist. Jeder kann an dieser Versammlung teilnehmen. Somit liegt eine Versammlung iSd § 1 I VersG vor.

---

[1] *Bialon/Springer* EingriffsR Rn. 990 ff.

[2] *Bialon/Springer* EingriffsR Rn. 991.

Aufgabe 2:

A. Verstoß gegen § 14 I VersG?

§ 14 I VersG verlangt, dass der Veranstalter die geplante Versammlung anmeldet. Art. 8 I GG erlaubt es, sich ohne Anmeldung zu versammeln. Allerdings kann dieses Recht gem. Art. 8 II GG für Versammlungen unter freiem Himmel durch Gesetz oder aufgrund eines Gesetzes eingeschränkt werden. Fraglich ist also, ob die Versammlung im Hofgarten unter freiem Himmel durchgeführt wird.[3] Dabei ist zu prüfen, ob der Versammlungsort seitlich umgrenzt bzw. umschlossen ist. Dann liegt eine Versammlung im geschlossenen Raum vor. Der Hofgarten ist ein öffentlicher Park der von allen Seiten frei zugänglich ist. Damit ist keine seitliche Begrenzung des Versammlungsortes gegeben. Es handelt sich also um eine Versammlung unter freiem Himmel. Daher kann laut Art. 8 II VersG das Versammlungsrecht eingeschränkt werden.

§ 14 I VersG ist eine Konkretisierung des einfachen Gesetzesvorbehalts. Danach sind Versammlungen unter freiem Himmel anzumelden. Folgt man dem Wortlaut des Gesetzes, so haben die Bürger, die sich im Hofgarten versammeln, gegen § 14 I VersG verstoßen. Das Bundesverfassungsgericht hat in seinem Brokdorf-Beschluss ausgeführt, dass die Anmeldepflicht bei Spontandemonstrationen nicht eingreift.[4] Daher ist hier zu prüfen, ob die Veranstaltung im Hofgarten eine Spontandemonstration ist. Gemeint ist damit eine ungeplante und nicht vorbereitete Versammlung, die aus einem aktuellen Anlass augenblicklich entsteht. Laut Sachverhalt war eine Radiomeldung des Senders Antenne Düsseldorf der Auslöser für das Zusammenströmen der Bürger. Nichts deutet darauf hin, dass es schon vor der Radiomeldung Vorbereitungen für diese Versammlung gegeben hat. Dass Grablichter, Stofftiere und Blumen an einem Baum abgelegt werden spricht nicht für eine geplante Aktion. Es ist inzwischen bei vielen Anlässen üblich, solche Trauerbekundungen durch symbolische Handlungen vorzunehmen. Um diese Gegenstände mitzubringen, braucht es keiner Planung und Vorbereitung. Daher handelt es sich um eine Spontanversammlung der Düsseldorfer Bürger. Laut Bundesverfassungsgerichts entfällt dann die Anmeldepflicht. Somit haben die Versammlungsteilnehmer nicht gegen § 14 I VersG verstoßen.

B. Auflösung der Versammlung nach § 15 III VersG?

§ 15 III VersG ist anzuwenden, wenn die Versammlung bereits begonnen hat. Vor Beginn einer Versammlung sind nur Maßnahmen nach § 15 I VersG möglich. Da die Versammlung im Hofgarten spontan durchgeführt wird, kann die Polizei auch erst nach Beginn dieser Versammlung einschreiten. Somit ist hier § 15 III VersG anwendbar. Die Norm weist aus, dass die Versammlung aufgelöst werden kann, wenn sie nicht angemeldet ist. Folgt man dem Wortlaut, so hätte die Polizei die Möglichkeit, die Aktion im Hofgarten aufzulösen. Wie oben ausgeführt, besteht aber für Spontanversammlungen keine Anmeldepflicht. Dann liegt hier auch kein Verstoß vor, der eine Auflösung rechtfertigen würde.

---

[3] *Bialon/Springer* EingriffsR Rn. 998.

[4] *Bialon/Springer* EingriffsR Rn. 999 f.

Fall 23: Vorkontrollen bei demonstrativen Aktionen

Schwerpunkte: Vorkontrolle bei einer Versammlung, Identitätsfeststellung anreisender Versammlungsteilnehmer, Durchsuchung eines Pkw im Rahmen der Vorkontrolle, Beschlagnahme von Beweismitteln und Beziehungsgegenständen

Sachverhalt

Die Partei „DIE RECHTE" plant für den morgigen Tag im Zeitraum von 14:00–18:00 Uhr in Dortmund im Bereich des Hauptbahnhofs demonstrative Aktionen zu den Themen „Wie lange noch? Protest gegen Pressehetze und die Politik der Etablierten! Für Meinungs- und Versammlungsfreiheit – Wir sind das Volk!" und „Rock für Dortmund – Laut gegen Sozialabbau, Masseneinwanderungen und Perspektivlosigkeit!". Es wird mit etwa 1000 Teilnehmern gerechnet. Zahlreiche Gruppen aus dem linken politischen Spektrum haben Gegendemonstrationen angemeldet. Durch Aufklärung in der Szene und durch Auswertung von Internetquellen ist der Polizei bekannt, dass gewalttätige Ausschreitungen der linken Szene gegen die rechtsradikalen Demonstrationen geplant sind. Es ist davon auszugehen, dass anreisende Demonstrationsteilnehmer mit Pyrotechnik, Schutzbewaffnung und auch Angriffswaffen ausgestattet sind.

Deshalb ordnet das MIK NRW Kontrollstellen am Versammlungstag auf den Hauptzufahrtsstraßen zu dem Versammlungsbereich an. An der Kreuzung Kurfürstenstraße/Steinstraße (in der Nähe des Hauptbahnhofs gelegen) wird eine Kontrollstelle durch die Polizei am Versammlungstag um 12:00 Uhr eingerichtet. Um 13:30 Uhr wird dort Harald T mit seinem Pkw angehalten. POK Z erklärt ihm den Grund der Kontrolle und fragt, wohin T unterwegs sei. T erklärt dem Polizisten, dass er natürlich an der Gegendemo der Partei „DIE LINKE" teilnimmt. Der Polizist solle ihn weiterfahren lassen, damit er rechtzeitig zu Beginn der Versammlung vor Ort sein könne. Man müsse verhindern, dass das „rechte Pack" ihre unerträglichen Aktionen durchführen könne. POK Z fordert T auf, ihm seinen Personalausweis auszuhändigen. Nachdem T dieser Anweisung nur sehr widerwillig nachkommt, verlangt POK Z, dass der Kofferraum geöffnet wird. T will das nicht und fängt an, mit den Polizisten über den Sinn solcher Vorkontrollen zu diskutieren. Z lässt sich aber nicht darauf ein und fordert nachdrücklich das Öffnen des Kofferraums. Schließlich gibt T nach. Im Kofferraum steht ein Pappkarton, in dem mehrere Batterien Pyrotechnik mit Aufschriften wie „Revolution" und „DumBum" lagern. Z beschlagnahmt den Pappkarton samt Inhalt unter dem heftigen Protest des T.

Aufgaben:

1. Prüfen Sie in einem Gutachten die Rechtmäßigkeit folgender Maßnahmen:
   a) IDF des T,
   b) Aufforderung an T, den Kofferraum zu öffnen.

2. Prüfen Sie die Rechtmäßigkeit der Beschlagnahme des Pappkartons samt Inhalt. Gehen Sie dabei nur auf die Tatbestände der möglichen Ermächtigungsgrundlagen und die jeweilige Anordnungsbefugnis ein.

Bearbeitungshinweise:
1. Die örtliche Zuständigkeit wird als gegeben unterstellt.
2. Bei der aufgefundenen Pyrotechnik handelt es sich um Feuerwerk, das in Deutschland nicht zugelassen ist. Das Zünden dieses Sprengstoffs ist mit unkalkulierbaren Risiken verbunden und kann zu erheblichen Verletzungen führen.
3. Auf waffen- und sprengstoffrechtliche Verstöße ist nicht einzugehen.

Lösungsskizze

Aufgabe 1a: Identitätsfeststellung bei T

Bearbeitungszeit: ca. 60 Min.

I. Ermächtigungsgrundlage

1. Grundrechtseingriffe
- Art. 8 I GG, Versammlungsfreiheit (-)
- Art. 2 I iVm Art. 1 I GG, RIS (+)
- Art. 2 II 2GG, Bewegungsfreiheit (+)

2. Zielrichtung der Maßnahme
Präventiv, Gefahr für die öffentliche Sicherheit (+)

II. Formelle Rechtmäßigkeit

1. Zuständigkeit

a) sachliche Zuständigkeit
- § 1 I 1 und 2 PolG NRW iVm § 11 I Nr. 1 POG NRW (+)
- Gefahr für die Versammlungsfreiheit friedlicher Personen, für Leben, Gesundheit und Eigentum der Versammlungsteilnehmer und für die Unverletzlichkeit der Rechtsordnung (+)
- Verhüten von Straftaten, originäre Zuständigkeit (+)

b) örtliche Zuständigkeit
Als gegeben unterstellt (+)

2. Allgemeine Verfahrensvorschriften
§§ 28, 37 I, 41, 43 VwVfG NRW als beachtet unterstellt (+)

3. Formvorschrift
§ 37 II VwVfG NRW als beachtet unterstellt (+)

III. Materielle Rechtmäßigkeit

1. Tatbestand der Ermächtigungsgrundlage
§ 12 I Nr. 4 PolG NRW
- Einrichten einer Kontrollstelle (+)
- Verhüten von Straftaten nach § 27 VersG (+)

2. a) Besondere Verfahrensvorschriften
§ 9 III–VI PolG NRW (+)

b) Anordnungsbefugnis
Durch das MIK NRW, § 12 I Nr. 4 S. 2 PolG NRW (+)

3. Adressat
Aus der Ermächtigung, anreisende potentielle Versammlungsteilnehmer (+)

4. Rechtsfolge

a) Zugelassene Rechtsfolge
IDF, erforderliche Maßnahmen (+)

b) Hinreichende Bestimmtheit
Hier nicht zu prüfen

c) Ermessen
Keine Ermessensfehler erkennbar (+)

d) Verhältnismäßigkeit im weiteren Sinn
Feststellung der Identität
- geeignet (+)
- erforderlich (+)
- angemessen (+)

IV. Ergebnis
IDF des T (+)

Aufgabe 1b: Aufforderung an T, den Kofferraum zu öffnen

Bearbeitungszeit: ca. 30 Min.

I. Ermächtigungsgrundlage

1. Grundrechtseingriffe
Art. 14 I GG, Eigentum, hier Nutzungsrecht (+)
Art. 2 I iVm Art. 1 I GG, APR (+)

2. Zielrichtung der Maßnahme und II. Formelle Rechtmäßigkeit
S. oben

III. Materielle Rechtmäßigkeit

1. Tatbestand der Ermächtigungsgrundlage
§ 40 I Nr. 6 PolG NRW
- Landfahrzeuge (+)
- Identität der Person im Fahrzeug darf nach § 12 I Nr. 4 PolG NRW festgestellt werden (+)

2. a) Besondere Verfahrensvorschriften
§ 40 II PolG NRW (+)

b) Anordnungsbefugnis
Durch jeden Polizeibeamten (+)

3. Adressat
Aus der Ermächtigung, die zu kontrollierende Person, hier T (+)

4. Rechtsfolge

a) Zugelassene Rechtsfolge
Durchsuchung des Fahrzeugs und der im Fahrzeug befindlichen Sachen (+)
Aufforderung den Kofferraum zu öffnen (+)

b) Hinreichende Bestimmtheit
Hier nicht zu prüfen

c) Ermessen
Keine Ermessensfehler erkennbar (+)

d) Verhältnismäßigkeit im weiteren Sinn
Aufforderung zur Öffnung des Kofferraums
- geeignet (+)
- erforderlich (+)
- angemessen (+)

IV. Ergebnis
Aufforderung an T, den Kofferraum zu öffnen (+)

Aufgabe 2: Beschlagnahme des Pappkartons samt Inhalt

Bearbeitungszeit: ca. 45 Min.

A. Beschlagnahme als Beweismittel
- § 94 I StPO
  - Anfangsverdacht einer Straftat (+)
  - Gegenstände sind beweisgeeignet (+)
- Anordnungsbefugnis, § 98 I StPO
  - Gefahr im Verzug (+)
  - Ermittlungspersonen der Staatsanwaltschaft (+)

B. Beschlagnahme als Einziehungsgegenstände
- § 111b I StPO iVm § 74 IV StGB iVm § 30 VersG
  - Anfangsverdacht der Einziehung (+)
  - Gegenstände bezieht sich auf eine Straftat nach § 27 I VersG (+)
  - Tatverdächtiger ist Eigentümer der Gegenstände, § 74 II Nr. 1 StGB (+)

- Anordnungsbefugnis, § 111e I 2 StPO
  - beweglicher Gegenstand (+)
  - Gefahr im Verzug (+)
  - Ermittlungspersonen der Staatsanwaltschaft, s. oben (+)

Lösungsvorschlag

Aufgabe 1a: Identitätsfeststellung bei T

I. Ermächtigungsgrundlage

1. Grundrechtseingriffe

T wird an der Kontrollstelle auf dem Weg zur Versammlung angehalten und aufgefordert, sich auszuweisen. Fraglich ist, ob mit der Kontrolle in Art. 8 I GG, die Versammlungsfreiheit, eingegriffen wird.[1] Die im Sachverhalt beschriebenen Veranstaltungen sind ohne Zweifel Versammlungen iSd Art. 8 I GG. Zum Schutzbereich dieses Grundrechts gehören auch schon die Vorphase der Versammlung und damit auch die Anreise zur Versammlung. T ist laut eigener Aussage auf dem Weg zur Versammlung der Partei „DIE LINKE". Damit wird sein Verhalten vom Schutzbereich der Versammlungsfreiheit umfasst. Fraglich ist ob ein Eingriff in den Schutzbereich vorliegt. Ein Grundrechtseingriff ist gegeben, wenn eine staatliche Maßnahme nicht nur ganz unerheblich den Schutzbereich eines Grundrechts beeinträchtigt.

Durch die Rechtsprechung ist anerkannt, dass eine lang andauernde Kontrolle, die die Teilnahme an der Versammlung vereitelt oder wesentlich verzögert, in den Schutzbereich des Art. 8 I GG eingreift. Ebenso liegt ein Eingriff in dieses Grundrecht vor, wenn die Kontrolle so durchgeführt wird, dass sie einschüchternden Charakter hat und Versammlungsteilnehmer entweder von der Teilnahme abgehalten werden oder nicht mehr frei sind, wie sie sich bei der Versammlung verhalten werden (Eingriff in die innere Versammlungsfreiheit). Die im Sachverhalt beschriebene Kontrolle dauert vermutlich nicht länger als 15 Min. Damit kann T noch rechtzeitig zur Versammlung kommen.[2] Aus dem Sachverhalt lassen sich auch keine Tatsachen entnehmen, dass die Kontrolle in einer Weise durchgeführt wird, durch die der T in irgendeiner Weise eingeschüchtert wird. Damit stellt die Kontrolle des T keinen Eingriff in Art. 8 I GG dar.

Die Feststellung der Identität des T könnte einen Eingriff in das RIS, Art. 2 I iVm Art. 1 I GG, bedeuten.[3] Das Grundrecht schützt unter anderem das Recht jeder Person, selber über die Preisgabe personenbezogener Daten und deren weitere Verwendung zu entscheiden. Somit kann T grundsätzlich selber bestimmen, wem er seine Personalien bekannt gibt, oder ob er es vorzieht anonym zu bleiben. Durch die Aufforderung der Polizisten, einen Ausweis auszuhändigen, muss er seine Identität bekanntgeben. Solange nicht die Freiwilligkeit ausdrücklich erklärt wird, ist vom entgegenstehenden Willen der betroffenen Person auszugehen. Somit liegt ein Eingriff in das RIS vor.

---

[1] *Bialon/Springer* EingriffsR Rn. 992, 997, 1002, 1012.

[2] **Hinweis:** Allerdings ist fraglich, ob die Polizei den T noch zu der Versammlung fahren lässt oder ihm die Teilnahme untersagt. Der Fund der unerlaubten und sehr gefährlichen Pyrotechnik und seine Aussagen über die Versammlung der Partei „DIE RECHTE" sprechen dafür, dass er sich auf der Versammlung unfriedlich verhalten wird. Die Aufgabenstellung fordert jedoch nicht, dass diese Frage beantwortet wird.

[3] *Bialon/Springer* EingriffsR Rn. 188.

Für die Zeit der IDF muss T vor Ort bleiben. Damit könnte ein Eingriff in die Bewegungsfreiheit, Art. 2 II 2 GG, erfolgt sein. Die Bewegungsfreiheit schützt das Recht jedes Menschen, jeden tatsächlich und rechtlich zugänglichen Ort aufzusuchen, dort zu verweilen und den Ort auch wieder zu verlassen. Somit dürfte T auch den Einsatzort verlassen, statt während der IDF vor Ort zu bleiben. T wird vom POK Z an der Kontrollstelle angehalten und muss dort bis zum Abschluss der IDF verweilen. Somit liegt ein Eingriff in die Bewegungsfreiheit vor. Da T nur für kurze Zeit am Kontrollort verbleiben muss, ist mit der Maßnahme eine Freiheitsbeschränkung gegeben.

2. Zielrichtung der Maßnahme

Zielrichtung der Polizei könnte es sein, Gefahren für die Versammlungen abzuwehren. Dann müsste eine Gefahr für die öffentliche Sicherheit oder Ordnung vorliegen. Mit Gefahr ist ein Verhalten oder ein Zustand gemeint, bei dem bei ungehindertem Geschehensablauf in absehbarer Zeit mit hinreichender Wahrscheinlichkeit mit einem Schadenseintritt für ein Rechtsgut der öffentlichen Sicherheit oder Ordnung zu rechnen ist. Zur öffentlichen Sicherheit gehören unter anderem die Individualrechtsgüter Leben, Gesundheit, Eigentum und Versammlungsfreiheit sowie die Unverletzlichkeit der Rechtsordnung.[4] Durch Aufklärungsergebnisse ist der Polizei bekannt, dass anreisende Versammlungsteilnehmer Angriffswaffen, Schutzbewaffnung und Pyrotechnik mit sich führen. Dieses Verhalten stellt Straftaten nach § 27 I und II Nr. 1 VersG dar. Wenn solche Gegenstände bei der Versammlung eingesetzt werden, so ist mit vielen Verletzten und auch mit Sachschäden zu rechnen. Die ungestörte Durchführung der Versammlungen ist dann erheblich gefährdet. Damit sind die Individualrechtsgüter Leben, Gesundheit, Eigentum und Versammlungsfreiheit sowie die Unverletzlichkeit der Rechtsordnung gefährdet. Ziel der Polizei ist es, durch Vorkontrollen gewaltbereite Personen zu erkennen und mitgeführte Waffen und andere gefährliche Gegenstände sicherzustellen. Die Kontrollmaßnahmen der Polizei dienen also der Gefahrenabwehr.

Das Versammlungsrecht ist grundsätzlich polizeifest. Damit ist eigentlich kein Rückgriff auf das Polizeigesetz NRW zulässig. In der Rechtsprechung ist anerkannt, dass das Versammlungsgesetz Maßnahmen im Vorfeld von Versammlungen nicht bzw. nur lückenhaft regelt. Für Vorkontrollen ist es daher zulässig, das allgemeine Polizeirecht für Eingriffsmaßnahmen heranzuziehen.[5]

II. Formelle Rechtmäßigkeit

1. Zuständigkeit

a) sachliche Zuständigkeit

Die sachliche Zuständigkeit könnte sich aus § 1 I 1 und 2 PolG NRW iVm § 11 I Nr. 1 POG NRW ergeben.[6] Dass eine Gefahr für die öffentliche Sicherheit

---

[4] *Bialon/Springer* EingriffsR Rn. 35 ff.
[5] *Bialon/Springer* EingriffsR Rn. 1005.
[6] *Bialon/Springer* EingriffsR Rn. 56 f.

vorliegt, wurde unter 2. Zielrichtung der Maßnahme schon bejaht. Absicht der Polizei ist es, die oben beschriebenen Straftaten zu verhüten, § 1 I 2 PolG NRW. Für diese Aufgabe ist die Polizei originär zuständig.

Die Gefahrenabwehr ist nach § 11 I Nr. 1 POG NRW den KPB zugewiesen. Es wird unterstellt, dass die einschreitenden Polizeibeamten der sachlich zuständigen KPB angehören.

Die sachliche Zuständigkeit ist gegeben.

b) örtliche Zuständigkeit

Die örtliche Zuständigkeit ist laut Bearbeitungshinweis als gegeben zu unterstellen.

2. Allgemeine Verfahrensvorschriften[7]

Die Verfügungen des POK Z an den T, anzuhalten und einen Ausweis auszuhändigen, sind Verwaltungsakte iSd § 35 VwVfG NRW. Es wird unterstellt, dass die §§ 28, 37 I, 41, 43 VwVfG NRW beachtet werden.

3. Formvorschrift

Die Verfügungen der Polizei werden mündlich erteilt und entsprechen damit § 37 II VwVfG NRW.

III. Materielle Rechtmäßigkeit

1. Tatbestand der Ermächtigungsgrundlage

Die Ermächtigung für die IDF könnte sich aus § 12 I Nr. 4 PolG NRW ergeben.[8] Dann müsste eine Kontrollstelle eingerichtet worden sein. Dies ist laut Sachverhalt auch geschehen. Die durchgeführten Kontrollen müssen das Ziel haben, Straftaten nach § 27 VersG zu verhüten. Oben wurde schon geprüft und bejaht, dass bei ungehindertem Geschehensablauf mit solchen Straftaten bei den bevorstehenden Versammlungen zu rechnen ist und die Maßnahmen der Polizei darauf abzielen, solche Straftaten zu verhüten. Somit ist der Tatbestand erfüllt.

2. a) Besondere Verfahrensvorschriften

§ 9 III–VI PolG NRW ist sinngemäß bei der IDF anzuwenden. Der Grund für die polizeiliche Kontrolle wird T eröffnet. Damit wird § 9 VI PolG NRW beachtet. Die Einhaltung der anderen Verfahrensvorschriften aus § 9 III–V PolG NRW wird unterstellt.

b) Anordnungsbefugnis

Der Sachverhalt weist aus, dass die Kontrollstellen durch das MIK NRW angeordnet werden. Damit wird die Vorschrift des § 12 I Nr. 4 S. 2 PolG NRW beachtet.

---

[7] *Bialon/Springer* EingriffsR Rn. 113 ff.

[8] *Bialon/Springer* EingriffsR Rn. 210 ff.

3. Adressat

Die Richtung der Maßnahme ergibt sich aus der Ermächtigung.[9] Adressat der IDF sind die Personen, die in Richtung der Versammlung unterwegs sind und damit potentielle Versammlungsteilnehmer sein können.

4. Rechtsfolge

a) Zugelassene Rechtsfolge

§ 12 I Nr. 4 PolG NRW lässt die Feststellung der Identität bei Personen zu, die als potentielle Versammlungsteilnehmer infrage kommen.[10] T gibt gegenüber Z an, dass er an der Versammlung der Partei „DIE LINKE" teilnehmen will. Damit gehört er zum Adressatenkreis der Norm und darf kontrolliert werden. Nach § 12 II 1 PolG NRW dürfen nur die erforderlichen Maßnahmen zur IDF getroffen werden. Den T anzuhalten und den Ausweis zu verlangen sind geeignete Maßnahmen, um die Identität festzustellen. Der Begriff der Erforderlichkeit ist in § 2 I PolG NRW legal definiert. Eine mildere Maßnahme könnte das Fragen nach Personaldaten sein. Allerdings ist damit die Gefahr verbunden, dass gewollt oder ungewollt die Personalien nur ungenau festgestellt werden können. Deshalb sind das Anhalten und das Fordern eines Ausweises auch die mildesten Mittel zur Feststellung der Identität.

b) Hinreichende Bestimmtheit

Hier nicht zu prüfen.

c) Ermessen[11]

Ermessensfehler sind aus dem Sachverhalt nicht zu erkennen.

d) Verhältnismäßigkeit im weiteren Sinn[12]

Die IDF muss geeignet, erforderlich und angemessen sein. Mit der IDF wird der T aus der Anonymität geholt. Damit erhöht sich für ihn die Hemmschwelle, sich bei den bevorstehenden Versammlungen unfriedlich zu verhalten. Zusätzlich erlaubt die IDF Folgemaßnahmen wie den Datenabgleich, um weitere Informationen zu T einzuholen und dann gegebenenfalls Folgemaßnahmen durchzuführen. Insgesamt ist die IDF eine geeignete Maßnahme um Straftaten nach § 27 VersG zu verhüten.

Mildere Maßnahmen zur Gefahrenabwehr sind hier nicht ersichtlich. Die Kontrolle dauert nur kurze Zeit. Es werden nur personenbezogene Daten erhoben, die in einer Vielzahl von Lebenssachverhalten ebenfalls preiszugeben sind. Die Kontrolle hat auch keine einschüchternde Wirkung und ist auch nicht dazu geeignet, die innere Versammlungsfreiheit des T zu beeinträchtigen. Ande-

---

[9] *Bialon/Springer* EingriffsR Rn. 215.
[10] *Bialon/Springer* EingriffsR Rn. 216 ff. und 1012.
[11] *Bialon/Springer* EingriffsR Rn. 118 ff.
[12] *Bialon/Springer* EingriffsR Rn. 124 ff.

rerseits geht es darum, Straftaten zu verhüten, durch die erhebliche Gesundheitsschäden und Sachschäden eintreten würden. Mit dafür zu sorgen, dass die Versammlungen friedlich und ohne Waffen durchgeführt werden, ist eine wesentliche Aufgabe der Polizei im Versammlungsgeschehen. Eine Abwägung der Grundrechtseingriffe mit dem angestrebten polizeilichen Ziel lässt ein Missverhältnis nicht erkennen.

IV. Ergebnis

Die IDF des T ist rechtmäßig.

Aufgabe 1b: Aufforderung an T, den Kofferraum zu öffnen

I. Ermächtigungsgrundlage

1. Grundrechtseingriffe[13]

Die Aufforderung an den T, den Kofferraum zu öffnen, könnte einen Eingriff in Art. 14 I GG, das Eigentum darstellen. Mit Eigentum sind alle vermögenswerten Rechte zum entscheidungserheblichen Zeitpunkt gemeint. Dazu gehört auch das Nutzen der dem Eigentümer gehörenden Sachen. T darf also darüber entscheiden, wem er den Kofferraum öffnet und wer in seinen Kofferraum hinein schauen darf. POK Z besteht darauf, dass der T gegen seinen erklärten Willen den Kofferraum öffnet. Damit ist ein Eingriff in das Nutzungsrecht des T gegeben.

Teilweise wird in der Literatur auch noch ein Eingriff in das RIS, Art. 2 I iVm Art. 1 I GG, bejaht. Der Schutzbereich wurde oben definiert. POK Z kann nach dem Öffnen des Kofferraums wahrnehmen, was der T dort aufbewahrt. Wo eine Person welche Gegenstände verwahrt, gehört zu den personenbezogenen Daten. Von daher ist ein Eingriff in das RIS gegeben.

2. Zielrichtung der Maßnahme

Es wird auf die obigen Ausführungen verwiesen.

II. Formelle Rechtmäßigkeit

Es wird auf die obigen Ausführungen verwiesen.

III. Materielle Rechtmäßigkeit

1. Tatbestand der Ermächtigungsgrundlage

Als Ermächtigung für die Aufforderung an den T könnte § 40 I Nr. 6 PolG NRW herangezogen werden.[14] Bei dem von T geführten Pkw handelt es sich um ein Landfahrzeug.

Wie oben geprüft, darf die Identität des Pkw-Führers, hier der T, nach § 12 I Nr. 4 PolG NRW festgestellt werden. Damit ist der Tatbestand erfüllt.

---

[13] *Bialon/Springer* EingriffsR Rn. 609.

[14] *Bialon/Springer* EingriffsR Rn. 620 f.

2. a) Besondere Verfahrensvorschriften

Der Inhaber der tatsächlichen Gewalt über die Sache darf bei der Durchsuchung anwesend sein. T ist die ganze Zeit dabei, während der Z in den Kofferraum schaut. Damit wird § 40 II PolG NRW beachtet.

b) Anordnungsbefugnis

Die Maßnahme darf durch jeden Polizeibeamten angeordnet werden.

3. Adressat

Die Richtung der Maßnahme ergibt sich aus der Ermächtigung. Es ist der Inhaber der tatsächlichen Gewalt über die Sache, hier der T.

4. Rechtsfolge

a) Zugelassene Rechtsfolge

Als Rechtsfolge erlaubt § 40 I Nr. 6 PolG NRW die Durchsuchung des Fahrzeugs und der im Fahrzeug befindlichen Sachen. Mit Durchsuchung ist hier das gezielte Suchen nach Sachen gemeint, die nicht ohne Weiteres sichtbar sind. Der Inhalt des Kofferraums ist für POK Z nicht einsehbar, ohne dass der Kofferraumdeckel geöffnet wird. Ungeschrieben sind auch alle notwendigen Begleitmaßnahmen zugelassen. Dazu gehört auch die Aufforderung, den Kofferraum zu öffnen. Die im Sachverhalt getroffenen Maßnahmen entsprechen damit der zugelassenen Rechtsfolge.

b) Hinreichende Bestimmtheit

Hier nicht zu prüfen.

c) Ermessen

Ermessensfehler sind aus dem Sachverhalt nicht zu erkennen.

d) Verhältnismäßigkeit im weiteren Sinn

Die Durchsuchung des Kofferraums fördert das Ziel, gefährliche Gegenstände und Waffen aufzufinden, die nach § 27 VersG nicht zu einer Versammlung mitgeführt werden dürfen. Damit ist die Maßnahme geeignet.

Ein milderes Mittel als die Durchsuchung ist hier nicht zu erkennen. Mit dem Öffnen des Kofferraums muss T preisgeben, was er dort aufbewahrt. Da damit in seine Privatsphäre eingegriffen wird, ist von einem relativ schweren Grundrechtseingriff auszugehen. Das angestrebte polizeiliche Ziel wurde oben bereits beschrieben. Auch hier ergibt eine Abwägung, dass ein Missverhältnis nicht zu erkennen ist. Die Aufforderung, den Kofferraum zu öffnen und die anschließende Durchsuchung sind angemessen.

IV. Ergebnis

Die Aufforderung an T, den Kofferraum zu öffnen ist rechtmäßig.

Aufgabe 2: Beschlagnahme des Pappkartons samt Inhalt

A. Beschlagnahme als Beweismittel

Die Ermächtigung könnte sich aus §94 I StPO ergeben.[15] Es müsste der Anfangsverdacht einer Straftat, §152 II StPO, vorliegen. Zu prüfen ist, ob die im Kofferraum gefundene Pyrotechnik zu den Gegenständen gehört, die in §27 I VersG benannt sind. Fraglich ist, ob das aufgefundene Feuerwerk zu den Waffen im technischen Sinn zählt. Damit sind Sachen gemeint, die unter das Waffengesetz oder das Kriegswaffenkontrollgesetz fallen. Beides trifft auf den aufgefundenen Sprengstoff nicht zu. Dann könnte Pyrotechnik Waffe im nichttechnischen Sinn sein. Damit sind Gegenstände gemeint, die ihrer Art nach zur Verletzung von Personen oder Beschädigung von Sachen geeignet und bestimmt sind. Der Sprengstoff ist dazu geeignet, Menschen erheblich zu verletzen und schwere Beschädigung von Sachen herbeizuführen. Fraglich ist, ob T auch die Absicht hat, die Pyrotechnik bei der Versammlung einzusetzen. Aus dem Sachverhalt geht hervor, dass Aufklärungsergebnisse der Polizei auf gewaltsame Aktionen, auch unter Einsatz von Pyrotechnik, hindeuten. Das mutmaßliche „Vertuschungsverhalten" des T bei der Kontrolle und seine Äußerungen („rechtes Pack") lassen durchaus darauf schließen, dass T die Pyrotechnik auch einsetzen will. Darüber hinaus zeigt die polizeiliche Erfahrung bei Versammlungen mit gewalttätigen Ausschreitungen, dass Pyrotechnik, gerade auch solche, die aus dem Ausland herbeigeschafft wird und für die in Deutschland keine Zulassung besteht, gegen Versammlungsgegner und auch die polizeilichen Einsatzkräfte eingesetzt wird. Es dürften damit genügend Tatsachen vorliegen, die den Anfangsverdacht einer Straftat nach §27 I VersG belegen. In welcher Absicht T den Sprengstoff im Auto mitführt, müssen weitere Ermittlungen, vor allen Dingen seine Vernehmung, zeigen. Da der T Rückgriff auf den Kofferraum hat, hat er damit auch die tatsächliche Herrschaftsgewalt über den Sprengstoff. Damit führt er die Pyrotechnik mit sich. Der Tatbestand des §27 I VersG ist erfüllt und der Anfangsverdacht einer Straftat liegt vor.

Die sichergestellten Gegenstände müssen beweisgeeignet sein. Das ist gegeben, wenn die Gegenstände über den Tathergang und die Motive des Täters Aufschluss geben können. Die aufgefundenen Gegenstände in dem Karton können kriminaltechnisch untersucht werden. Dabei kann festgestellt werden, um welchen Sprengstoff es sich handelt, die Menge des Sprengstoffs ist belegbar und es kann überprüft werden, ob die vorgefundene Pyrotechnik funktionsfähig ist, also gezündet werden kann. Weiter kann gefolgert werden, welcher Schaden mit dem Feuerwerk hätte angerichtet werden können. Damit sind die sichergestellten Gegenstände beweisgeeignet. Der Tatbestand des §94 I StPO ist erfüllt.

Da T heftig gegen die Maßnahme protestiert, muss das Feuerwerk gem. §94 II StPO beschlagnahmt werden.

---

15 *Bialon/Springer* EingriffsR Rn. 529ff.

Die Anordnungsbefugnis ergibt sich aus §98 I StPO.[16] Danach ordnet das Gericht die Beschlagnahme an. Dies ist im Sachverhalt nicht gegeben. Fraglich ist, ob Gefahr im Verzug vorliegt und ob POK Z Ermittlungsperson der Staatsanwaltschaft ist. Gefahr im Verzug ist gegeben, wenn auf eine gerichtliche Entscheidung nicht gewartet werden kann, ohne dass die Gefahr besteht, dass in der Zwischenzeit der Erfolg der polizeilichen Maßnahme vereitelt wird. POK Z könnte versuchen, über die Einsatzleitstelle einen richterlichen Beschlagnahmebeschluss einzuholen. Das würde mindestens 15 Min. dauern, wahrscheinlich wesentlich länger. In dieser Zeit könnte T versuchen, die im Kofferraum befindlichen Gegenstände zu verändern bzw. zu vernichten. Das kann auch durch die Anwesenheit der Polizei nicht völlig ausgeschlossen werden. Daher muss die Sicherstellung sofort erfolgen. Gefahr im Verzug liegt vor. Nach der entsprechenden Verordnung des Landes NRW über die Ermittlungspersonen der Staatsanwaltschaft ist ein Polizeibeamter mit dem Dienstgrad eines POK Ermittlungsperson der Staatsanwaltschaft. Damit darf POK Z die Beschlagnahme anordnen.

B. Beschlagnahme als Einziehungsgegenstände

Als Ermächtigungsgrundlage könnte §111b I StPO iVm §74 IV StGB iVm §30 VersG herangezogen werden.[17] Gem. §111b I StPO können Gegenstände durch Beschlagnahme sichergestellt werden, wenn Gründe für die Annahme vorhanden sind, dass die Voraussetzungen für ihre Einziehung vorliegen. Gründe für die Einziehung ergeben sich aus §74 I StGB. Danach können Gegenstände, die aus einer vorsätzlichen Straftat hervorgebracht oder zu ihrer Begehung oder Vorbereitung gebraucht oder bestimmt gewesen sind, eingezogen werden. Diese Generalklausel der Einziehung findet keine Anwendung, wenn es sich um Beziehungsgegenstände handelt. Zu prüfen ist daher, ob es sich bei der aufgefundenen Pyrotechnik um Beziehungsgegenstände handelt. Damit sind Gegenstände gemeint, auf die sich die Straftat bezieht, die also in einem ganz engen Bezug zu der Straftat stehen. §27 I VersG beschreibt die Gegenstände, die jemand mitführen oder gebrauchen muss, um gegen die Norm zu verstoßen, genau. Durch diese Eingrenzung werden die beschriebenen Gegenstände Beziehungsgegenstände. Damit sind sie keine Tatmittel und §74 I StGB (Generalklausel der Einziehung) ist nicht anwendbar. Die Voraussetzungen des §30 VersG sind erfüllt. Gem. §74 IV StGB gilt auch bei Beziehungsgegenständen der Abs. 2 entsprechend. Gem. §74 II Nr. 1 StGB muss der Täter Eigentümer des Gegenstands sein. Der Sachverhalt sagt nichts darüber aus, ob T Eigentümer des Feuerwerks ist. Allerdings spricht die Aufbewahrung im Kofferraum seines Autos erst einmal dafür, dass er Eigentümer ist. Die genauen Eigentumsverhältnisse müssen durch weitere Ermittlungen geklärt werden. Sollte T nicht Eigentümer sein, so gehören die Gegenstände jedenfalls zu den in §74 II Nr. 2 StGB beschriebenen, die Allgemeinheit gefährdenden Gegenständen.

---

[16] *Bialon/Springer* EingriffsR Rn. 546.

[17] *Bialon/Springer* EingriffsR Rn. 553 f. und 559 ff.

Zusammenfassend ist festzustellen, dass Gründe für die Annahme einer späteren Einziehung vorliegen.

Die Anordnungsbefugnis für Einziehungsgegenstände ergibt sich aus § 111e I 2 StPO.[18] Da das Feuerwerk abtransportiert werden kann, ist es beweglich. Da auch hier keine gerichtliche Anordnung für die Beschlagnahme vorliegt, müsste Gefahr im Verzug gegeben sein. Bei Einziehungsgegenständen liegt Gefahr im Verzug vor, wenn in der Zeit, die bis zum Einholen einer richterlichen Entscheidung vergeht, der Eigentümer die Möglichkeit hat, den Gegenstand zu veräußern. Wie oben ausgeführt, würde es einige Zeit dauern, um einen Beschlagnahmebeschluss zu erwirken. T könnte in der Zwischenzeit versuchen, die Pyrotechnik zu verkaufen. Damit könnte das Feuerwerk nicht mehr im Gerichtsurteil eingezogen werden. Um dies zu verhindern, ist die sofortige Beschlagnahme nach den §§ 111b I und 111c I StPO erforderlich. Nur dadurch tritt ein Veräußerungsverbot nach § 111c V StPO in Kraft. Somit liegt Gefahr im Verzug vor und POK Z darf als Ermittlungsperson der Staatsanwaltschaft die Beschlagnahme der beweglichen Gegenstände anordnen.

---

[18] *Bialon/Springer* EingriffsR Rn. 570 f.

Fall 24: Sicherheitsleistung nach Trunkenheitsfahrt

Schwerpunkt: Sicherheitsleistung

Sachverhalt

Der 68-jährige Bernd H wird heute bei einer allgemeinen Verkehrskontrolle um 23:30 Uhr angehalten. H wird die Durchführung eines Atemalkoholvortest angeboten, nachdem er ausführlich belehrt worden ist. Dabei ergibt sich ein Wert von 0,6 mg/l Alkohol im Blut. Da nun der Verdacht einer Trunkenheitsfahrt nach § 316 StGB gegeben ist, wird er mit zur Polizeiwache genommen und POK'in V ordnet die Entnahme einer Blutprobe an. H, deutscher Staatsangehöriger, ist Rentner und lebt seit drei Jahren mit seiner Frau auf Mallorca. Er hatte seinen Sohn und dessen Familie in Frankfurt am Main besucht und heute Abend seinen Abschied mit ihnen gefeiert. Er war jetzt mit einem Mietwagen auf dem Weg zu seinem Hotel. POK'in V ordnet eine Sicherheitsleistung in Höhe von 900 EUR an. Dies ist der Regelsatz, den die entsprechende Tabelle für ein Vergehen nach § 316 StGB vorsieht. H hat nur 500 EUR Bargeld dabei und mehr Geld lässt sich auch nicht auftreiben. Die 500 EUR werden als Sicherheit in Verwahrung genommen. Auf Vorschlag von V benennt H als Zustellungsbevollmächtigten den Toni, der vom ADAC für diese Aufgabe vorgeschlagen worden ist.

Aufgabe: Prüfen Sie in einem Gutachten die Rechtmäßigkeit der Anordnung einer Sicherheitsleistung.

Bearbeitungshinweise:
1. Vor der Anordnung der Blutentnahme und der Sicherheitsleistung wurde zweimal versucht, einen Richter zu erreichen, was misslang.
2. Die formelle Rechtmäßigkeit für die getroffenen Maßnahmen wird als gegeben unterstellt.

Lösungsskizze

Anordnung der Sicherheitsleistung

Bearbeitungszeit: ca. 50 Min.

I. Ermächtigungsgrundlage

1. Grundrechtseingriff
- Art. 14 I GG, Eigentum (+)
- Art. 2 II 2 GG, Bewegungsfreiheit, hier Freiheitsbeschränkung (+)

2. Zielrichtung der Maßnahme
Repressiv, Verdacht § 316 StGB (+)

II. Formelle Rechtmäßigkeit
Als gegeben unterstellt

III. Materielle Rechtmäßigkeit

1. Tatbestand der Ermächtigungsgrundlage
§ 132 I StPO
- Dringender Tatverdacht (+)
- Betroffene Person ist Beschuldigter (+)
- Beschuldigter hat keinen festen Wohnsitz im Geltungsbereich der StPO (+)
- Voraussetzungen eines Haftbefehls liegen nicht vor (+)

2. a) Besondere Verfahrensvorschriften
§§ 107 und 109 StPO analog (+)

b) Anordnungsbefugnis
§ 132 II StPO, Gefahr im Verzug (+)

3. Adressat
Beschuldigter (+)

4. Rechtsfolge

a) Zugelassene Rechtsfolge
- Anordnung einer Sicherheitsleistung (+)
- Anordnung einen Zustellungsbevollmächtigten zu benennen (+)

b) Hinreichende Bestimmtheit
Hier nicht zu prüfen

c) Ermessen
Entschließungsermessen – Legalitätsprinzip
Auswahlermessen (+)

d) Verhältnismäßigkeit im weiteren Sinn
Anordnung einer Sicherheitsleistung
- geeignet (+)
- erforderlich (+)
- angemessen (+)

IV. Ergebnis
Anordnung der Sicherheitsleistung (+)

Lösungsvorschlag

Anordnung der Sicherheitsleistung

I. Ermächtigungsgrundlage

1. Grundrechtseingriffe[1]

Mit der Anordnung einer Sicherheitsleistung könnte ein Eingriff in das Eigentum, Art. 14 I GG, gegeben sein. Mit Eigentum sind alle vermögenswerten Rechte zum entscheidungserheblichen Zeitpunkt gemeint. Somit kann H selbst darüber bestimmen, was er mit seinem Bargeld macht. V ordnet an, dass H für die Durchführung des Strafverfahrens und die Verfahrenskosten eine Sicherheit leistet. Damit ist der H nicht mehr frei, wie er über sein mitgeführtes Eigentum verfügt. Ein Eingriff in das Eigentum liegt vor.

Für die Zeit der Durchführung der Sicherheitsleistung muss der H vor Ort bleiben. Damit liegt ein Eingriff in die Bewegungsfreiheit, Art. 2 II 2 GG, in Form der Freiheitsbeschränkung vor.

2. Zielrichtung der Maßnahme

Die Maßnahme könnte der Strafverfolgung dienen. Dann müsste der Anfangsverdacht einer Straftat vorliegen, § 152 II StPO.[2] Der Sachverhalt weist aus, dass der H verdächtig ist, eine Trunkenheitsfahrt nach § 316 StGB begangen zu haben. Somit liegt der Anfangsverdacht einer Straftat vor. Die Anordnung der Sicherheitsleistung dient zur Durchführung des Strafverfahrens.

II. Formelle Rechtmäßigkeit

Laut Bearbeitungshinweis ist die formelle Rechtmäßigkeit als gegeben zu unterstellen.

III. Materielle Rechtmäßigkeit

1. Tatbestand der Ermächtigungsgrundlage

Die Ermächtigung zur Anordnung der Sicherheitsleistung könnte sich aus § 132 I StPO ergeben.[3] Dann müsste der H dringend tatverdächtig sein. Dies ist gegeben, wenn eine hohe Wahrscheinlichkeit dafür spricht, dass der Betroffene die Straftat begangen hat. H wurde im Rahmen einer allgemeinen Verkehrskontrolle von den Polizisten angehalten. Bei der Kontrolle ergibt sich der Verdacht einer Trunkenheitsfahrt, denn der Atemalkoholvortest zeigt einen Wert von 0,6 mg/l, was einem Wert von 1,2 Promille entspricht. Sollte die Blutuntersuchung diesen Wert bestätigen, so ist H zum Tatzeitpunkt absolut fahruntüchtig gewesen und hat den Tatbestand des § 316 StGB verwirklicht. Damit liegt zum entscheidungserheblichen Zeitpunkt, als die Blutprobenentnahme und die Si-

---

1 *Bialon/Springer* EingriffsR Rn. 1097 und 1085.
2 *Bialon/Springer* EingriffsR Rn. 44.
3 *Bialon/Springer* EingriffsR Rn. 1099 und 1088 f.

cherheitsleistung angeordnet werden, eine hohe Wahrscheinlichkeit vor, dass H die Straftat verwirklicht hat.

Beschuldigter ist die Person, gegen die wegen des Anfangsverdachts einer Straftat gezielt ermittelt wird. Spätestens mit der Anordnung der Blutprobenentnahme wird der H durch die Strafverfolgungsbehörde zum Beschuldigten gemacht.

Fraglich ist, ob H keinen festen Wohnsitz im Geltungsbereich der StPO hat. Der Wohnsitz ist der räumliche Mittelpunkt der Lebensverhältnisse eines Menschen. Mit Aufenthalt ist gemeint, dass sich jemand für längere Zeit in Deutschland aufhält. Dabei wird angenommen, dass das ab einem Zeitraum von drei Monaten gegeben ist. H lebt seit drei Jahren auf Mallorca. Damit hat er in Deutschland keinen festen Wohnsitz. Daran ändert auch nichts, dass er die deutsche Staatsangehörigkeit besitzt. Denn es kommt nicht auf die Staatszugehörigkeit an, sondern auf den räumlichen Mittelpunkt der Lebensverhältnisse. H hat am Tatabend zusammen mit der Familie seines Sohnes Abschied gefeiert. Damit wird er Deutschland wieder verlassen und hat auch keinen Aufenthalt von mindestens drei Monaten in Deutschland.

Zuletzt ist zu prüfen, ob die Voraussetzungen eines Haftbefehls nicht vorliegen. Der Tatbestand für den Haftbefehl ergibt sich aus § 112 I StPO. H ist wie oben geprüft und bejaht Beschuldigter und dringend tatverdächtig. Fraglich ist, ob ein Haftgrund gegeben ist. Dieser könnte sich aus § 112 II Nr. 2 StPO ergeben. Es sind die Umstände des Einzelfalls zu prüfen, ob die Gefahr besteht, dass sich der Beschuldigte dem Strafverfahren durch Flucht entzieht und damit Fluchtgefahr besteht. Die Strafandrohung für Trunkenheit im Straßenverkehr beträgt Freiheitsstrafe bis zu einem Jahr oder Geldstrafe. Damit wird deutlich, dass dieses Delikt höchstens der mittelschweren Kriminalität zuzuordnen ist. Regelmäßig wird von den Gerichten für dieses Delikt eine Geldstrafe verhängt. Damit dürfte die zu erwartende Strafe keinen Anreiz für den H darstellen, sich dem Verfahren durch Flucht zu entziehen. Allein die Tatsache, dass der H seinen Wohnsitz im Ausland hat und dorthin zurückreist, reicht nicht aus, um Fluchtgefahr zu begründen. Andere Tatsachen, die für die Gefahr der Flucht sprechen, sind aus dem Sachverhalt nicht zu erkennen. Daher liegt dieser Haftgrund nicht vor. Andere Haftgründe lassen sich ebenfalls nicht belegen. Ein Haftbefehl dürfte im vorliegenden Fall auch nicht erforderlich und auch nicht angemessen sein, § 112 I 2 StPO. Zusammenfassend ist festzustellen, dass die Voraussetzungen eines Haftbefehls nicht gegeben sind. Damit ist der Tatbestand des § 132 I StPO erfüllt.

2. a) Besondere Verfahrensvorschriften[4]

Die analoge Beachtung der §§ 107 und 109 StPO wird unterstellt.

b) Anordnungsbefugnis

Nach § 132 II StPO wird die Maßnahme durch den Richter oder bei Gefahr im Verzug durch die Staatsanwaltschaft oder ihre Ermittlungspersonen an-

---

[4] *Bialon/Springer* EingriffsR Rn. 1100.

geordnet. Es wurde zweimal vergeblich versucht, einen Richter zu erreichen. Gefahr im Verzug liegt vor, wenn durch weiteres Warten auf eine gerichtliche Anordnung der Erfolg des Strafverfahrens gefährdet wird. Es ist davon auszugehen, dass während der Nacht ein Richter nicht zu erreichen ist. Es gibt keine rechtliche Grundlage dafür, den H bis zum nächsten Tag festzuhalten. H könnte also zurück nach Mallorca fliegen. Die Anordnung eines Richters am nächsten Tag käme zu spät. Damit liegt Gefahr im Verzug vor. V ist POK'in und damit Ermittlungsperson der Staatsanwaltschaft und darf somit die Sicherheitsleistung anordnen.

3. Adressat

Die Maßnahme richtet sich gegen den Beschuldigten, hier also den H. (+)

4. Rechtsfolge

a) Zugelassene Rechtsfolge[5]

Als Rechtsfolge lässt § 132 I StPO zu, dass eine Sicherheitsleistung und die Benennung eines Zustellungsbevollmächtigten angeordnet werden. V ordnet eine Sicherheit in Höhe von 900 EUR an. Laut Sachverhalt entspricht das dem Betrag, der im Katalog der Staatsanwaltschaft für Sicherheitsleistungen für das Delikt vorgesehen ist. H kann aber nur 500 EUR aufbringen. Es wird hier unterstellt, dass H gefragt worden ist, ob die Familie seines Sohnes für ihn zahlen kann und überprüft wurde, ob die Beschlagnahme nach § 132 III StPO möglich gewesen wäre. Da H den Betrag von 900 EUR nicht aufbringen kann, sind die zur Verfügung stehenden 500 EUR als Sicherheit zu nehmen.

Weiter ist die Bestellung eines Zustellungsbevollmächtigten anzuordnen. H hat laut Sachverhalt eine solche Person benannt. Damit entsprechen die getroffenen Maßnahmen der zugelassenen Rechtsfolge.

b) Hinreichende Bestimmtheit

Hier nicht zu prüfen.

c) Ermessen[6]

Ermessensfehler sind aus dem Sachverhalt nicht zu erkennen.

d) Verhältnismäßigkeit im weiteren Sinn[7]

Mit der geleisteten Sicherheit können die von einem Richter im Urteil festgesetzte Geldstrafe und die Kosten des Verfahrens abgedeckt werden. Damit ist die Anordnung der Sicherheitsleistung für die Durchführung des Strafverfahrens geeignet. Ein milderes Mittel zur Sicherung des Strafverfahrens ist hier nicht zu erkennen. Damit ist die Maßnahme auch erforderlich.

---

[5] *Bialon/Springer* EingriffsR Rn. 1102.
[6] *Bialon/Springer* EingriffsR Rn. 118 ff.
[7] *Bialon/Springer* EingriffsR Rn. 124 ff.

Die Definition der Angemessenheit ergibt sich sinngemäß aus § 2 II PolG NRW. H muss einen relativ hohen Geldbetrag als Sicherheit abgeben. Es dürfte sich um einen mittelschweren Grundrechtseingriff handeln. Auf der anderen Seite gehört die Straftat der Trunkenheit im Straßenverkehr zu den Hauptunfallursachen. Eine große Zahl der bei Verkehrsunfällen getöteten oder schwerverletzten Personen ist auf diese Unfallursache zurückzuführen. Daher ist es Ziel der Polizei, diese schwerwiegende Straftat beweissicher aufzuklären und die Strafvollstreckung zu sichern. Eine Abwägung der Grundrechtseingriffe mit dem angestrebten polizeilichen Ziel lässt kein Missverhältnis erkennen.

IV. Ergebnis

Die Anordnung der Sicherheitsleistung ist rechtmäßig.

Fall 25: ED-Behandlung nach Kfz-Aufbruch

Schwerpunkt: Erkennungsdienstliche Behandlung des Beschuldigten

Sachverhalt

Auf dem Parkplatz des Nordfriedhofs in Düsseldorf wurde soeben ein Pkw aufgebrochen. Der Geschädigte G hat den Täter noch gesehen und kann ihn gut beschreiben. In der Nähe des Parkplatzes können POK'in A und PK B den P anhalten. Die Beschreibung des G trifft auf P zu. Da die Identität vor Ort nicht geklärt werden kann, nehmen die Beamten den P mit zum Polizeipräsidium. Da im aufgebrochenen Fahrzeug Fingerspuren gesichert werden konnten, entschließt sich der sachbearbeitende Beamte der Kriminalwache, KHK S, eine erkennungsdienstliche Behandlung bei P durchführen zu lassen.

Aufgabe: Prüfen Sie in einem Gutachten die Rechtmäßigkeit der ED-Behandlung.

Lösungsskizze

ED-Behandlung bei P

Bearbeitungszeit: ca. 60 Min.

I. Ermächtigungsgrundlage

1. Grundrechtseingriff

- Art. 2 I iVm Art. 1 I GG, RIS und Recht am eigenen Bild (+)
- Art. 2 II 2 GG, Bewegungsfreiheit (+)

2. Zielrichtung der Maßnahme

Repressiv, Verdacht § 243 StGB (+)

II. Formelle Rechtmäßigkeit

1. Zuständigkeit

a) sachliche Zuständigkeit

§ 1 IV PolG NRW iVm § 163 I 1 StPO iVm § 11 I Nr. 2 POG NRW (+)

b) örtliche Zuständigkeit

§ 7 I POG NRW (+)

2. Allgemeine Verfahrensvorschriften

Bestehen für StPO-Maßnahmen nicht

3. Formvorschrift

Die mündliche Anordnung ist zulässig, später ist die Maßnahme zu dokumentieren, § 168b StPO

III. Materielle Rechtmäßigkeit

1. Tatbestand der Ermächtigungsgrundlage

§ 81b 1. Alt. StPO

- Anfangsverdacht Straftat, s. oben (+)
- Beschuldigter, hier P (+)
- Für die Zwecke der Durchführung des Strafverfahrens (+)
- Erforderlichkeit (+)

2. a) Besondere Verfahrensvorschriften

- § 163a IV 1 StPO analog (+)
- § 81d StPO analog (+)

b) Anordnungsbefugnis

Durch jeden Polizeibeamten (+)

3. Adressat

Beschuldigter, hier P (+)

4. Rechtsfolge

a) Zugelassene Rechtsfolge

ED-Behandlung, s. § 14 IV PolG NRW (+)

b) Hinreichende Bestimmtheit

Hier nicht zu prüfen

c) Ermessen

- Entschließungsermessen – Legalitätsprinzip
- Auswahlermessen (+)

d) Verhältnismäßigkeit im weiteren Sinn

Erkennungsdienstliche Behandlung

- geeignet, s. oben (+)
- erforderlich, s. oben (+)
- angemessen (+)

IV. Ergebnis

ED-Behandlung rechtmäßig (+)

Lösungsvorschlag

ED-Behandlung bei P

I. Ermächtigungsgrundlage

1. Grundrechtseingriffe[1]

Die durch S angeordnete ED-Behandlung könnte in das RIS, Art. 2 I iVm Art. 1 I GG, eingreifen. Das Grundrecht schützt das Recht jeder Person, selber über die Preisgabe personenbezogener Daten und deren weitere Verwendung zu entscheiden. Daher kann der P grundsätzlich selber darüber bestimmen, welche personenbezogenen Daten er von sich preisgibt. Ein Grundrechtseingriff ist gegeben, wenn eine staatliche Maßnahme nicht nur ganz unerheblich den Schutzbereich eines Grundrechts beeinträchtigt. Bei der ED-Behandlung werden Fingerabdrücke genommen, Körpergröße, Körpergewicht und andere besondere körperliche Merkmale durch die Polizei festgestellt. Diese Daten werden nicht nur erhoben, sondern dann auch gespeichert. Damit liegen Eingriffe in das RIS vor. Zusätzlich werden auch Lichtbilder von P angefertigt. Dies ist ein Eingriff in das Recht am eigenen Bild, Art. 2 I iVm Art. 1 I GG, das auch zum allgemeinen Persönlichkeitsrecht gehört.

Für die Zeit der ED-Behandlung muss P vor Ort verbleiben. Damit könnte ein Eingriff in die Bewegungsfreiheit, Art. 2 II 2 GG, erfolgt sein. Die Bewegungsfreiheit schützt das Recht jedes Menschen, jeden tatsächlich und rechtlich zugänglichen Ort aufzusuchen, dort zu verweilen und den Ort auch wieder zu verlassen. Da P für die Durchführung der Maßnahme bei der Polizei bleiben muss, liegt ein Eingriff in Form der Freiheitsbeschränkung vor.

2. Zielrichtung der Maßnahme

Die ED-Behandlung könnte der Strafverfolgung dienen. Dann müsste der Anfangsverdacht einer konkreten Straftat gegeben sein.[2] Die Definition ergibt sich aus § 152 II StPO. Laut Sachverhalt wird der P vom Geschädigten G als Tatverdächtiger beschrieben. Ein Kfz-Aufbruch ist nach § 243 StGB strafbar. Im Kraftfahrzeug werden Fingerabdrücke gefunden, die vom Täter stammen können. Die ED-Behandlung zielt darauf ab, Fingerabdrücke des Beschuldigten mit den aufgefundenen Abdrücken zu vergleichen. Die Maßnahme dient damit der Ermittlung der Wahrheit und somit der Strafverfolgung.

---

1 *Bialon/Springer* EingriffsR Rn. 1120.

2 *Bialon/Springer* EingriffsR Rn. 44.

II. Formelle Rechtmäßigkeit

1. Zuständigkeit

a) sachliche Zuständigkeit

Die sachliche Zuständigkeit könnte sich aus § 1 IV PolG NRW iVm § 163 I 1 StPO iVm § 11 I Nr. 2 POG NRW ergeben.[3]

Die Polizei hat Aufgaben wahrzunehmen, die ihr durch andere Rechtsvorschriften übertragen werden. Eine solche Aufgabe ist die Strafverfolgung nach § 163 I 1 StPO. Dann müsste der Anfangsverdacht einer konkreten Straftat vorliegen. Wie oben geprüft, liegt der Anfangsverdacht eines Kfz-Aufbruchs vor. Damit muss die Polizei nach dem Legalitätsprinzip einschreiten.

Die Aufgabe ist durch § 11 I Nr. 2 POG NRW den KPB zugewiesen. Da der Sachverhalt nichts Gegenteiliges hergibt, kann unterstellt werden, dass die einschreitenden Beamten der sachlich zuständigen KPB angehören. Damit ist die sachliche Zuständigkeit gegeben.

b) örtliche Zuständigkeit[4]

Ohne weitere Prüfung wird unterstellt, dass sich die örtliche Zuständigkeit aus § 7 I POG NRW ergibt.

2. Allgemeine Verfahrensvorschriften

Bestehen für StPO-Maßnahmen nicht.

3. Formvorschrift

Die mündliche Anordnung ist zulässig, später ist die Maßnahme zu dokumentieren, § 168b StPO.

III. Materielle Rechtmäßigkeit

1. Tatbestand der Ermächtigungsgrundlage

Die Ermächtigung für die erkennungsdienstliche Behandlung könnte sich aus § 81b 1. Alt. StPO ergeben.[5] Wie oben geprüft, liegt der Anfangsverdacht eines Kfz-Aufbruchs vor. Als weiteres Tatbestandsmerkmal fordert die Befugnis, dass die betroffene Person Beschuldigter ist. Beschuldigter ist die Person, gegen die wegen des Anfangsverdachts einer Straftat gezielt ermittelt wird. Durch die Anordnung einer Maßnahme, die als Tatbestandsmerkmal den Status des Beschuldigten fordert, macht die Strafverfolgungsbehörde deutlich, dass gegen diese Person das Strafverfahren gezielt durchgeführt wird. Die Person wird durch die Maßnahme zum Beschuldigten gemacht. Durch die von G abgegebene Personenbeschreibung besteht der Tatverdacht des Kfz-Aufbruchs gegen

---

[3] *Bialon/Springer* EingriffsR Rn. 82 f.
[4] *Bialon/Springer* EingriffsR Rn. 110 ff.
[5] *Bialon/Springer* EingriffsR Rn. 1123 ff.

P. KHK Fried ordnet die ED-Behandlung des P an. Damit erhält der P den Beschuldigtenstatus.

Die Maßnahme muss für die Zwecke des Strafverfahrens durchgeführt werden. Wie oben ausgeführt, sollen die Fingerabdrücke des P mit den im Auto aufgefundenen Spuren abgeglichen werden. Außerdem kann mit den Lichtbildern des P eine sequenzielle Wahllichtbildvorlage durchgeführt werden. Dabei besteht die Möglichkeit, dass Zeugen, wie im Sachverhalt der Geschädigte G, den P als Täter wiedererkennen können. Damit dient die Maßnahme der Aufklärung von Kfz-Aufbrüchen und wird für Zwecke des Strafverfahrens durchgeführt.

Die ED-Behandlung muss notwendig, also geeignet und erforderlich sein. Wie oben beschrieben, dient die Maßnahme der Aufklärung des Kfz-Aufbruchs. Sie fördert also die Ermittlung der Wahrheit und ist daher geeignet. Die Definition für die Erforderlichkeit ergibt sich sinngemäß aus § 2 I PolG NRW. Um ein beweissicheres Strafverfahren durchzuführen, ist die ED-Behandlung unverzichtbar. Ein milderes Mittel ist nicht zu erkennen. Zusätzlich übt das Prinzip der Notwendigkeit eine Begrenzungsfunktion insofern aus, als dass nur die Maßnahmen im Rahmen einer ED-Behandlung durchgeführt werden dürfen, die auch zielführend sind. In diesem Sinne dienen die Fingerabdrücke im vorliegenden Sachverhalt einer möglichen Täterüberführung und die Bilder einer möglichen Wiedererkennung.

Damit ist der Tatbestand des § 81b 1. Alt. StPO erfüllt.

2. a) Besondere Verfahrensvorschriften[6]

Es kann unterstellt werden, dass dem P der Grund für das Einschreiten der Polizisten mitgeteilt worden ist, § 163a IV 1 StPO analog.

Sollten bei der erkennungsdienstlichen Behandlung Maßnahmen durchgeführt werden, die das Schamgefühl des Betroffenen verletzen können, so ist § 81d StPO analog anzuwenden. Die Beachtung wird hier unterstellt.

b) Anordnungsbefugnis

Die Maßnahme darf durch jeden Polizeibeamten angeordnet werden.

3. Adressat

Die Richtung der Maßnahme ergibt sich aus der Ermächtigung. Adressat ist danach der Beschuldigte, hier der P.

4. Rechtsfolge

a) Zugelassene Rechtsfolge

§ 81b 1. Alt. StPO lässt als Rechtsfolge die ED-Behandlung zu.[7] Die Norm bestimmt nicht, welche Maßnahmen zu einer erkennungsdienstlichen Behand-

---

6 *Bialon/Springer* EingriffsR Rn. 1133.

7 *Bialon/Springer* EingriffsR Rn. 1136 ff.

lung gehören. § 14 IV PolG NRW beschreibt die gängigen Maßnahmen. Dass der Katalog nicht abschließend ist, ergibt sich aus dem Wort „insbesondere". Der Sachverhalt gibt nicht her, welche Maßnahmen bei P im Einzelnen durchgeführt werden. Es wird unterstellt, dass es sich um die Standardmaßnahmen handelt, unter anderem die Abnahme von Fingerabdrücken und das Fertigen von Lichtbildern. Ungeschrieben gilt, dass der Betroffene für die Zeit der Durchführung der ED-Behandlung festgehalten werden darf. Damit entsprechen die getroffenen Maßnahmen der zugelassenen Rechtsfolge.

b) Hinreichende Bestimmtheit

Hier nicht zu prüfen.

c) Ermessen[8]

Wie oben dargestellt, gilt das Legalitätsprinzip. Fehler beim Auswahlermessen sind aus dem Sachverhalt nicht zu erkennen.

d) Verhältnismäßigkeit im weiteren Sinn[9]

Es wurde schon oben geprüft und bejaht, dass die Maßnahme geeignet und erforderlich ist. Die Definition für die Verhältnismäßigkeit im engeren Sinn ergibt sich sinngemäß aus § 2 II PolG NRW. Mit den abgenommenen Fingerabdrücken kann P jederzeit von der Polizei mit Straftaten, die er begeht, in Verbindung gebracht werden, wenn er entsprechende Spuren am Tatort hinterlässt. Die Lichtbilder können Zeugen zur Wiedererkennung des Täters vorgelegt werden. Das Erheben dieser personenbezogenen Daten und ihre Speicherung sind daher ein erheblicher Eingriff in die Grundrechte des P. Kfz-Aufbrüche gehören in den Bereich der mittelschweren Kriminalität. Durch diese Straftaten entsteht ein erheblicher materieller Schaden für die Geschädigten. Eine Abwägung der Grundrechtseingriffe bei P mit dem angestrebten polizeilichen Ziel der beweissicheren Strafverfolgung lässt kein Missverhältnis erkennen. Die Maßnahme ist angemessen.

IV. Ergebnis

Die ED-Behandlung ist rechtmäßig.

---

[8] *Bialon/Springer* EingriffsR Rn. 118 ff.

[9] *Bialon/Springer* EingriffsR Rn. 124 ff.

Fall 26: Blutprobe nach Verkehrsunfallflucht

Schwerpunkte: Vernehmung, Wohnungsdurchsuchung (Betreten) mit Zwang, Identitätsfeststellung, Blutprobe, Führerscheinbeschlagnahme

Sachverhalt

Im Spätdienst gegen 19.00 Uhr werden die Polizeibeamten PK A und POK'in B während einer Streifenfahrt von einem Bürger darauf aufmerksam gemacht, dass sich soeben ein Verkehrsunfall ereignet hat. Der Fahrer eines silbernen BMW hat eine scharfe Linkskurve „geschnibbelt" und ist mit dem Fahrer eines entgegenkommenden Audi A6 zusammengestoßen. Der Fahrer des BMW hat kurz angehalten und ist dann mit quietschenden Reifen davon gefahren. An dem Audi A6, Farbe schwarz, ist die gesamte Fahrerseite demoliert. Dem Fahrer ist nichts passiert.

Auf gezielte Nachfrage konnte durch den Zeugen das Kennzeichen des Fahrzeugs angegeben werden. Der Fahrer konnte folgendermaßen beschrieben werden:

ca. 25 Jahre alt, männlich, blonde kurze Haare.

Eine von PK A durchgeführte Halterfeststellung ergibt, dass der BMW zugelassen ist auf:

Jens Sander
geb. 27.6.1990 / Düsseldorf
wohnhaft in Duisburg, Bergstr. 12.

Die Beamten begeben sich zur festgestellten Halteradresse. In einer Nebenstraße sehen sie offensichtlich etwas versteckt einen silbernen BMW stehen. Im vorderen linken Bereich können frische Unfallspuren mit schwarzen Fremdfarbabrieben festgestellt werden.

Bei dem Haus Bergstr. handelt es sich um ein 4-Familienhaus. Die Haustür steht offen. Der Halter wohnt entsprechend der Anordnung der Türklingeln in der obersten Etage. Im Hausflur kommt ihnen eine offensichtliche Mitbewohnerin mit den Worten entgegen: „Sie wollen bestimmt zu dem jungen Sander, der ist gerade nach Hause gekommen und schon wieder so laut. Wahrscheinlich hat er wieder getrunken." Die Beamten gehen hoch, schellen und klopfen vergeblich. Lautstark fordern die Beamten auf, die Tür zu öffnen. Bei der zweiten Aufforderung drohen die Beamten an, sich notfalls durch Zwang Einlass zu verschaffen.

Als PK A merklich mit Gewalt gegen die Tür drückt, wird diese von innen geöffnet. Vor den Beamten steht ein junger Mann, der offensichtlich angetrunken ist.

Die Beamten teilen den Grund ihres Einschreitens mit und fordern den Mann auf, sich auszuweisen. Es handelt sich um den Halter, Jens Sander. Der junge Mann wird von den Polizeibeamten ordnungsgemäß belehrt. Er macht keinerlei Angaben zur Sache.

Die Leitstelle wird über den Sachverhalt informiert und kann fernmündlich eine richterliche Anordnung für eine Blutprobe erwirken. Jens Sander wird nunmehr aufgefordert, zwecks Blutprobenentnahme mit zur Polizeiwache zu kommen. Dieser Aufforderung kommt er nach.

Vorher wird er aufgefordert, seinen Führerschein abzugeben, da dieser beschlagnahmt ist. Auch diese Beschlagnahme wurde fernmündlich richterlich angeordnet. Mit den Maßnahmen ist er nicht einverstanden, duldet sie aber.

Aufgaben: Prüfen Sie in einem Gutachten die Rechtmäßigkeit der nachfolgend aufgeführten polizeilichen Maßnahmen.

1. Vernehmung des Zeugen
2. Betreten der Wohnung
3. Zwangsweise Durchsetzung der Wohnungsbetretung
4. IDF
5. Blutprobe
6. Beschlagnahme des Führerscheins

Bearbeitungshinweis: Von der örtlichen Zuständigkeit ist auszugehen.

Lösungsvorschlag

Aufgabe 1: Vernehmung des Zeugen

I. Ermächtigungsgrundlage

1. Grundrechtseingriff

Nach einem Verkehrsunfall mit Flucht kann ein Zeuge entsprechende Angaben zur Ermittlung des flüchtigen Fahrers machen. Damit handelt es sich um eine Vernehmung.[1] Dadurch könnten personenbezogenen Daten erhoben und somit in das Grundrecht auf informationelle Selbstbestimmung (Art. 2 I iVm Art. 1 I GG) eingegriffen worden sein. Nach Art. 2 I iVm Art. 1 I GG hat jeder das Recht auf freie Entfaltung seiner Persönlichkeit. Dieses sog. APR umfasst auch die aus dem Gedanken der Selbstbestimmung folgende Befugnis des Einzelnen, grundsätzlich selbst zu entscheiden, wann und innerhalb welcher Grenzen persönliche Lebenssachverhalte offenbart werden. Durch die Vernehmung des Zeugen werden Daten durch die Polizei erhoben. Darüber hinaus muss der Zeuge zumindest für die kurze Zeit der Vernehmung an Ort und Stelle verweilen. Damit liegt ein weiterer Grundrechtseingriff in Art. 2 II 2 GG, hier in Form einer Freiheitsbeschränkung, vor.

2. Zielrichtung der Maßnahme

Der Zeuge wird zum Geschehen vor Ort befragt. Er kann der Polizei den Hergang des Sachverhalts schildern. Er kann darüber hinaus das Kennzeichen des flüchtigen Fahrzeugs angeben und eine Personenbeschreibung abgeben. Hierdurch ergeben sich iSv § 152 II StPO zureichende tatsächliche Anhaltspunkte für den Anfangsverdacht einer Straftat der Verkehrsunfallflucht, § 142 StGB.[2] Bei der Maßnahme ist daher primär von einer strafverfolgenden Zielrichtung auszugehen. Eine gesetzliche Befugnis ist erforderlich. Bei der Maßnahme der Vernehmung handelt es sich um einen Justizverwaltungsakt (§ 23 EGGVG).

II. Formelle Rechtmäßigkeit

1. Zuständigkeit

a) sachliche Zuständigkeit

Die sachliche Zuständigkeit könnte sich aus § 1 IV PolG NRW iVm § 163 I 1 StPO iVm § 11 I Nr. 2 POG NRW ergeben.[3] Nach § 1 IV PolG NRW hat die Polizei ferner die Aufgaben zu erfüllen, die ihr durch andere Rechtsvorschriften übertragen sind. Eine durch die Rechtsvorschrift des § 163 I 1 StPO übertragene Aufgabe ist die Strafverfolgung. Beim Anfangsverdacht einer Straftat hat hiernach die Polizei alle erforderlichen Maßnahmen zur Strafverfolgung zu treffen. Die Aufgabe ist durch § 11 I Nr. 2 POG NRW den KPB zugewiesenen. Da der

---

[1] Zur Unterscheidung zur informatorischen Befragung s. *Bialon/Springer* EingriffsR Rn. 309 ff.

[2] *Bialon/Springer* EingriffsR Rn. 44.

[3] *Bialon/Springer* EingriffsR Rn. 82 f.

Sachverhalt nichts Gegenteiliges hergibt, kann unterstellt werden, dass die einschreitenden Beamten der sachlich zuständigen KPB angehören. Die sachliche Zuständigkeit zur Strafverfolgung ergibt sich somit aus § 1 IV PolG NRW iVm § 163 I 1 StPO iVm § 11 I Nr. 2 POG NRW.

b) örtliche Zuständigkeit

Laut Sachverhalt ist von der örtlichen Zuständigkeit auszugehen.

2. Allgemeine Verfahrensvorschriften

Bestehen für StPO-Maßnahmen nicht.

3. Formvorschrift

Die mündliche Anordnung ist zulässig, später ist die Maßnahme zu dokumentieren, § 168b StPO.

III. Materielle Rechtmäßigkeit

1. Tatbestand der Ermächtigungsgrundlage

Die Befugnis zur Vernehmung von Zeugen ist grundsätzlich in § 163 III StPO geregelt.[4] Die Ermächtigung könnte sich dementsprechend aus dieser Vorschrift ergeben.

Zunächst muss der Anfangsverdacht einer Straftat vorliegen. Ein Zeuge hat beobachtet, wie der Verursacher nach einem Verkehrsunfall „mit quietschenden Reifen" davonfährt, ohne am Unfallort zu verweilen. Damit besteht der Verdacht einer Straftat der Verkehrsunfallflucht nach § 142 StGB. Der Zeuge kann Angaben zum Tatgeschehen machen, da er den Vorgang beobachtet hat. Er ist selber nicht Tatverdächtiger.

2. a) Besondere Verfahrensvorschriften

§ 163 III StPO verweist auf eine Vielzahl von Vorschriften.[5] Von der Einhaltung dieser Vorschriften kann ausgegangen werden.

b) Anordnungsbefugnis

Die Maßnahme kann durch jeden Polizeibeamten angeordnet werden.

3. Adressat

Adressat der Maßnahmen ist der Zeuge. Er wurde entsprechend zum Sachverhalt befragt und vernommen. Die Adressatenregelung ergibt sich aus § 163 III StPO.

---

[4] *Bialon/Springer* EingriffsR Rn. 314 ff.

[5] *Bialon/Springer* EingriffsR Rn. 317 ff.

4. Rechtsfolge

a) Zugelassene Rechtsfolge

Rechtsfolge ist hier die gezielte Befragung des Zeugen. Eine Vernehmung liegt vor, wenn ein Angehöriger einer Strafverfolgungsbehörde erkennbar in amtlicher Eigenschaft Auskunft verlangt. Im vorliegenden Sachverhalt wird der Zeuge zum Tathergang und zum Fahrer des Fahrzeugs durch einen Polizeibeamten befragt. Damit liegt eine Vernehmung vor.

b) Hinreichende Bestimmtheit

Hier nicht zu prüfen.

c) Ermessen[6]

Entschließungsermessen besteht für die Polizei bei vorliegendem Legalitätsprinzip nicht. Im Sinne des Auswahlermessens sind Ermessensfehler aus dem Sachverhalt nicht erkennbar.

d) Verhältnismäßigkeit im weiteren Sinn[7]

Eine Maßnahme genügt der Verhältnismäßigkeit im weiteren Sinne, wenn sie geeignet, erforderlich und verhältnismäßig im engeren Sinn ist. Durch die Befragung und anschließende Vernehmung des Zeugen erhielt die Polizei Kenntnis von einer Straftat sowie Informationen über den Tatverdächtigen. Die Maßnahme war somit für die Strafverfolgung geeignet. Mildere Maßnahmen, als die Vernehmung des Zeugen sind nicht erkennbar. Die Maßnahme entspricht damit dem Erforderlichkeitsgrundsatz.

Im Rahmen einer Verhältnismäßigkeitsprüfung im engeren Sinne kann festgestellt werden, dass ein relativ geringfügiger Grundrechtseingriff in das Grundrecht auf informationelle Selbstbestimmung und das Recht auf Freiheit in Form einer Freiheitsbeschränkung des Zeugen vorliegt. Demgegenüber sollte eine Straftat verfolgt werden und zwar zumindest eine Verkehrsunfallflucht. Der geringfügige Grundrechtseingriff liegt in einer Abwägung deutlich hinter dem Strafverfolgungsanspruch des Staates. Delikte der Verkehrsunfallflucht unterliegen einem besonderen öffentlichen Interesse, da sie das Sicherheitsempfinden des Bürgers erheblich berühren, in der Regel erhebliche finanzielle Folgen entstehen und damit ein großes Aufklärungsinteresse besteht. Im vorliegenden Sachverhalt liegt zum entscheidungserheblichen Zeitpunkt zumindest eine Verkehrsunfallflucht mit erheblichem Sachschaden (... gesamte Fahrerseite demoliert) vor. Eine Abwägung führt zur Verhältnismäßigkeit der Maßnahme.

IV. Ergebnis

Die Maßnahme ist rechtmäßig.

---

6 *Bialon/Springer* EingriffsR Rn. 118.
7 *Bialon/Springer* EingriffsR Rn. 124 ff.

Aufgabe 2: Durchsuchung der Wohnung

I. Ermächtigungsgrundlage

1. Grundrechtseingriff

Nachdem der Zeuge befragt wurde, begeben sich die Beamten zur festgestellten Halteradresse. In einer Nebenstraße sehen sie offensichtlich etwas versteckt einen silbernen BMW mit frischen Unfallspuren stehen. Die Haustür der Halteranschrift steht offen. Die Beamten gehen hoch, schellen und klopfen vergeblich. Unter Androhung von Zwang fordern die Beamten lautstark auf, die Tür zu öffnen.

Zu betrachten ist, inwiefern die Polizeibeamten mit dem Schellen das Ziel verbinden, die Wohnung auch zu betreten bzw. zu durchsuchen. Durch den Zeugen wird der Flüchtige als männliche Person, ca. 25 Jahre alt, blonde kurze Haare, beschrieben. Eine Halterfeststellung ergibt eine männliche Person mit dem Geburtsjahr von 1990. Eine offensichtliche Mitbewohnerin gibt unbewusst den Hinweis auf vermutlichen Alkoholgenuss.

Hätte beispielsweise eine Person die Tür geöffnet, die offensichtlich in keiner Weise dem Geburtsjahr des Halters entspricht, hätten die Beamten bei fehlender Kooperation auf jeden Fall die Wohnung betreten müssen, um festzustellen, ob sich eine weitere Person in der Wohnung befindet. Öffnet der Halter und gibt sich als flüchtiger Fahrer zu erkennen, so wird eine Wohnungsdurchsuchung überflüssig, es sei denn, es ergeben sich Hinweise auf einen Nachtrunk, sodass in der Wohnung möglicherweise entsprechende Beweismittel gesucht werden.

Spätestens jedoch mit der zweiten Aufforderung und der Zwangsandrohung musste klar sein, dass die Beamten in die Wohnung hinein wollen. Damit sind das Schellen und die Aufforderung des Öffnens der Wohnungstür als eine Maßnahme im Sinne der folgenden Wohnungsbetretung zu verstehen, womit ein Eingriff in Art. 13 GG – Unverletzlichkeit der Wohnung – verbunden ist. Der strafprozessuale Eingriff sieht nur ein Durchsuchen vor. Auch wenn letztlich nur eine Betretung im Raum steht, ist die Durchsuchungsnorm zu prüfen.

2. Zielrichtung der Maßnahmen

Polizeiliches Ziel ist es, den Verdächtigen (Halter) zu ergreifen, um zumindest die Identität festzustellen, wahrscheinlich aber auch weitere Maßnahmen einzuleiten. Von einer strafverfolgenden Zielrichtung ist auszugehen. Bei dieser Maßnahme handelt es sich um einen Justizverwaltungsakt (§ 23 EGGVG).

II. Formelle Rechtmäßigkeit

Es wird auf die obigen Ausführungen verwiesen.

III. Materielle Rechtmäßigkeit

1. Tatbestand der Ermächtigungsgrundlage

Die Ermächtigung zur Durchsuchung der Wohnung könnte sich aus § 102 StPO ergeben.[8]

Zunächst muss der Verdacht einer Straftat gegeben sein. Ein solcher besteht bei zureichend tatsächlichen Anhaltspunkten. Der Verdacht einer Straftat ist unter anderem dann gegeben, wenn es nach kriminalistischer Erfahrung möglich erscheint, dass eine verfolgbare Straftat vorliegt. Aus dem Verhalten des Mannes und aus kriminalistischen Erfahrungen ergibt sich, dass der Flüchtige wahrscheinlich einen Grund hat, warum er nicht am Unfallort bleibt. Dieser, insbesondere auf kriminalistische Erfahrung beruhende Verdacht wird durch den unbewussten Hinweis der Mitbewohnerin verstärkt, sodass nunmehr zureichend tatsächliche Anhaltspunkte bestehen, dass der Unfallflüchtige unter Alkoholeinfluss oder dem Einfluss anderer berauschender Mittel gestanden hat.

Die Täterbeschreibung des Unfallflüchtigen stimmt mit dem Alter des Halters überein. Die Beamten sehen das Fahrzeug offensichtlich etwas versteckt in Wohnortnähe. Eine Hausbewohnerin teilt mit, dass der Halter des Fahrzeugs kurz zuvor nach Hause gekommen ist. Damit lassen diese Tatsachen den Verdacht einer Täterschaft bezogen auf den Halter zu.

Unter anderem darf die Wohnung des Verdächtigen durchsucht werden, wenn die Erfolgsvermutung besteht, dass die Durchsuchung zur Auffindung von Beweismitteln bzw. Verfalls- und Einziehungsgegenständen (s. § 111 b IV StPO) (Ermittlungsdurchsuchung) oder zur Auffindung von Personen (Ergreifungsdurchsuchung) führen wird.

Ergreifung iSd § 102 StPO ist jede Festnahme zur Durchführung einer gesetzlich zugelassenen Zwangsmaßnahme, selbst wenn dazu nur ein kurzfristiges Festhalten des Verdächtigen erforderlich ist. In Betracht kommen unter anderem eine Ergreifung zur Vornahme körperlicher Eingriffe nach § 81a I StPO oder die Durchführung von Maßnahmen nach § 163 b I StPO.

Im vorliegenden Sachverhalt besteht die begründete Vermutung, dass die Durchsuchung zur Ergreifung des Täters führt. Der Tatverdächtige begeht einen erheblichen Fahrfehler, bemerkt den Unfall und fährt mit quietschenden Reifen davon. Vor seiner Wohnungstür steht das „Tatfahrzeug" mit frischen Unfallspuren. Eine Hausbewohnerin hat gesehen, wie der Halter kurz zuvor nach Hause gekommen ist. Daraus resultiert die begründete Vermutung, dass der Tatverdächtige in seiner Wohnung angetroffen wird. Aus kriminalistischer Erfahrung in Verbindung mit dem Hinweis der Mitbewohnerin besteht darüber hinaus die Vermutung, dass der Tatverdächtige unter dem Einfluss alkoholischer Getränke gefahren ist. Insofern dient die Ergreifung auch zur Durchführung einer Blutprobe.

---

[8] *Bialon/Springer* EingriffsR Rn. 661 ff.

2. a) Besondere Verfahrensvorschriften

Besondere Verfahrensvorschriften ergeben sich aus den §§ 105 II, 106 I, 107 StPO. Ein Verstoß ist nicht ersichtlich.[9]

b) Anordnungsbefugnis[10]

Gem. § 105 I StPO ist die Anordnung der Maßnahme grundsätzlich dem Richter vorbehalten. Bei Gefahr im Verzug besteht auch eine Anordnungskompetenz für die Staatsanwaltschaft und die Ermittlungsbeamten der Staatsanwaltschaft.

Bei den Polizeibeamten handelt es sich um Ermittlungsbeamte der Staatsanwaltschaft.

(Verordnung über Ermittlungspersonen der Staatsanwaltschaft). Gefahr im Verzug liegt vor, wenn nicht das Vorliegen einer richterlichen Anordnung abgewartet werden kann, ohne den Durchsuchungserfolg zu gefährden. Durch den Sachverhalt bedingt besteht die Vermutung, dass der Tatverdächtige zu Hause ist und damit ein Zugriff auf ihn relativ zeitnah erfolgen kann. Insofern davon ausgegangen werden kann, dass er auch alkoholisiert gefahren ist, besteht eine besondere zeitliche Dringlichkeit ihn zu ergreifen, um zeitnah eine Blutprobe veranlassen zu können. Es darf nicht riskiert werden, dass er seine Wohnung wieder verlässt und damit für die Strafverfolgungsbehörde erst einmal nicht greifbar ist. Das Warten auf eine richterliche Anordnung würde dazu führen, dass er die Gelegenheit hat, die Wohnung möglicherweise durch einen Hinterausgang zu verlassen. Die Umstellung des Hauses für diesen Zeitraum ist zeitlich nicht sofort realisierbar. Bis zum Eintreffen der Umstellungskräfte wären wieder Gelegenheiten geschaffen, sich aus der Wohnung zu entfernen. Somit liegt Gefahr im Verzug vor.

Eine Anordnung durch die Beamten konnte somit erfolgen.

2. Adressat

Adressat der Maßnahme ist der Tatverdächtige, im SV der Jens Sander.

3. Rechtsfolge

a) Zugelassene Rechtsfolge

Die Rechtsfolge ist das Betreten und Durchsuchen der Wohnung. Von dieser Rechtsfolge erfasst ist das vorherige Schellen und Auffordern, die Tür zu öffnen.

b) Hinreichende Bestimmtheit

Hier nicht zu prüfen.

---

[9] *Bialon/Springer* EingriffsR Rn. 674 ff.

[10] *Bialon/Springer* EingriffsR Rn. 692 ff.

c) Ermessen[11]

Es wird auf die obigen Ausführungen verwiesen.

d) Verhältnismäßigkeit im weiteren Sinn[12]

Durch das Betreten der Wohnung kann der Tatverdächtige ergriffen werden, sodass damit weitere Maßnahmen eingeleitet werden können. Damit ist die Maßnahme geeignet.

Mildere Maßnahmen, als dieser sofortige Einsatz sind nicht erkennbar, da jeder zeitliche Verzug zu einem Hindernis in der weiteren Strafverfolgung geführt hätte. Damit entspricht die Maßnahme dem Erforderlichkeitsgrundsatz.

Durch die Maßnahme wurde in das Grundrecht auf Unverletzlichkeit der Wohnung eingegriffen. Es handelt sich um ein hochwertiges Grundrecht. Die Wohnung wurde allerdings nur betreten und damit wurde nicht in die Intimsphäre vorgedrungen. Die Dauer des Eingriffs ist relativ kurz. Demgegenüber steht die Verfolgung der Straftat einer Verkehrsunfallflucht mit vermutlicher Trunkenheit. Es handelt sich um ein Delikt mit erheblichem öffentlichem Verfolgungsinteresse. Der Gesellschaft entstehen durch Delikte dieser Art erhebliche Schäden. Konsequentes staatliches Einschreiten wirkt auf potentielle Verkehrssünder abschreckend. Im vorliegenden Sachverhalt liegt erheblicher Sachschaden vor. Der Strafverfolgungsanspruch überwiegt hier. Damit ist die Maßnahme verhältnismäßig.

IV. Ergebnis

Die Maßnahme ist rechtmäßig.

Aufgabe 3: Zwangsweise Durchsetzung der Wohnungsdurchsuchung

I. Ermächtigungsgrundlage/Qualifizierung

1. Grundrechtseingriff

Der Tatverdächtige öffnet auf Aufforderung die Wohnung nicht. Mit einer erneuten Aufforderung wird zugleich angedroht, dass die Polizei Zwang anwendet, wenn der Tatverdächtige der polizeilichen Verfügung nicht freiwillig nachkommt. Als PK A merklich mit Gewalt gegen die Tür drückt, wird diese von innen geöffnet. Auch wenn Zweifel darüber aufkommen können, ob der Druck gegen die Tür als Zwang einzustufen ist, so ist auf jeden Fall dann die Rechtmäßigkeit der Zwangsanwendung zu prüfen, wenn eine solche angedroht wurde.

Durch die Androhung wird zumindest eine Handlung erwartet, sodass über den durch die Grundmaßnahme bestehenden Eingriff in Art. 13 GG hinaus ein Eingriff in die allgemeine Handlungsfreiheit, Art. 2 I GG, besteht.

---

[11] *Bialon/Springer* EingriffsR Rn. 118.

[12] *Bialon/Springer* EingriffsR Rn. 124 ff.

Von einem Grundrechtseingriff in Art. 14 GG ist nicht auszugehen, da auch der merkliche Druck gegen die Wohnungstür nicht den Schluss zulässt, dass das Eigentum des Tatverdächtigten beeinträchtigt ist.

2. Zielrichtung der Maßnahme

Die Zielrichtung der Maßnahmen ist identisch mit der Grundmaßnahme, insofern besteht strafverfolgender Charakter.

II. Formelle Rechtmäßigkeit

Es wird auf die obigen Ausführungen verwiesen.

III. Materielle Rechtmäßigkeit

1. Tatbestand der Ermächtigungsgrundlage

Im vorliegenden Sachverhalt stützt sich die polizeiliche Verfügung zum Öffnen der Wohnungstür auf § 102 StPO. Die hM geht davon aus, dass die Rechtmäßigkeit der strafprozessualen Maßnahme die Rechtmäßigkeit der Zwangsanwendung indiziert.[13] Das bedeutet, dass bei einer vorliegend rechtmäßigen repressiven Maßnahme der Strafprozessordnung grundsätzlich die Zulässigkeit der Zwangsanwendung gegeben ist.

Die Zulässigkeit der Wohnungsdurchsuchung wurde begründet. Damit ist auch die Zulässigkeit der Zwangsanwendung grundsätzlich gegeben. Im Bereich der Strafverfolgung ist für die Polizei nur die Anwendung von unmittelbarem Zwang möglich.[14]

Gem. § 57 I PolG NRW gelten für die Art und Weise der Anwendung die §§ 58–66 PolG NRW, soweit die Polizei nach diesem Gesetz oder anderen Rechtsvorschriften zur Anwendung unmittelbaren Zwangs befugt ist.

Die Befugnis zur Anwendung unmittelbaren Zwangs wurde bereits oben begründet.

Gem. § 58 I PolG NRW ist unmittelbarer Zwang die Einwirkung auf Personen oder Sachen durch körperliche Gewalt, ihre Hilfsmittel oder durch Waffen. Körperliche Gewalt ist jede unmittelbare körperliche Einwirkung auf Personen oder Sachen, § 58 II PolG NRW.

Im vorliegenden Sachverhalt wird der Tatverdächtige aufgefordert, die Tür zu öffnen. Als er dieser Aufforderung nicht nachkommt, wird die zwangsweise Durchsetzung angedroht. Danach übt der Beamte merklich Druck auf die Tür aus. Dieser Druck stellt sich als Einwirkung auf Sachen durch körperliche Gewalt und damit als unmittelbarer Zwang dar.

---

[13] *Bialon/Springer* EingriffsR Rn. 854.

[14] *Bialon/Springer* EingriffsR Rn. 855 f.

2. a) Besondere Verfahrensvorschriften[15]

Die Androhung von Zwang ergibt sich aus §61 PolG NRW. Gem. §61 I 1 PolG NRW ist unmittelbarer Zwang vor seiner Anwendung anzudrohen. Dies ist im vorliegen Fall geschehen.

b) Anordnungsbefugnis

Der unmittelbare Zwang darf durch jeden Polizeibeamten angeordnet werden.

3. Adressat

Der Adressat des polizeilichen Zwangs ergibt sich aus der Grundmaßnahme und ist im SV der tatverdächtige Jens Sander.

4. Rechtsfolge

a) Zugelassene Rechtsfolge

Zugelassene Rechtsfolge des §58 PolG NRW ist unter anderem der Einsatz körperlicher Gewalt. Durch den Druck wirkt der Beamte unmittelbar körperlich auf die Sache ein. Eine zulässige Rechtsfolge liegt vor.

b) Hinreichende Bestimmtheit

Hier nicht zu prüfen.

c) Ermessen[16]

Ermessenfehler sind aus dem Sachverhalt nicht erkennbar.

d) Verhältnismäßigkeit im weiteren Sinn[17]

Der Einsatz des körperlichen Drucks hat zur Zielerreichung geführt, da dadurch die Tür geöffnet wurde. Damit ist die Maßnahme geeignet.

Im Sinne der Erforderlichkeit muss die Polizei von mehreren geeigneten Maßnahmen diejenige treffen, die den einzelnen und die Allgemeinheit voraussichtlich „am wenigsten" beeinträchtigt. Inhaltlich ist die Anwendung des mildesten Mittels gefordert.

Es ist kein Mittel erkennbar, das zum entscheidungserheblichen Zeitpunkt ebenso zur Zielerreichung geführt hätte. Der polizeilichen Verfügung wurde nicht gefolgt. Als Zwangsmittel kommt nur unmittelbarer Zwang in Betracht. Im Rahmen des unmittelbaren Zwangs wurde dieser vor Anwendung zunächst angedroht. Dabei wurde lediglich einfache körperliche Gewalt angewandt. Diese Gewalt wurde darüber hinaus dosiert eingesetzt, da der Beamte zunächst nur mit Druck gegen die Tür agierte und nicht sofort mit erheblicher Gewalt vorging. Das Einschalten eines Schlüsseldienstes als mildere Maßnahme schei-

---

15 *Bialon/Springer* EingriffsR Rn. 465 ff.
16 *Bialon/Springer* EingriffsR Rn. 118 u. 825 f.
17 *Bialon/Springer* EingriffsR Rn. 124 ff. u. 825 ff.

det aus Gründen der damit verbundenen zeitlichen Verzögerung aus, denn bis zum Eintreffen des Schlüsseldienstes bestände für den Tatverdächtigen wieder die Möglichkeit, die Wohnung zu verlassen.

Das Prinzip der Verhältnismäßigkeit im engeren Sinn besagt, dass eine Maßnahme nicht zu einem Nachteil führen darf, der zu dem erstrebten Erfolg erkennbar außer Verhältnis steht.

Dem Tatverdächtigen wird eine Unfallflucht, vermutlich unter dem Einfluss alkoholischer Getränke oder anderer berauschender Mittel angelastet. Er wurde aufgefordert die Tür zu öffnen. Wenngleich für ihn keine Handlungspflicht besteht, hätte er damit weitere polizeiliche Handlungen beeinflussen können. Die Verfolgung der Straftaten muss konsequent durchgesetzt werden. Das hohe öffentliche Interesse an der Verfolgung derartiger Taten lässt das Interesse des Grundrechtsträgers im Sinne eines zusätzlichen Handlungsdrucks und eines damit verbundenen Eingriffs in Art. 2 I GG zurücktreten.

Insofern wird dem Prinzip der Verhältnismäßigkeit Rechnung getragen.

IV. Ergebnis

Die Anwendung des unmittelbaren Zwangs ist rechtmäßig.

Aufgabe 4: Identitätsfeststellung

I. Ermächtigungsgrundlage

1. Grundrechtseingriff

Mit der Personalienfeststellung werden persönliche Daten des polizeilichen Adressaten erhoben. Damit liegt ein Eingriff in das RIS gem. Art. 2 I GG iVm Art. 1 I GG vor. Gleichzeitig bedingt ein derartiger Eingriff, dass für den Zeitraum einer IDF das Grundrecht auf Freiheit der Person, hier in Form einer Freiheitsbeschränkung, tangiert ist. Im vorliegenden Sachverhalt steht zu diesem Zeitpunkt bereits fest, dass der Tatverdächtige als Beschuldigte zwecks Blutprobe zur Polizeiwache verbracht wird. Damit ist durch die IDF kein weiterer Eingriff in das Grundrecht auf Freiheit der Person gem. Art. 2 II 2 GG anzunehmen.

2. Zielrichtung der Maßnahme

Der Tatverdächtige wird durch einen Zeugen bei einem riskanten Fahrmanöver beobachtet, bei dem ein Unfall verursacht wird. Der Tatverdächtige entfernt sich vom Unfallort. Darüber hinaus besteht der Verdacht, dass er unter dem Einfluss berauschender Mittel ein Fahrzeug geführt hat. Die Zielsetzung der Maßnahme ist der Strafverfolgung zuzurechnen.

II. Formelle Rechtmäßigkeit

Es wird auf die obigen Ausführungen verwiesen.

III. Materielle Rechtmäßigkeit

1. Tatbestand der Ermächtigungsgrundlage

Die Ermächtigung zur IDF könnte sich aus § 163 b I StPO ergeben.[18] Danach können die Staatsanwaltschaft und die Beamten des Polizeidienstes die zur Feststellung der Identität erforderlichen Maßnahmen treffen, wenn jemand einer Straftat verdächtig ist.

Im vorliegenden Sachverhalt verwirklicht der T durch sein Verhalten einen Straftatbestand (Verdacht der Verkehrsunfallflucht, Verdacht der Gefährdung des Straßenverkehrs). Er ist insofern Verdächtiger.

2. a) Besondere Verfahrensvorschriften[19]

Gem. § 163 a IV StPO ist dem Beschuldigten bei der ersten Vernehmung durch Beamte des Polizeidienstes zu eröffnen, welche Tat ihm zur Last gelegt wird. Gem. § 163 b I StPO gilt dies entsprechend bei der Feststellung der Identität. Bei Beginn der ersten Maßnahmen zum Zwecke der Feststellung der Identität wird dem polizeilichen Gegenüber eröffnet, welcher Straftat er verdächtig ist. Dabei brauchen die in Betracht kommenden Strafvorschriften nicht bezeichnet zu werden. Aus dem Sachverhalt geht hervor, dass die Beamten den Grund ihres Einschreitens mitteilen. Weiterhin wird der junge Mann von den Polizeibeamten ordnungsgemäß belehrt. Er machte keinerlei Angaben zur Sache. Insofern ist den Verfahrensvorschriften entsprochen.

b) Anordnung

Die Anordnung der Maßnahme kann durch jeden Polizeibeamten erfolgen.

3. Adressat

Adressat der Maßnahme ist der Tatverdächtige.

4. Rechtsfolge

a) Zugelassene Rechtsfolge

Als Rechtsfolge kann die Polizei die zur Feststellung seiner Identität erforderlichen Maßnahmen treffen. Der Verdächtige darf festgehalten werden, wenn die Identität sonst nicht oder nur unter erheblichen Schwierigkeiten festgestellt werden kann. Unter den Voraussetzungen von Satz 2 sind auch die Durchsuchung der Person des Verdächtigen und der von ihm mitgeführten Sachen sowie die Durchführung erkennungsdienstlicher Maßnahmen zulässig. Als erforderliche Maßnahme kommt hier das Ansprechen und Befragen nach den Personaldaten in Betracht. Diese stellen sich als die mildesten innerhalb der möglichen Maßnahmen dar.

---

[18] *Bialon/Springer* EingriffsR Rn. 231.
[19] *Bialon/Springer* EingriffsR Rn. 234 f.

b) Hinreichende Bestimmtheit

Hier nicht zu prüfen.

c) Ermessen[20]

Es wird auf die obigen Ausführungen verwiesen.

d) Verhältnismäßigkeit im weiteren Sinn[21]

Die Feststellung der Identität ist geeignet, da dadurch das Strafverfahren eingeleitet werden kann. Im Sinne der Erforderlichkeit ist kein geringeres Mittel erkennbar als die Feststellung der Identität, um die Strafverfolgung zu ermöglichen.

Im Sinne der Verhältnismäßigkeit im engeren Sinn steht auf der einen Seite der Strafverfolgungsanspruch des Staates und auf der anderen Seite der Grundrechtseingriff in Art. 2 I iVm Art. 1 I GG – RIS. Es handelt sich um einen geringen Eingriff in das Grundrecht. Auf der anderen Seite stehen zwar keine Kapitaldelikte, dennoch handelt es sich um Straftaten, die einem hohen öffentlichen Interesse unterliegen und das Rechtsempfinden des Bürgers erheblich beeinträchtigen. Der Strafverfolgungsanspruch überwiegt. Aus diesem Grund ist die Maßnahme verhältnismäßig.

IV. Ergebnis

Die Maßnahme der IDF ist rechtmäßig.

Aufgabe 5: Blutprobe

I. Ermächtigungsgrundlage

1. Grundrechtseingriff

Der Rechtseingriff des § 81a StPO unterscheidet zwischen der einfachen körperlichen Untersuchung und dem körperlichen Eingriff. Zum körperlichen Eingriff gehört auch die Blutprobe. Mit einer Blutprobe wird in das Innere des Körpers eingedrungen und es kommt dabei zu geringfügigen Verletzungen. Damit ist ein Grundrechtseingriff in Art. 2 II 1 GG – Recht auf körperliche Unversehrtheit – verbunden. Die Blutprobe wird auf der Polizeiwache durchgeführt. Die damit verbundene Mitnahme zur Wache stellt eine Freiheitsbeschränkung und damit einen Eingriff in das Grundrecht gem. Art. 2 II 2 GG – Freiheit der Person – dar.

2. Zielrichtung der Maßnahme

Es muss geklärt werden, ob der Tatverdächtige den Pkw unter Einfluss von Alkohol geführt hat. Insofern hat die Blutprobe strafverfolgenden Charakter. Es handelt sich um einen Justizverwaltungsakt iSd § 23 EGGVG.

---

[20] *Bialon/Springer* EingriffsR Rn. 118.

[21] *Bialon/Springer* EingriffsR Rn. 124 ff.

II. Formelle Rechtmäßigkeit

Es wird auf die obigen Ausführungen verwiesen.

III. Materielle Rechtmäßigkeit

1. Tatbestand der Ermächtigungsgrundlage

Die Ermächtigung zur Blutprobe könnte sich aus §81a I StPO ergeben.[22] Gem. §81a I 2 StPO kann beim Verdacht einer Straftat vom Beschuldigten zur Feststellung von Tatsachen, die für das Verfahren von Bedeutung sind, eine Blutprobe entnommen werden. Insofern ein Verkehrsunfall unter dem Einfluss von Alkohol verursacht wird, besteht der Verdacht einer Straftat nach §315c StGB. Das Verhalten des Verdächtigen durch den Unfall und nach dem Geschehen, der Hinweis der Nachbarin und der Zustand, nachdem die Beamten ihn antreffen, lässt den Rückschluss zu, dass er auch bei der Unfallverursachung bereits unter dem Einfluss alkoholischer Getränke stand.

Beschuldigter ist der Tatverdächtige, gegen den polizeiliche oder staatsanwaltschaftliche Ermittlungen wegen des Verdachts einer strafbaren Handlung geführt werden.

Dass der Betroffene Tatverdächtiger ist, wurde bereits dargelegt. Da wegen dieses Verdachts gegen ihn polizeiliche Maßnahmen eingeleitet werden, ist er Beschuldigter in diesem Sinne.

Durch die Blutprobe soll die Blutalkoholkonzentration (BAK) festgestellt werden, da ab einem Wert von mehr als 0,3 ‰ plus Ausfallerscheinungen, hier das Verursachen eines Verkehrsunfalls, eine entsprechende Strafbarkeit verbunden ist. Damit sind dies Tatsachen, die für das Verfahren von Bedeutung sind.

2. a) Besondere Verfahrensvorschriften[23]

Gem. §81a III StPO dürfen entnommene Körperzellen nur für das anhängige Verfahren genutzt und müssen anschließend unverzüglich vernichtet werden. Die Untersuchung darf gem. §81a I 2 StPO nur von einem approbierten Arzt nach den Regeln der ärztlichen Kunst vorgenommen werden. Diesem Vorbehalt wurde laut Sachverhalt entsprochen.

b) Anordnungsbefugnis[24]

Gem. §81a II StPO kann nur der Richter eine Blutprobe anordnen. Bei Gefährdung des Untersuchungserfolgs kann eine Anordnung auch durch die Staatsanwaltschaft und deren Ermittlungsbeamte erfolgen. Im vorliegenden Sachverhalt wird durch die Leitstelle eine fernmündliche richterliche Anordnung für die Entnahme einer Blutprobe erwirkt. Damit ist dem Anordnungserfordernis Rechnung getragen.

---

22 *Bialon/Springer* EingriffsR Rn. 886 ff.
23 *Bialon/Springer* EingriffsR Rn. 889 ff.
24 *Bialon/Springer* EingriffsR Rn. 893 ff.

3. Adressat

Adressat der Maßnahme ist hier der Beschuldigte, also Jens Sander.

4. Rechtsfolge

a) Zugelassene Rechtsfolge

Rechtsfolge ist hier der körperliche Eingriff durch den Nadelstich und die damit verbundene Mitnahme zur Wache.

b) Hinreichende Bestimmtheit

Hier nicht zu prüfen.

c) Ermessen[25]

Es wird auf die obigen Ausführungen verwiesen.

d) Verhältnismäßigkeit im weiteren Sinn[26]

Die Blutprobe ist geeignet, da dadurch die Blutalkoholkonzentration festgestellt werden kann. Sie ist erforderlich, da kein milderes Mittel zur Verfügung steht, um letztlich beweiserheblich den Wert festzustellen. Im Sinne der Verhältnismäßigkeit steht auf der einen Seite der Strafverfolgungsanspruch des Staates und auf der anderen Seite der Grundrechtseingriff in Art. 2 II GG – Recht auf körperliche Unversehrtheit und die Bewegungsfreiheit in Form einer Freiheitsbeschränkung. Bei der Grundrechtsbetrachtung handelt es sich durch den Nadelstich des Arztes um einen geringfügigen Eingriff in das Grundrecht auf körperliche Unversehrtheit. Die zeitliche Intensität ist auf die Dauer der Blutentnahme beschränkt und insofern auch von geringer Belastung. Im Rahmen der Abwägung muss die Bedeutung der vorgeworfenen Straftaten betrachtet werden, s. oben. Der Strafverfolgungsanspruch überwiegt. Die Maßnahme ist verhältnismäßig.

IV. Ergebnis

Die Blutprobenentnahme ist rechtmäßig.

Aufgabe 6: Beschlagnahme des Führerscheins

I. Ermächtigungsgrundlage

1. Grundrechtseingriff

Durch die Einbehaltung des Führerscheins könnte ein Eingriff in Art. 2 I GG vorliegen. Art. 2 I GG umfasst als Auffanggrundrecht die allgemeine Handlungsfreiheit. Durch die Beschlagnahme des Führerscheins wird die Möglichkeit genommen, ein fahrerlaubnispflichtiges Fahrzeug im öffentlichen Straßen-

---

25 *Bialon/Springer* EingriffsR Rn. 118.
26 *Bialon/Springer* EingriffsR Rn. 124 ff.

verkehr zu führen. Art. 14 I GG ist nicht tangiert, da an Führerscheinen kein Eigentum besteht.

2. Zielrichtung der Maßnahmen

Die Beschlagnahme des Führerscheins dient der Strafverfolgung. Es handelt sich um einen Justizverwaltungsakt iSd § 23 EGGVG.

II. Formelle Rechtmäßigkeit

Es wird auf die obigen Ausführungen verwiesen.

III. Materielle Rechtmäßigkeit

1. Tatbestand der Ermächtigungsgrundlage

Die Ermächtigung könnte sich aus § 94 III StPO iVm § 111a I StPO iVm § 69 StGB ergeben.[27] Gem. § 111 a I StPO kann die Fahrerlaubnis vom Richter entzogen werden, wenn dringende Gründe dafür vorliegen, dass die Fahrerlaubnis im anschließenden Urteil entzogen wird.

Wann dringende Gründe vorliegen, ergibt sich aus § 69 I StGB. Gem. § 69 I StGB darf das Gericht die Fahrerlaubnis entziehen, wenn jemand eine rechtswidrige Tat bei oder im Zusammenhang mit dem Führen eines Kfz oder unter Verletzung der Pflichten eines Kfz-Führers begangen hat und sich aus der Tat ergibt, dass er ungeeignet zum Führen von Kraftfahrzeugen ist.

Im vorliegenden Sachverhalt hat der Fahrer des silbernen BMW einen Verkehrsunfall verursacht und sich dann vom Unfallort entfernt. Als er im Rahmen der Ermittlungen angetroffen wird, ist er offensichtlich alkoholisiert.

Das hier geschilderte Verhalten stellt eine Straft der Verkehrsunfallflucht nach § 142 StGB dar. Weiterhin liegt vermutlich eine Gefährdung des Straßenverkehrs gem. § 315c StGB vor. Diese Taten wurden beim Führen eines Kraftfahrzeugs begangen.

Gem. § 69 II StGB erweist sich ein Täter in der Regel als ungeeignet zum Führen von Kraftfahrzeugen, wenn unter anderem ein Vergehen nach § 315c StGB vorliegt und/oder eine Verkehrsunfallflucht mit bedeutendem Sachschaden. Aus dem Sachverhalt geht hervor, dass an dem beschädigten Fahrzeug die gesamte Fahrerseite demoliert ist. Es besteht über die Bewertung, ob ein bedeutender Sachschaden vorliegt, keine Einigkeit. Die Grenze wird von den Gerichten im Ergebnis wohl bei ca. 1300 EUR anzusiedeln sein. Diese Grenze wird im vorliegenden Fall erheblich überschritten.

Damit liegen dringende Gründe für die Annahme vor, dass die Fahrerlaubnis im abschließenden Urteil entzogen wird. Die Voraussetzungen für eine vorläufige Entziehung nach § 111 a I StPO liegen vor. Mit Rechtskraft des Urteils erlischt die Fahrerlaubnis. Ein von einer deutschen Behörde ausgestellter Führerschein wird im Urteil eingezogen.

---

[27] *Bialon/Springer* EingriffsR Rn. 579 ff.

2. a) Besondere Verfahrensvorschriften[28]

Insofern gegen die Beschlagnahme ausdrücklich Widerspruch erhoben wird, ist gem. §98 II StPO binnen drei Tagen eine richterliche Bestätigung der Beschlagnahme zu beantragen. Der Betroffene ist ausdrücklich darauf hinzuweisen, dass er jederzeit eine richterliche Entscheidung über die Beschlagnahme beantragen kann.

Gem. §107 StPO ist dem Betroffenen auf Verlangen eine Bescheinigung über die Beschlagnahme auszuhändigen. Von der Beachtung der Formvorschriften ist auszugehen.

b) Anordnungsbefugnis[29]

Die Anordnungsbefugnis obliegt gem. §98 I StPO grundsätzlich dem Richter. Bei Gefahr im Verzug geht die Anordnungsbefugnis auf den Staatsanwalt und die Ermittlungspersonen der Staatsanwaltschaft über.

Wie aus dem Sachverhalt hervorgeht, wurde mit der Blutprobenanordnung auch eine richterliche Anordnung über die Beschlagnahme des Führerscheins erwirkt.

3. Adressat

Adressat der Maßnahme ist der Tatverdächtige iSd §69 StGB.

4. Rechtsfolge

a) Zugelassene Rechtsfolge

Gem. §94 III StPO gelten die Abs. 1 und 2 auch für Führerscheine, die der Einziehung unterliegen. Dementsprechend ist der Führerschein sicherzustellen oder bei unfreiwilliger Herausgabe zu beschlagnahmen. Aus dem Sachverhalt geht hervor, dass die Person mit den Maßnahmen nicht einverstanden ist. Insofern kommt hier eine Beschlagnahme in Betracht.

b) Hinreichende Bestimmtheit

Hier nicht zu prüfen.

c) Ermessen[30]

Es wird auf die obigen Ausführungen verwiesen.

d) Verhältnismäßigkeit im weiteren Sinn[31]

Da ohne vorhandene Fahrererlaubnis grundsätzlich eine Teilnahme am Straßenverkehr mit dem entsprechenden Kraftfahrzeug strafbar ist und der Be-

---

[28] *Bialon/Springer* EingriffsR Rn. 582.
[29] *Bialon/Springer* EingriffsR Rn. 583.
[30] *Bialon/Springer* EingriffsR Rn. 118.
[31] *Bialon/Springer* EingriffsR Rn. 124ff.

schuldigte davon abgehalten wird, weiterhin am Straßenverkehr teilzunehmen, ist die Beschlagnahme des Führerscheins objektiv zwecktauglich. Ein milderes Mittel steht nicht zur Verfügung. Im Rahmen der Verhältnismäßigkeit im engen Sinne steht auf der einen Seite der Eingriff in die allgemeine Handlungsfreiheit des Betroffenen. Auf der anderen Seite steht das Sicherheitsbedürfnis des Bürgers, vor Verkehrsteilnehmern geschützt zu werden, die sich als ungeeignet zum Führen von Kraftfahrzeugen erwiesen haben. Durch die Verwirklichung der genannten Straftaten zeigt der Beschuldigte, dass er ein Sicherheitsrisiko im Straßenverkehr darstellt. Die Schwere der Straftaten und die Handlungsform lassen den Schluss zu, dass der Bürger einen Anspruch auf Verwirklichung seines eigenen Sicherheitsbedürfnisses gerade gegenüber derartigen Verkehrsteilnehmern hat. Aus diesem Grund ist die Maßnahme verhältnismäßig.

IV. Ergebnis

Die Beschlagnahme des Führerscheins ist rechtmäßig.

Fall 27: Maßnahmen gegen Kinder

Schwerpunkte: Identitätsfeststellung bei Kindern, Durchsuchung, Beschlagnahme, Gewahrsam

Sachverhalt

Als Fustkw-Besatzung „Egon 12/31" erhalten Sie in den frühen Abendstunden (19:30 Uhr) folgenden Einsatz: „Fahren Sie zum Kaufhaus Z & E, dort Hinweis auf Ladendiebstahl!"

Am Einsatzort eingetroffen, werden Sie von dem Ladendetektiv erwartet. Dieser teilt Ihnen mit, dass er beobachtet hat, wie drei Kinder in der Kosmetikabteilung Puder und Lippenstifte in ihre Jackentaschen gesteckt haben. An der Kasse bezahlten sie lediglich jeweils eine Packung Kaugummi. Unmittelbar vor dem Geschäft wurden die Kinder von dem Detektiv angesprochen. Sie stritten alles ab und wollten mit dem Detektiv nicht sprechen. Als eines der Kinder „abhauen" wollte, wurde es von dem Detektiv festgehalten. Das Mädchen blieb sofort stehen. Die anderen beiden machten im weiteren Verlauf keinerlei Anstalten zu flüchten. Die Kinder machten einen sehr verstörten Eindruck.

Durch PK A werden die Mädchen nach ihren Namen und Anschriften befragt. Alle drei können einen Personalausweis vorzeigen. Bei den drei Mädchen handelt es sich um Ramona R., elf Jahre alt, Chantal C., elf Jahre alt und Yvonne Y., zwölf Jahre alt. Eine Datenabfrage ergibt, dass alle drei Kinder bereits mehrfach bei Diebstählen aufgefallen sind. PK'in B fordert die Kinder auf, die Taschen zu leeren. Alle Mädchen holen aus ihren Taschen jeweils zwei Lippenstifte und zwei Puderdosen. PK'in B schaut noch selbst in den Taschen der Mädchen nach. Weitere Gegenstände werden nicht gefunden.

Das „Diebesgut" wird dem Detektiv übergeben. Die Mädchen werden nach Anforderung von Unterstützungskräften nach Hause verbracht und den Eltern übergeben.

Aufgaben: Prüfen Sie in einem Gutachten die Rechtmäßigkeit der nachfolgend aufgeführten polizeilichen Maßnahmen.

1. IDF der Kinder
2. Durchsuchung der Kinder
3. Sicherstellung/Beschlagnahme des Diebesgutes
4. Verbringen der Kinder zu den Eltern

Bearbeitungshinweis: Von der örtlichen Zuständigkeit ist auszugehen.

Lösungsvorschlag

Aufgabe 1: Identitätsfeststellung der Kinder

I. Ermächtigungsgrundlage

1. Grundrechtseingriff

Mit der IDF könnte in das RIS, Art. 2 I iVm Art. 1 I GG, eingegriffen werden. Das RIS erlaubt jedermann selber darüber zu bestimmen, welche personenbezogenen Daten preisgegeben werden und wie mit diesen Daten weiter umgegangen werden darf. Daher dürfen die Kinder grundsätzlich selber entscheiden, ob sie ihre Identität offenbaren oder nicht. Indem die Polizei die Ausweispapiere verlangt, sind die Kinder nicht mehr frei in der Entscheidung, ob sie personenbezogene Daten offen legen wollen. Somit liegt ein Eingriff in das RIS vor.

Während der Erhebung der Personaldaten müssen die Kinder an Ort und Stelle verweilen. Damit könnte ein Eingriff in die Bewegungsfreiheit, Art. 2 II 2 GG, erfolgt sein. Die Bewegungsfreiheit schützt das Recht jedes Menschen, jeden tatsächlich und rechtlich zugänglichen Ort aufzusuchen, dort zu verweilen und den Ort auch wieder zu verlassen. Somit dürften die Kinder weitergehen, ohne sich von der Polizei aufhalten lassen zu müssen. Das Anhalten durch die Polizei stellt einen Eingriff in die Bewegungsfreiheit in Form der Freiheitsbeschränkung dar.

2. Zielrichtung der Maßnahme

Durch den Ladendetektiv wird mitgeteilt, dass „Kinder“ in der Kosmetikabteilung entsprechende Artikel entwendet haben. In praktischen Einsatzfällen kann vom äußeren Erscheinungsbild auf ein mögliches Alter geschlossen werden. Im vorliegenden Sachverhalt wird durch die IDF das Alter der Kinder ermittelt. Vom Ergebnis ausgehend wird unterstellt, dass die Beamten bereits vor der IDF davon ausgegangen sind, dass es sich um Kinder handelt. Damit scheidet strafprozessuales Handeln aus, denn Kinder sind nicht strafmündig, § 19 StGB. Polizeiliche Maßnahmen können sich in derartigen Fällen nur aus gefahrenabwehrenden Aspekten ergeben. Damit kommt das Polizeigesetz NRW zur Anwendung.

II. Formelle Rechtmäßigkeit

1. Zuständigkeit

a) Sachliche Zuständigkeit

Die sachliche Zuständigkeit könnte sich aus § 1 I 1 und 3 PolG NRW iVm § 11 I Nr. 1 POG NRW ergeben. Danach ist unter anderem eine Zuständigkeit der Polizei bei Vorliegen einer Gefahr für die öffentliche Sicherheit gegeben. Eine Gefahr liegt vor, wenn bei ungehindertem Geschehensablauf eine Situation oder ein Verhalten mit hinreichender Wahrscheinlichkeit in absehbarer Zeit zu einem schädigenden Ereignis für ein Rechtsgut der öffentlichen Sicherheit führen könnte. Zu den Rechtsgütern der öffentlichen Sicherheit gehört unter anderem das Individualrechtsgut Gesundheit. Das Verhalten der Kinder lässt Rückschlüsse zu, die darauf hindeuten, dass die geistige und seelische Entwicklung gefährdet sein könnte. Gem. §1 I 3 PolG NRW hat die Polizei in eigener Zuständigkeit tätig zu werden, wenn neben der Polizei andere Behörden für die Gefahrenabwehr zuständig sind, soweit ein Handeln der anderen Behörde nicht oder nicht rechtzeitig möglich erscheint. Originär zuständige Behörde wäre im vorliegenden Sachverhalt das Jugendamt. Das Jugendamt ist zurzeit nicht oder nur mit erheblicher zeitlicher Verzögerung zu erreichen. Für diesen Eilfall ist die Polizei nach §1 I 3 PolG NRW subsidiär zuständig.[1]

Darüber hinaus besteht eine Gefahr für das Eigentum des Kaufhauses Z & E und damit für die Rechtsordnung, denn die Waren stehen im Eigentum des Geschäftes, welches einen Anspruch auf Rückgabe hat. Wenn der Geschäftsinhaber die Gegenstände nicht zurückerhält, ist sein aus dem Zivilrecht abzuleitender Rechtsanspruch gefährdet, insofern die Gegenstände von den Kindern weggenommen wurden. Eine sachliche Zuständigkeit könnte sich dann aus §1 I 1 PolG NRW iVm §1 II PolG NRW iVm §11 I Nr. 1 POG NRW ergeben. Gem. §1 II PolG NRW obliegt der Polizei der Schutz privater Rechte nur dann, wenn gerichtlicher Schutz nicht rechtzeitig zu erlangen ist und wenn ohne polizeiliche Hilfe die Verwirklichung des Rechts vereitelt oder wesentlich erschwert werden würde. Im vorliegenden Sachverhalt bestände für den Geschäftsinhaber die theoretische Möglichkeit, vor dem Zivilgericht eine Rückgabe der entwendeten Sachen zu erwirken. Dies ist ohne Kenntnis von Personalien nicht möglich. Insofern ist davon auszugehen, dass ohne polizeiliche Hilfe die Verwirklichung des Rechts zumindest erheblich erschwert wird.

Die Aufgaben sind durch §11 I Nr. 1 POG NRW den KPB zugewiesenen. Da der Sachverhalt nichts Gegenteiliges hergibt, kann unterstellt werden, dass die einschreitenden Beamten der sachlich zuständigen KPB angehören. Die sachliche Zuständigkeit ergibt sich somit aus §1 I 1 und 3 und 1 II PolG NRW iVm §11 I Nr. 1 POG NRW NRW.

b) örtliche Zuständigkeit

Laut Sachverhalt zu unterstellen.

2. Allgemeine Verfahrensvorschriften[2]

Die Aufforderung an die Kinder, sich auszuweisen bzw. Angaben zu den Personalien zu machen, stellt einen Verwaltungsakt nach §35 VwVfG NRW dar. Von der Beachtung der allgemeinen Verfahrensvorschriften aus den §§28, 37I, 41 und 43 VwVfG NRW ist auszugehen.

---

1 **Hinweis:** Die Polizei hat gem. §1 I 4 PolG NRW die zuständige Behörde unverzüglich von allen Vorgängen zu unterrichten, die deren Eingreifen erfordern. Im vorliegenden Sachverhalt wird die Polizei das Jugendamt durch einen Bericht von dem Vorgang unterrichten, um weitere Maßnahmen seitens des Jugendamtes zu ermöglichen.

2 *Bialon/Springer* EingriffsR Rn. 113ff.

3. Formvorschrift

Die Aufforderung ergeht mündlich. § 37 II VwVfG wird beachtet.

III. Materielle Rechtmäßigkeit

1. Tatbestand der Ermächtigungsgrundlage

Die Ermächtigungsgrundlage für die IDF der Kinder könnte sich aus § 12 I Nr. 1 PolG NRW ergeben.[3] Danach kann die Polizei die Identität einer Person feststellen, um eine Gefahr abzuwehren. Wie bereits unter II. 1. festgestellt, besteht im vorliegenden Sachverhalt eine Gefahr für das Sicherheitsgut Gesundheit der Mädchen, für das Eigentum des Kaufhauses und für die Rechtsordnung. Im Rahmen der materiellen Rechtmäßigkeit umfasst der Gefahrenbegriff das Vorliegen einer zumindest konkreten Gefahr. Eine solche ist gegeben, wenn Tatsachen vorliegen, aus denen sich ergibt, dass in einem bestimmten Einzelfall ein Schaden tatsächlich befürchtet werden muss. Gem. Ziff. 2.2.5. der Polizeidienstvorschrift 382[4] kann eine Gefährdung Minderjähriger vorliegen, wenn sie einer rechtswidrigen Tat verdächtig sind. Eine Gefährdung Minderjähriger liegt in der Regel vor, wenn rechtswidrige Taten in Gruppen wiederholt begangen werden. Im vorliegenden Sachverhalt werden drei Kinder bei Diebstählen in der Kosmetikabteilung beobachtet. Im Rahmen einer Datenüberprüfung wird bekannt, dass alle Kinder bereits bei Diebstählen auffällig waren. Damit kann im vorliegenden Einzelfall davon ausgegangen werden, dass für die geistige und seelische Entwicklung der Kinder eine Gefahr droht.

Insofern die Daten der Kinder nicht bekannt sind, kann das Kaufhaus keine Ersatzansprüche stellen. Dann liegt im vorliegenden Sachverhalt konkret ein Schaden vor. Insofern ist das Vorliegen einer konkreten Gefahr für die Sicherheitsgüter Gesundheit, Eigentum und für die Rechtsordnung zu bejahen.

2. a) Besondere Verfahrensvorschriften

Werden Personen im Rahmen einer IDF festgehalten oder durchsucht, ergeben sich besondere Form- und Verfahrensvorschriften aus den §§ 36–38, 39 III, 40 II PolG NRW. Derartige Beachtungspflichten bestehen im vorliegenden Sachverhalt nicht.

b) Eine Anordnungskompetenz besteht für jeden Polizeibeamten.

3. Adressat

Gem. § 4 I PolG NRW sind Maßnahmen gegen die Person zu richten, die eine Gefahr verursacht. Im vorliegenden Sachverhalt verursachen die Kinder durch ihr Verhalten eine Gefahr. Sie sind damit Verhaltensverantwortliche in diesem Sinne. Polizeiliche Maßnahmen richten sich gegen sie, denn die Polizeipflich-

---

[3] *Bialon/Springer* EingriffsR Rn. 191 ff.

[4] http://www.dvjj.de/sites/default/files/medien/imce/documente/downloads/PDV-382.pdf.

tigkeit setzt kein Verschulden im Sinne des Zivilrechts oder keine Schuld im strafrechtlichen Sinne voraus.[5]

4. Rechtsfolge

a) Zugelassene Rechtsfolge

Gem. § 12 II PolG NRW kann die Polizei die zur Feststellung der Identität erforderlichen Maßnahmen treffen. Sie kann die betroffene Person insbesondere anhalten, sie nach ihren Personalien befragen und verlangen, dass sie Angaben zur Feststellung ihrer Identität macht und mitgeführte Ausweispapiere zur Prüfung aushändigt.

Im vorliegenden Sachverhalt werden die Mädchen nach ihren Namen und Anschriften befragt. Alle drei können einen Personalausweis vorzeigen. Das polizeiliche Handeln bewegt sich im Rahmen der zulässigen Rechtsfolgen. An der Erforderlichkeit der Befragung und der Verpflichtung zur Aushändigung der Ausweise bestehen keine Zweifel. Die Maßnahmen zur Feststellung der Identität bewegen sich in einem minimalen Belastungsspektrum.

b) Hinreichende Bestimmtheit

Hier nicht zu prüfen.

c) Ermessen[6]

Ermessenfehler sind im Sachverhalt nicht erkennbar.

d) Verhältnismäßigkeit im weiteren Sinn[7]

Die IDF muss geeignet sein. Dies ist gegeben, wenn die Maßnahme mindestens das Erreichen des polizeilichen Ziels fördert. Steht die Identität der Kinder fest, können sie zu den Eltern gebracht werden bzw. kann veranlasst werden, dass die Eltern die Kinder auf der Polizeiwache abholen. Damit ist die Maßnahme geeignet. Die Erforderlichkeit ist in § 2 I PolG NRW legal definiert. Ein milderes Mittel als die IDF zur Zielerreichung ist hier nicht zu erkennen.

Die Angemessenheit ist in § 2 II PolG NRW legal definiert. Der Eingriff in die Bewegungsfreiheit dauert nur kurz und ist gering. Gleiches gilt auch für die erhobenen Daten, die nur dazu dienen, die Kinder wieder zu ihren Eltern zu bringen und damit eine Gefahr für die Gesundheit abzuwehren bzw. auch möglichen Gefahren für das Eigentum zu begegnen. Daher ergibt eine Abwägung der Grundrechtseingriffe mit dem angestrebten polizeilichen Ziel, dass kein Missverhältnis zu erkennen ist. Die IDF ist angemessen.

IV. Ergebnis

Die Feststellung der Identität der Kinder ist rechtmäßig.

---

[5] *Bialon/Springer* EingriffsR Rn. 137 ff. u. 215.
[6] *Bialon/Springer* EingriffsR Rn. 118 ff.
[7] *Bialon/Springer* EingriffsR Rn. 124 ff.

Aufgabe 2: Durchsuchung der Kinder

I. Ermächtigungsgrundlage

1. Grundrechtseingriff

Die Durchsuchung könnte in die Bewegungsfreiheit, Art. 2 II 2 GG, eingreifen. Zur Begriffsbestimmung s. die Ausführungen zur IDF. Während der Durchsuchung müssen die Kinder vor Ort bleiben. Damit liegt ein Eingriff in die Bewegungsfreiheit in Form der Freiheitsbeschränkung vor.

Die Maßnahme könnte auch in das APR, Art. 2 I iVm Art. 1 I GG, eingreifen. Geschützt ist unter anderem das Recht, selber zu entscheiden von wem man sich in welcher Form berühren lässt. Damit dürften die betroffenen Kinder eine Durchsuchung ablehnen. Im Sachverhalt müssen sie dulden, von der Polizei durchsucht zu werden. Der Eingriff in das APR ist gegeben.

2. Zielrichtung der Maßnahmen

Die Kinder werden von PK A aufgefordert, ihre Taschen zu leeren. Alle Mädchen holen aus ihren Taschen jeweils zwei Lippenstifte und zwei Puderdosen. PK in B schaut noch selbst in den Taschen der Mädchen nach. Weitere Gegenstände werden nicht gefunden. Bereits die Aufforderung, die Taschen zu leeren, kann als Durchsuchung qualifiziert werden, wenngleich die Beamtin auch noch später selbst in den Taschen nachschaut. In gleich oder ähnlich gelagerten Fällen hat die Suche nach dem vermeintlichen Diebesgut grundsätzlich zwei Funktionen. Einerseits soll ein Beweis erbracht werden, dass eine behauptete Tat tatsächlich begangen wurde. Andererseits hat der Geschädigte auch einen Anspruch auf die Rückgabe der entwendeten Gegenstände. Eine Durchsuchung nach Beweismitteln scheidet aus, denn es handelt sich um Kinder, die strafrechtlich nicht verantwortlich gemacht werden können. Vereinzelt wird in der Literatur eine Anwendung des § 103 (Durchsuchung bei Unverdächtigen) StPO angenommen. Nach hier vertretener Auffassung scheidet § 103 StPO als Ermächtigungsnorm aus, da hierzu Voraussetzung ist, dass grundsätzlich ein Strafverfahren gegen eine bestimmte Person betrieben wird und diese Person nicht identisch ist mit der Person, die durchsucht werden soll. Dies wäre dann der Fall, wenn Erkenntnisse bestehen würden, die Aufschluss darüber geben, dass die Kinder zB als „Werkzeuge" von strafmündigen Personen benutzt werden (Kinder werden von den Eltern als sog. Klau-Kids eingesetzt). Allerdings ist eine Anwendung der Vorschriften über die „Rückgewinnungshilfe" möglich. Gem. § 111b IV StPO sind die §§ 102–110 StPO entsprechend anwendbar. Dh, dass eine Durchsuchung nach Gegenständen möglich ist, die grundsätzlich dem Verfall unterliegen.

II. Formelle Rechtmäßigkeit

1. Zuständigkeit

a) sachliche Zuständigkeit

Die sachliche Zuständigkeit könnte sich aus § 1 IV PolG NRW iVm § 11 I Nr. 2 POG NRW iVm § 163 I 1 StPO ergeben.[8] Gem. § 1 IV PolG NRW hat die Polizei ferner die Aufgaben zu erfüllen, die ihr durch andere Rechtsvorschriften übertragen sind. Eine andere Rechtsvorschrift ist die Strafprozessordnung. Gem. § 163 I 1 StPO haben die Behörden und Beamten des Polizeidienstes Straftaten zu erforschen und alle keine Aufschub gestattenden Anordnungen zu treffen, um die Verdunkelung der Sache zu verhüten. Wenngleich der Anfangsverdacht einer Straftat in diesem Sinne hier nicht vorliegt, da die Kinder nicht strafmündig sind, stützt sich das polizeiliche Handeln auf Vorschriften der Strafprozessordnung, § 111b IV, 102 StPO. Das hier geforderte Vorliegen einer rechtswidrigen Tat (§ 73 StGB) wird damit im Rahmen der sachlichen Zuständigkeit übertragen. Damit ergibt sich die sachliche Zuständigkeit aus §§ 1 IV PolG NRW, 163 I 1 StPO, 11 I Nr. 2 POG NRW NRW.

b) örtliche Zuständigkeit

Als gegeben unterstellt.

2. Allgemeine Verfahrensvorschriften

Bestehen für StPO-Maßnahmen nicht.

3. Formvorschrift

Die mündliche Anordnung ist zulässig, später ist die Maßnahme zu dokumentieren, § 168b StPO.

III. Materielle Rechtmäßigkeit

1. Tatbestand der Ermächtigungsgrundlage

Die Ermächtigungsgrundlage für die Durchsuchung der Kinder könnte sich aus § 102 StPO iVm § 111b IV StPO ergeben.[9] Gem. § 111b IV StPO sind die §§ 102–110 StPO entsprechend anwendbar.

Gem. § 102 StPO kann der Verdächtige einer Straftat nach Beweismitteln durchsucht werden, wenn eine Erfolgsvermutung besteht. In Anlehnung an die Zulässigkeitsvoraussetzung und einer Übertragung der Bestimmung aus § 111b IV StPO kann auch eine Durchsuchung nach Gegenständen erfolgen, die dem Verfall im Sinne einer Rückgewinnungshilfe nach § 111b V StPO unterliegen.

Im vorliegenden Sachverhalt gibt der Ladendetektiv an, gesehen zu haben, wie die Kinder Kosmetikartikel in ihre Jackentaschen gesteckt haben, an der Kasse jedoch lediglich Kaugummi bezahlt haben. Aus dieser Beobachtung ergeben

---

[8] *Bialon/Springer* EingriffsR Rn. 82 f.

[9] *Bialon/Springer* EingriffsR Rn. 1165.

sich die analoge Anwendung des Status des Verdächtigen und die Vermutung, dass durch die Durchsuchung die Gegenstände gefunden werden. Zu prüfen wäre, inwieweit die Gegenstände dem Verfall im Sinne der Rückgewinnungshilfe zuzuordnen sind.

An dieser Stelle erfolgt eine eingeschobene Rechtmäßigkeitsprüfung:[10]

3. Beschlagnahme der Kosmetikartikel

I. Ermächtigungsgrundlage

1. Grundrechtseingriff

Da die Kinder weder Eigentümer noch rechtmäßige Gewahrsamsinhaber sind, liegt ein Eingriff in Art. 14 GG nicht vor. Ein solcher könnte für das Grundrecht aus Art. 2 I GG (Allgemeine Handlungsfreiheit) gegeben sein. Die allgemeine Handlungsfreiheit umfasst das Recht eines jeden, selbstbestimmt über sein Handeln zu entscheiden. Indem den Kindern letztlich die Gegenstände weggenommen werden, werden sie in ihrer Handlungsfreiheit beschränkt. Damit liegt ein Eingriff in Art. 2 I GG vor.

2. Zielrichtung der Maßnahme

Resultierend aus der Grundmaßnahme, wird die Polizei auf dem Gebiet der Strafverfolgung tätig.

II. Formelle Rechtmäßigkeit

Es wird auf die Ausführungen zur Durchsuchung verwiesen.

III. Materielle Rechtmäßigkeit

1. Tatbestand der Ermächtigungsgrundlage

Gem. § 111b I StPO können Gegenstände durch Beschlagnahme sichergestellt werden, wenn Gründe für die Annahme vorhanden sind, dass die Voraussetzungen für ihren Verfall oder ihre Einziehung vorliegen.[11] Entsprechend der Vorschrift aus § 73 StGB liegen die Voraussetzungen des Verfalls vor, wenn jemand eine rechtswidrige Tat begangen hat und der Täter oder Teilnehmer für die Tat oder aus ihr etwas erlangt hat. Eine rechtswidrige Tat liegt im vorliegenden Sachverhalt vor. Während § 74 StGB (Einziehung) von einer vorsätzlichen Straftat spricht, geht § 73 StGB von einer rechtswidrigen Tat aus. Eine vorsätzliche Straftat umfasst tatbestandliches, rechtswidriges und schuldhaftes Handeln. Eine rechtswidrige Tat liegt bei tatbestandlichem und rechtswidrigem

---

[10] **Hinweis:** Im Rahmen dieser Klausur wird die Rechtmäßigkeit der Beschlagnahme vollständig geprüft. Der Landesfacharbeitskreis Eingriffsrecht des Fachbereichs PVD an der FHöV NRW hat beschlossen, dass im Falle der Anwendung einer Befugnisnorm, die auf der Rechtmäßigkeit einer anderen basiert, lediglich das Vorliegen des Tatbestands der Bezugsnorm sowie der Verhältnismäßigkeit zu prüfen sind.

[11] *Bialon/Springer* EingriffsR Rn. 567 f.

Handeln vor. Schuldhaftes Handeln ist hier nicht Voraussetzung, sodass die Vorschriften über den Verfall auch bei Kindern anwendbar sind.

Bei Diebesgut handelt es sich regelmäßig um etwas „Erlangtes" aus einer Tat. Allerdings unterliegen derartige Gegenstände dann nicht dem Verfall, wenn gem. §73 I 2 StGB dem Verletzten aus der Tat ein Anspruch erwachsen ist. Regelmäßig haben Verletzte von Diebstahlsdelikten einen Anspruch, denn sie erwarten die Rückgabe der entwendeten Gegenstände. Im vorliegenden Fall hat das Kaufhaus einen Anspruch darauf, dass die Lippenstifte und Puderdosen zurückgegeben werden.

Gem. §111b V StPO finden in diesen Fällen dennoch die Vorschriften über den Verfall Anwendung, sodass derartige Gegenstände beschlagnahmt werden, um sie im Rahmen der Rückgewinnungshilfe dem Verletzten zurückzugeben.

2. a) Besondere Verfahrensvorschriften[12]

Nach §111c I StPO wird die Beschlagnahme durch die amtliche Gewahrsamnahme der Sachen (Asservierung) dokumentiert. Die Durchführung der Beschlagnahme bei beweglichen Sachen obliegt auch den Ermittlungspersonen der StA, hier den Polizisten. Gem. §111k StPO werden die Gegenstände an den Verletzten herausgegeben, wenn er bekannt ist, Ansprüche Dritter dem nicht entgegenstehen und die Gegenstände für das Strafverfahren nicht mehr benötigt werden.

b) Anordnung

Die Anordnungskompetenz ergibt sich aus §111e I StPO. Anordnungsbefugt ist das Gericht, bei Gefahr im *Verzug* auch die Staatsanwaltschaft und bei beweglichen Sachen gem. §111e I 2 StPO auch die Ermittlungspersonen der Staatsanwaltschaft. Das Herbeiführen einer richterlichen Anordnung beinhaltet durch den hieraus resultierenden Zeitverlust die Gefahr, dass die Kinder die Gegenstände „verschwinden lassen". Insofern kann Gefahr im *Verzug* angenommen werden und PK A ist als Ermittlungsbeamter der Staatsanwaltschaft anordnungsbefugt.

3. Adressat

In Fällen der Beschlagnahme aus §111b I StPO iVm §73 StGB ergibt sich der Adressat aus der Norm. Dabei handelt es sich um die Personen, die einer rechtswidrigen Tat verdächtig sind. Dementsprechend sind die Kinder Adressaten der Maßnahme.

4. Rechtsfolge

a) Zugelassene Rechtsfolge

Rechtsfolge ist die Begründung eines amtlichen Verwahrungsverhältnisses. Dieses ist im vorliegenden Fall entsprechend kurz, weil dem Geschäftsinhaber

---

[12] *Bialon/Springer* EingriffsR Rn. 569 ff.

(hier in Vertretung dem Ladendetektiv) die Sachen unmittelbar zurückgegeben werden.

b) Hinreichende Bestimmtheit

Hier nicht zu prüfen.

c) Ermessen[13]

Entschließungsermessen besteht für die Polizei bei vorliegendem Legalitätsprinzip nicht. Im Sinne des Auswahlermessens sind Ermessensfehler aus dem Sachverhalt nicht erkennbar.

d) Verhältnismäßigkeit im weiteren Sinn[14]

Die Beschlagnahme muss geeignet sein. Dies ist gegeben, wenn die Maßnahme zumindest das Erreichen des polizeilichen Ziels fördert. Durch die Beschlagnahme können dem tatsächlichen Eigentümer die Gegenstände zurückgegeben werden. Mildere Mittel als die Beschlagnahme sind nicht gegeben. Im Rahmen einer Verhältnismäßigkeitsprüfung im engeren Sinne kann festgestellt werden, dass ein geringfügiger Grundrechtseingriff in das Grundrecht auf allgemeine Handlungsfreiheit vorliegt. Demgegenüber steht der Anspruch des Eigentümers, sein Eigentum zurückzuerhalten. Der geringfügige Grundrechtseingriff liegt in einer Abwägung deutlich hinter dem Anspruch des Eigentümers. Eine Abwägung führt zur Verhältnismäßigkeit der Maßnahme.

IV. Ergebnis

Die Beschlagnahme der Gegenstände ist rechtmäßig. Damit ist der Tatbestand der Durchsuchung nach § 102 StPO erfüllt. Die Prüfung wird fortgesetzt.

2. a) Besondere Verfahrensvorschriften zur Durchsuchung

In analoger Anwendung ist der Verdächtige entsprechend § 81d StPO grundsätzlich von einem Polizeibeamten gleichen Geschlechts zu durchsuchen. Im vorliegenden Sachverhalt wird die Durchsuchung von Polizeikommissarin B vorgenommen.

b) Anordnung[15]

Gem. § 105 I StPO obliegt die Anordnung der Durchsuchung grundsätzlich dem Richter, bei Gefahr im *Verzug* auch der Staatsanwaltschaft und den Ermittlungspersonen. Im vorliegenden Sachverhalt kann auf eine richterliche Anordnung nicht gewartet werden, ohne dass die Gefahr besteht, dass die Gegenstände dann „verschwunden" sind.

---

[13] *Bialon/Springer* EingriffsR Rn. 118 ff.
[14] *Bialon/Springer* EingriffsR Rn. 124 ff.
[15] *Bialon/Springer* EingriffsR Rn. 691 ff.

3. Adressat

Die Adressatenregelung ergibt sich unmittelbar aus der Norm. Es handelt sich dabei in analoger Anwendung um die Personen, die einer rechtswidrigen Tat verdächtig sind.

4 Rechtsfolge

a) Zugelassene Rechtsfolge

Die Rechtsfolge besteht in der Durchsuchung der Person und dem Verweilen am Durchsuchungsort.

b) Hinreichende Bestimmtheit

Hier nicht zu prüfen.

c) Ermessen[16]

Entschließungsermessen besteht für die Polizei bei vorliegendem Legalitätsprinzip nicht. Im Sinne des Auswahlermessens sind Ermessensfehler aus dem Sachverhalt nicht erkennbar.

d) Verhältnismäßigkeit im weiteren Sinn[17]

Die Durchsuchung ist geeignet, da dadurch das Diebesgut aufgefunden werden kann. Im Rahmen der Erforderlichkeit ist ein milderes geeignetes Mittel nicht erkennbar. Mit einer bloßen Aufforderung die Sachen offen zu legen, ist nicht die Gewähr verbunden, dass auch tatsächlich alle Gegenstände erfasst sind.

Im Rahmen einer Verhältnismäßigkeitsprüfung im engeren Sinne kann festgestellt werden, dass ein geringfügiger Grundrechtseingriff in die Grundrechte auf Freiheit der Person in Form einer Freiheitsbeschränkung und in das APR besteht. Die Grundrechtsbelastung kann als gering bewertet werden, da die Maßnahme sehr kurz dauert und die Durchsuchung sich nur auf die Taschen bezieht. Demgegenüber steht der Anspruch des Eigentümers, sein Eigentum zurückzuerhalten. Der geringfügige Grundrechtseingriff liegt in einer Abwägung deutlich hinter dem Anspruch des Eigentümers. Eine Abwägung führt zur Verhältnismäßigkeit der Maßnahme.

IV. Ergebnis[18]

Die Durchsuchung der Kinder ist rechtmäßig.

---

[16] *Bialon/Springer* EingriffsR Rn. 118 ff.

[17] *Bialon/Springer* EingriffsR Rn. 124 ff.

[18] **Hinweis:** Alternativ soll an dieser Stelle eine Lösungsmöglichkeit über die Vorschriften des Polizeigesetzes dargestellt werden:
Die Ermächtigungsgrundlage für die Durchsuchung der Kinder könnte sich aus § 39 I Nr. 2 PolG NRW ergeben. Danach kann die Polizei eine Person durchsuchen, wenn Tatsachen die Annahme rechtfertigen, dass sie Sachen mit sich führt, die sichergestellt werden dürfen. Im vorliegenden Sachverhalt gibt der Ladendetektiv an, gesehen zu

Aufgabe 4: Verbringen der Kinder zu den Eltern

I. Ermächtigungsgrundlage

1. Grundrechtseingriff

Die Mädchen werden mit dem Funkstreifenkraftwagen zu den Eltern gebracht. Damit könnte ein Eingriff in das Grundrecht auf Freiheit der Person, Art. 2 II 2 GG, verbunden sein. Das Grundrecht unterscheidet zwischen freiheitsentziehenden und freiheitsbeschränkenden Maßnahmen. Eine Freiheitsbeschränkung ist von kürzerer Dauer oder umfasst ein Festhalten an einem eng begrenzten Ort nur als Nebenfolge. Eine Freiheitsentziehung liegt dann vor, wenn ein Festhalten primäres Ziel der Maßnahme und nicht nur von kurzer Dauer ist. Die Kinder werden im Streifenwagen für die Dauer der Fahrt festgehalten, bis sie ihren Eltern übergeben werden können. Das Verbringen im Funkstreifenwagen ist damit als eine freiheitsentziehende Maßnahme zu bewerten. Ein Eingriff in Art. 2 II 2 GG liegt vor.

2. Zielrichtung der Maßnahmen

Das Verbringen der Kinder zu den Eltern muss als Gewahrsamnahme qualifiziert werden. Das Handeln der Polizei kann nur gefahrenabwehrenden Charakter haben. Damit finden die Vorschriften des Polizeigesetzes Anwendung.

II. Formelle Rechtmäßigkeit

1. Zuständigkeit

a) sachliche Zuständigkeit

Die sachliche Zuständigkeit könnte sich aus § 1 I 1 und 3 PolG NRW iVm § 11 I Nr. 1 POG NRW ergeben.[19] Danach ist unter anderem eine Zuständigkeit der Polizei bei Vorliegen einer Gefahr für die öffentliche Sicherheit gegeben. Eine Gefahr liegt vor, wenn bei ungehindertem Geschehensablauf eine Situation oder ein Verhalten mit hinreichender Wahrscheinlichkeit in absehbarer Zeit zu einem schädigenden Ereignis für ein Rechtsgut der öffentlichen Sicherheit führen könnte. Zu den Rechtsgütern der öffentlichen Sicherheit gehören unter anderem die Individualrechtsgüter Leben und Gesundheit. Eine Reaktion der Kinder könnte sein, aus Angst nicht selbstständig nach Hause zu gehen, son-

---

haben, wie die Kinder Kosmetikartikel in ihre Jackentaschen gesteckt haben, an der Kasse jedoch lediglich Kaugummi bezahlt haben. Damit liegen Tatsachen vor, dass die Kinder Sachen mit sich führen, denn ein Mitführen bezieht sich auf Sachen am Körper oder in der Kleidung. Weitergehende Zulässigkeitsvoraussetzung ist die Rechtmäßigkeit einer Sicherstellung. Dabei bezieht sich die Sicherstellung ausschließlich auf § 43 PolG NRW. Gem. § 43 Nr. 2 PolG NRW kann die Polizei eine Sache sicherstellen, um den Eigentümer oder den rechtmäßigen Inhaber der tatsächlichen Gewalt vor Verlust oder Beschädigung einer Sache zu schützen.
Wie bereits oben dargestellt, besteht die Gefahr, dass die Kinder die Gegenstände veräußern oder verbrauchen. Um damit einem Verlust dieser Dinge entgegen zu wirken, kommt eine Sicherstellung in Betracht.

[19] *Bialon/Springer* EingriffsR Rn. 54 f.

dern einfach „abzuhauen“. Damit bestände eine Gefahr für das Leben und die Gesundheit der Kinder und damit eine Gefahr für die öffentliche Sicherheit. Gem. §1 I 3 PolG NRW hat die Polizei in eigener Zuständigkeit tätig zu werden, wenn neben der Polizei andere Behörden für die Gefahrenabwehr zuständig sind, soweit ein Handeln der anderen Behörde nicht oder nicht rechtzeitig möglich erscheint. Originär zuständige Behörde ist im vorliegen Sachverhalt das Jugendamt, §1 OBG NRW. Das Jugendamt ist nicht vor Ort und auf das Eintreffen der zuständigen Beamten kann nicht gewartet werden. Damit ergibt sich eine subsidiäre Zuständigkeit der Polizei gem. §§1 I 1 und 3 PolG NRW iVm §11 I Nr. 1 POG NRW.

b) örtliche Zuständigkeit

Als gegeben unterstellt.

2. Allgemeine Verfahrensvorschriften[20]

Es ist davon auszugehen, dass die Polzisten den Kindern mitgeteilt haben, dass sie nach Hause gebracht werden. Darin ist eine Verfügung enthalten, die Gewahrsamnahme zu dulden. Somit liegt ein VA iSd §35 VwVfG NRW vor. Von der Beachtung der allgemeinen Verfahrensvorschriften aus den §§28, 37 I, 41 und 43 VwVfG NRW ist auszugehen.

3. Formvorschrift

Die Aufforderung ergeht mündlich. §37 II VwVfG wurde beachtet.

III. Materielle Rechtmäßigkeit

1. Tatbestand der Ermächtigungsgrundlage

Als Ermächtigungsnorm kommt §35 I Nr. 1 PolG NRW in Betracht.[21] Danach kann die Polizei eine Person in Gewahrsam nehmen, wenn das zum Schutz der Person gegen eine Gefahr für Leib oder Leben erforderlich ist, insbesondere weil die Person sich in einer hilflosen Lage befindet. Im vorliegenden Einzelfall besteht die Gefahr, dass die Kinder aus Angst nicht nach Hause gehen. Aus dem Sachverhalt geht hervor, dass sie einen sehr verstörten Eindruck machen. Für die Kinder ist von einer hilflosen Lage auszugehen, da sie aufgrund der Umstände nicht in der Lage sind, die Situation angemessen einzuschätzen, sodass damit die konkrete Gefahr für das Leben der Kinder besteht.[22] Im Sinne der Erforderlichkeit ist diese Maßnahme geeignet, die Gefahr für die Kinder abzuwehren, denn die Kinder können dadurch den Eltern übergeben werden. Sie stellt auch das mildeste Mittel dar, insofern eine weniger beeinträchtigende Maßnahme nicht erkennbar ist. Möglicherweise hätte man die Eltern auch bitten können, ihre Kinder auf der Wache abzuholen. Damit wäre eine geringere Grundrechtsbelastung jedoch nicht verbunden gewesen.

---

[20] *Bialon/Springer* EingriffsR Rn. 113ff.
[21] *Bialon/Springer* EingriffsR Rn. 401ff.
[22] *Bialon/Springer* EingriffsR Rn. 1166.

2. a) Besondere Verfahrensvorschriften[23]

Solche bestehen insbesondere bei einer Gewahrsamnahme in einer Gewahrsamszelle. Derartige Vorschriften ergeben sich aus den §§37, 38 PolG NRW. Dabei ist besonders zu beachten, dass Kinder nicht in eine Gewahrsamszelle eingesperrt werden dürfen.[24] Mangels Angaben im Sachverhalt, wird die Beachtung unterstellt.

b) Anordnung[25]

Gem. §36 PolG NRW ist bei einer Gewahrsamnahme nach §35 PolG NRW unverzüglich eine richterliche Entscheidung über Zulässigkeit und Fortdauer einer Freiheitsentziehung herbeizuführen. Der Herbeiführung einer richterlichen Entscheidung bedarf es nicht, wenn die Entscheidung erst nach Wegfall des Grundes der Maßnahme ergehen würde. Der zeitliche Umfang des Gewahrsams umfasst im vorliegenden Sachverhalt lediglich das Verbringen der Kinder zu den Eltern. Damit ist der Gewahrsam nach kurzer Zeit beendet. Das Einholen einer richterlichen Entscheidung würde mehr Zeit in Anspruch nehmen und eine solche erst nach Wegfall des Grundes der Maßnahme ergehen.

3. Adressat

Die Adressatenregelung ergibt sich unmittelbar aus der Norm. Es handelt sich um die Person, die sich in hilfloser Lage befindet.

4. Rechtsfolge

a) Zugelassene Rechtsfolge

Rechtsfolge ist die Ingewahrsamnahme, also jedwede Freiheitsentziehung. Damit ist nicht nur das Verbringen in einen Arrestraum gemeint, sondern wie im vorliegenden Sachverhalt auch das Verbringen zu den Eltern in einem Dienstfahrzeug.

b) Hinreichende Bestimmtheit

Hier nicht zu prüfen.

c) Ermessen[26]

Ermessenfehler sind im Sachverhalt nicht erkennbar.

d) Verhältnismäßigkeit im weiteren Sinn[27]

Zur Geeignetheit und Erforderlichkeit s. die Ausführungen bei den Zulässigkeitsvoraussetzungen.

---

[23] *Bialon/Springer* EingriffsR Rn. 428a f.
[24] §1 II Gewahrsamsordnung für das Land NRW.
[25] *Bialon/Springer* EingriffsR Rn. 429a.
[26] *Bialon/Springer* EingriffsR Rn. 118ff.
[27] *Bialon/Springer* EingriffsR Rn. 124ff.

Im Rahmen einer Verhältnismäßigkeitsprüfung im engeren Sinne kann festgestellt werden, dass ein relativ kurzer Grundrechtseingriff in das Grundrecht auf Freiheit der Person vorliegt. Demgegenüber steht das Ziel, Gefahren für die Kinder abzuwehren, denn wenn die Kinder alleine nach Hause gegangen wären, wären damit unkalkulierbare Gefahren verbunden gewesen, die ein erhöhtes Gefahrenpotential beinhaltet hätten. Eine Abwägung führt zur Verhältnismäßigkeit der Maßnahme.

IV. Ergebnis[28]

Das Verbringen der Kinder zu den Eltern ist rechtmäßig.

---

[28] **Hinweis:** Eine Gewahrsamnahme nach § 35 II PolG NRW scheidet aus, da hierzu die Voraussetzung besteht, dass sich der Minderjährige der Obhut entzogen haben muss. Entzug bedeutet in diesem Sinne, dass sich der Minderjährige für eine gewisse Dauer an einem dem Sorgeberechtigten unbekannten Aufenthaltsort oder einen bekannten Ort gegen den Willen des Sorgeberechtigten aufhält. Der BGH (BGHSt 1, 199 ff.; 16, 58 ff.) hat entschieden, dass ein Entziehen erst dann vorliegt, wenn das Erziehungsrecht tatsächlich für eine gewisse Zeit unwirksam gemacht ist oder so wesentlich beeinträchtigt ist, dass es nicht ausgeübt werden kann. Ab einem Alter von acht bis neun Jahren wird es als ausreichend angesehen, wenn die Sorgeberechtigten in groben Zügen über die Handlungen ihres minderjährigen Kindes Bescheid wissen. Damit liegt ein Entziehen in den seltensten Fällen vor. Eine derartige Konstellation kann bei Intensivtätern bestehen, die einer besonderen Aufsicht bedürfen.

Fall 28: Drogenfund nach Verkehrsunfall

Schwerpunkte: Identitätsfeststellung, Durchsuchung, Blutprobe, Beschlagnahme, Auslesung von Handydaten

Sachverhalt

Im Rahmen des Spätdienstes (19:30 Uhr) erhält die Fustkw-Besatzung „Egon 11/31" einen Einsatz zur Rathauskreuzung. Dort hat sich ein schwerer Verkehrsunfall mit Verletzten ereignet. Die Beamten treffen kurz nach der Einsatzvergabe zusammen mit dem RTW und dem Notarzt am Einsatzort ein. Die Kreuzung ist blockiert. Offensichtlich ist ein Pkw mit einem Motorrad zusammen gestoßen. Ein verletzter Motorradfahrer liegt bewegungslos am Straßenrand. Die Rettungskräfte und der Notarzt kümmern sich um den Verletzten. Der Notarzt signalisiert, dass der Motorradfahrer ansprechbar ist.

Ein Zeuge kommt auf Sie zu und meldet sich sofort zu Wort. Er teilt mit, dass der Fahrer des Pkw offensichtlich die Vorfahrt des Motorrads übersehen hat. Darüber hinaus teilt er mit, dass er unzweifelhaft beobachtet habe, wie der Verursacher während des Unfallvorgangs ein Telefon am Ohr hatte, welches er mit der linken Hand festgehalten hat.

Der verursachende Autofahrer V ist vor Ort. Nach Belehrung bestätigt er, den Motorradfahrer übersehen zu haben. Er bestreitet auf Vorhalt die Beobachtung hinsichtlich des Handys.

Im weiteren Verlauf gibt er an, keine weiteren Angaben machen zu wollen. Auf Aufforderung händigt er seinen Personalausweis aus. Die Beamten stellen die Identität fest.

Im Rahmen der weiteren Unfallaufnahme sieht PK B auf dem Rücksitz des Verursacherfahrzeugs eine Cannabispfeife. V macht auf Vorhalt dazu keine Angaben. Die Beamten entschließen sich, den V und das Fahrzeug zu durchsuchen. Im Handschuhfach wird ein Tütchen mit ca. 6 g Marihuana gefunden. Die Beamten stellen das Rauschmittel sicher und ordnen eine Blutprobe auf der Polizeiwache an, die durch einen Arzt entnommen wird.

Auf der Wache wird auch das Handy des V beschlagnahmt. Dagegen erhebt der V Widerspruch. Nach Einholung einer richterlichen und staatsanwaltschaftlichen Anordnung werden die Handy-Daten am nächsten Tag durch einen Beamten des Verkehrskommissariats ausgelesen.

Aufgabe 1: Prüfen Sie in einem Gutachten die Rechtmäßigkeit folgender Einsatzmaßnahmen:

a) IDF beim V

b) Durchsuchung des Verursachers V und des Fahrzeugs

c) Blutprobe

d) Beschlagnahme des Rauschmittels

e) Beschlagnahme des Handys

Aufgabe 2: Nehmen Sie Stellung zu der Frage, unter welchen Voraussetzungen die Daten auf dem Handy durch die Polizei ausgelesen werden dürfen.

Hinweis: Die formelle Rechtmäßigkeit wird für alle zu prüfenden Maßnahmen unterstellt.

Lösungsvorschlag

Aufgabe 1a: Identitätsfeststellung beim V

I. Ermächtigungsgrundlage

1. Grundrechtseingriff

Mit der IDF könnte in das RIS, Art. 2 I iVm Art. 1 I GG, eingegriffen worden sein. Das RIS erlaubt jedermann selber darüber zu bestimmen, welche personenbezogenen Daten preisgegeben werden und wie mit diesen Daten weiter umgegangen werden darf. Daher darf der V grundsätzlich selber entscheiden, ob er seine Identität offenbart oder nicht. Indem die Polizei die Ausweispapiere verlangt, ist der V nicht mehr frei in der Entscheidung, ob er seine personenbezogenen Daten offen legen will. Somit liegt ein Eingriff in das RIS vor.

Während der Erhebung der Personaldaten muss der V an Ort und Stelle verweilen. Damit könnte ein Eingriff in die Bewegungsfreiheit, Art. 2 II 2 GG, erfolgt sein. Die Bewegungsfreiheit schützt das Recht jedes Menschen, jeden tatsächlich und rechtlich zugänglichen Ort aufzusuchen, dort zu verweilen und den Ort auch wieder zu verlassen. Somit dürfte der V weitergehen, ohne sich von der Polizei aufhalten lassen zu müssen. Das Anhalten zur IDF stellt einen Eingriff in die Bewegungsfreiheit in Form der Freiheitsbeschränkung gem. Art. 2 II 2 GG dar.

2. Zielrichtung der Maßnahme

Durch sein Verhalten hat V zumindest den Tatbestand einer fahrlässigen Körperverletzung, § 229 StGB, erfüllt. Zur Verfolgung dieser Straftat bedarf es der Identität des V. Um sich aus dem Unfall ergebende Schadensansprüche zu sichern, sind die Personalien auch aus zivilrechtlicher Sicht erforderlich. Im vorliegenden Fall überwiegt der strafverfolgende Charakter.

II. Formelle Rechtmäßigkeit

Entfällt laut Aufgabenstellung

III. Materielle Rechtmäßigkeit

1. Tatbestand der Ermächtigungsgrundlage

Die Ermächtigung zur IDF könnte sich aus § 163b I StPO ergeben.[1] Danach können die Staatsanwaltschaft und die Beamten des Polizeidienstes die zur Feststellung der Identität erforderlichen Maßnahmen treffen, wenn jemand einer Straftat verdächtig ist.

Im vorliegenden Sachverhalt verwirklicht der T durch sein Verhalten einen Straftatbestand (Verdacht der fahrlässigen Körperverletzung). Er ist insofern Verdächtiger.

---

[1] *Bialon/Springer* EingriffsR Rn. 231.

2. a) Besondere Verfahrensvorschriften[2]

Gem. § 163a IV StPO ist dem Beschuldigten bei der ersten Vernehmung durch Beamte des Polizeidienstes zu eröffnen, welche Tat ihm zur Last gelegt wird. Gem. § 163b I StPO gilt dies entsprechend bei der Feststellung der Identität. Bei Beginn der ersten Maßnahmen zum Zwecke der Feststellung der Identität wird dem polizeilichen Gegenüber eröffnet, welcher Straftat er verdächtig ist. Dabei brauchen die in Betracht kommenden Strafvorschriften nicht bezeichnet zu werden. Aus dem Sachverhalt geht hervor, dass die Beamten den Grund ihres Einschreitens mitteilen. Weiterhin wird der junge Mann von den Polizeibeamten ordnungsgemäß belehrt.

b) Anordnung

Die Anordnung der Maßnahme kann durch jeden Polizeibeamten erfolgen.

3. Adressat

Adressat der Maßnahme ist der Tatverdächtige.

4. Rechtsfolge

a) Zugelassene Rechtsfolge

Als Rechtsfolge kann die Polizei die zur Feststellung seiner Identität erforderlichen Maßnahmen treffen. Als erforderliche Maßnahmen kommen hier das Ansprechen und Befragen nach den Personaldaten in Betracht. Das sind die mildesten der möglichen Maßnahmen zur IDF.

b) Hinreichende Bestimmtheit

Hier nicht zu prüfen.

c) Ermessen[3]

Entschließungsermessen besteht für die Polizei bei vorliegendem Legalitätsprinzip nicht. Im Sinne des Auswahlermessens sind Ermessensfehler aus dem Sachverhalt nicht erkennbar.

d) Verhältnismäßigkeit im weiteren Sinn[4]

Durch die Möglichkeit der Einleitung eines Strafverfahrens ist die IDF geeignet. Im Sinne der Erforderlichkeit ist kein geringeres Mittel erkennbar als die Feststellung der Identität, um die Strafverfolgung zu ermöglichen.

Die Verhältnismäßigkeit im engeren Sinne beinhaltet eine Güterabwägung. Auf der einen Seite steht der Strafverfolgungsanspruch des Staates und auf der anderen Seite die Grundrechtseingriffe in Art. 2 I iVm Art. 1 I GG – RIS und Art. 2

---

[2] *Bialon/Springer* EingriffsR Rn. 234 f.
[3] *Bialon/Springer* EingriffsR Rn. 118 ff.
[4] *Bialon/Springer* EingriffsR Rn. 124 ff.

II GG in Form einer Freiheitsbeschränkung. Der Eingriff in die Bewegungsfreiheit dauert nur kurz und ist gering. Gleiches gilt auch für die erhobenen Daten, die nur dazu dienen, ein formell geordnetes Verfahren einzuleiten. Auf der anderen Seite stehen zwar keine Kapitaldelikte, dennoch handelt es sich um eine Straftat, die einem hohen öffentlichen Interesse unterliegt und das Rechtsempfinden des Bürgers erheblich beeinträchtigt. Der Strafverfolgungsanspruch überwiegt. Aus diesem Grund ist die Maßnahme verhältnismäßig.

IV. Ergebnis

Die Maßnahme der IDF ist rechtmäßig.

Aufgabe 1b: Durchsuchung des V und des Fahrzeugs

I. Ermächtigungsgrundlage

1. Grundrechtseingriff

Die Durchsuchung könnte in die Bewegungsfreiheit, Art. 2 II 2 GG, eingreifen. Zur Begriffsbestimmung s. die Ausführungen zur IDF. Während der Durchsuchung muss der V vor Ort verweilen. Damit liegt ein Eingriff in die Bewegungsfreiheit in Form der Freiheitsbeschränkung vor.

Die Maßnahme könnte auch in das APR, Art. 2 I iVm Art. 1 I GG, eingreifen. Geschützt ist unter anderem das Recht, selber zu entscheiden, von wem man sich in welcher Form berühren lässt. Damit dürfte der V eine Durchsuchung ablehnen. Im Sachverhalt muss der V dulden, von der Polizei durchsucht zu werden. Für die Dursuchung des Fahrzeugs gilt, dass der V dulden muss, dass die Beamten Kenntnis von persönlichen Umständen nehmen, die sich im Rahmen der Durchsuchung des Fahrzeugs offenbaren. Der Eingriff in das APR ist gegeben.

2. Zielrichtung der Maßnahme

Die Polizeibeamten sehen im Rahmen der Verkehrsunfallaufnahme auf dem Rücksitz des Fahrzeugs eine Cannabispfeife. Auf Befragen macht der V keine Angaben. Die Beamten durchsuchen nunmehr den V und das Fahrzeug, um mögliche Betäubungsmittel zu finden.

Damit hat die Durchsuchung strafverfolgenden Charakter.

II. Formelle Rechtmäßigkeit

Entfällt laut Aufgabenstellung.

III. Materielle Rechtmäßigkeit

1. Tatbestand der Ermächtigungsgrundlage

Die Ermächtigung zur Durchsuchung der Person und des Fahrzeugs könnte sich aus § 102 StPO ergeben.[5]

---

[5] *Bialon/Springer* EingriffsR Rn. 661 ff.

Zunächst muss der Verdacht einer Straftat gegeben sein. Im vorliegenden Sachverhalt sehen die Beamten auf dem Rücksitz des Fahrzeugs eine Cannabispfeife. Der Verdacht einer Straftat ist unter anderem dann gegeben, wenn es nach kriminalistischer Erfahrung möglich erscheint, dass eine verfolgbare Straftat vorliegt. Daraus resultierend kann aus polizeilicher Sicht unterstellt werden, dass der Besitz einer Cannabispfeife den Schluss zulässt, dass auch tatsächlich das entsprechende Rauschmittel gefunden wird. Der Besitz von Cannabis ist nach dem Betäubungsmittelgesetz strafbar, §§ 29 ff. BtMG. Damit ist der Verdacht einer Straftat gegeben.

Da das Fahrzeug dem V gehört und er das Fahrzeug auch unmittelbar benutzt hat, lassen diese Tatsachen den Verdacht einer Täterschaft bezogen auf den V zu. Der Verdächtige und seine mitgeführten Sachen dürfen dann durchsucht werden, wenn die Erfolgsvermutung besteht, dass die Durchsuchung zur Auffindung von Beweismitteln bzw. Verfalls- und Einziehungsgegenständen (s. § 111b IV StPO) führen wird (Ermittlungsdurchsuchung). Insofern der V als Tatverdächtiger anzusehen ist, kann vermutet werden, dass bei einer Durchsuchung seiner Person oder seines Fahrzeugs Rauschmittel gefunden werden, denn nach kriminalistischer Erfahrung führen Rauschgiftkonsumenten häufig verbotene Rauschmittel in der getragenen Kleidung bzw. im Pkw mit. Die Vermutung resultiert aus der gefundenen Cannabispfeife und dient dazu, Rauschmittel als Beweismittel und Einziehungsgegenstand zu finden.

2. a) Besondere Verfahrensvorschriften[6]

In analoger Anwendung des § 81d StPO darf der Verdächtige nur von einem Polizeibeamten gleichen Geschlechts durchsucht werden. Gem. § 106 I StPO darf der Inhaber der zu durchsuchenden Gegenstände der Maßnahme beiwohnen. Gem. § 107 StPO ist dem von der Durchsuchung Betroffenen auf Verlangen eine schriftliche Mitteilung zu geben, in der die beschlagnahmten Gegenstände gem. § 109 StPO aufzuführen sind. Von der Einhaltung der genannten Verfahrensvorschriften ist auszugehen.

b) Anordnung[7]

Gem. § 105 I StPO dürfen Durchsuchungen nur durch den Richter, bei Gefahr im Verzug auch durch die Staatsanwaltschaft und ihre Ermittlungspersonen, § 152 GVG, angeordnet werden. Bei den Polizeibeamten handelt es sich um Ermittlungsbeamte der Staatsanwaltschaft. Gefahr im Verzug liegt vor, wenn nicht das Vorliegen einer richterlichen Anordnung abgewartet werden kann, ohne den Durchsuchungserfolg zu gefährden. Die Person und das Fahrzeug müssen unmittelbar durchsucht werden, um nicht die Gefahr zuzulassen, dass der V mögliche Gegenstände verschwinden lässt. Daher würde schon der Versuch, einen Richter zu erreichen, die Gefahr begründen, dass der Durchsuchungserfolg nicht mehr erreicht werden kann. Gefahr im Verzug liegt vor.

Eine Anordnung durch die Beamten konnte somit erfolgen.

---

6 *Bialon/Springer* EingriffsR Rn. 674 ff.
7 *Bialon/Springer* EingriffsR Rn. 691 ff.

3. Adressat

Adressat der Maßnahme ist der Tatverdächtige, hier der V.

4. Rechtsfolge

a) Zugelassene Rechtsfolge

Die Rechtsfolge beinhaltet die Durchsuchung von Personen, ihr gehörende Sachen, die Wohnung und andere Räume. Die Durchsuchung der Person erstreckt sich auf die Kleidung am Körper und die Person selbst. Bei der körperlichen Durchsuchung gem. § 102 StPO wird nach Gegenständen gesucht, die in oder unter der Kleidung, auf der Körperoberfläche oder in den natürlichen Körperöffnungen versteckt sind, sofern Letztere ohne Weiteres einsehbar sind. Ohne Änderung der Zulässigkeitsvoraussetzungen schließt die Durchsuchung damit die Person und auch das Fahrzeug der Person als Durchsuchungsobjekt ein. Ungeschrieben gilt, dass die betroffene Person für die Zeit der Durchsuchung auch angehalten werden darf. Die im Sachverhalt getroffenen Maßnahmen entsprechen damit der zugelassenen Rechtsfolge.

b) Hinreichende Bestimmtheit

Hier nicht zu prüfen.

c) Ermessen[8]

Entschließungsermessen besteht für die Polizei bei vorliegendem Legalitätsprinzip nicht. Im Sinne des Auswahlermessens sind Ermessensfehler aus dem Sachverhalt nicht erkennbar.

d) Verhältnismäßigkeit im weiteren Sinn[9]

Durch die Durchsuchung werden die entsprechenden Gegenstände gefunden. Damit ist die Durchsuchung geeignet. Im Sinne der Erforderlichkeit ist kein geringeres Mittel als die Durchsuchung erkennbar. Zwar könnte der V aufgefordert werden, die Gegenstände herauszugeben, womit jedoch nicht die Gewähr verbunden ist, dass auch tatsächlich alle Gegenstände freiwillig offenbart werden.

Im Sinne der Verhältnismäßigkeit stehen auf der einen Seite der Strafverfolgungsanspruch des Staates und auf der anderen Seite die Grundrechtseingriffe in Art. 2 I iVm Art. 1 I GG, APR und Art. 2 II GG, Bewegungsfreiheit in Form der Freiheitsbeschränkung. Es handelt sich um einen geringen Eingriff in die Grundrechte. Auf der anderen Seite steht zwar kein Kapitaldelikt, dennoch handelt es sich um eine Straftat, die einem hohen öffentlichen Interesse unterliegt und das Rechtsempfinden des Bürgers erheblich beeinträchtigt. Der Strafverfolgungsanspruch überwiegt. Aus diesem Grund ist die Maßnahme verhältnismäßig.

---

[8] *Bialon/Springer* EingriffsR Rn. 118 ff.

[9] *Bialon/Springer* EingriffsR Rn. 124 ff.

Aufgabe 1c: Blutprobe

I. Ermächtigungsnorm

1. Grundrechtseingriff

Ein Grundrechtseingriff könnte in Art. 2 II 1 GG – körperliche Unversehrtheit – vorliegen. Der Rechtseingriff des § 81a I StPO unterscheidet zwischen der einfachen körperlichen Untersuchung und dem körperlichen Eingriff. Zum körperlichen Eingriff gehört auch die Blutprobe. Mit einer Blutprobe wird in das Innere des Körpers eingedrungen und es kommt dabei zu geringfügigen Verletzungen. Damit ist ein Grundrechtseingriff in Art. 2 II 1 GG – Recht auf körperliche Unversehrtheit – verbunden.

Für die Dauer der Blutprobe muss der Beschuldige an Ort und Stelle verweilen. Damit könnte ein weiterer Eingriff in Art. 2 II 2 GG – Freiheit der Person – in Form der Freiheitsbeschränkung vorliegen. Zielrichtung im Rahmen einer Blutprobe ist es nicht, die Freiheit zu entziehen. Die Begrenzung der Bewegungsfreiheit auf einen bestimmten Ort ist notwendige Nebenfolge der Blutprobe. Damit liegt eine Freiheitsbeschränkung vor. Ein Eingriff in Art. 2 II 2 GG ist gegeben.

2. Zielrichtung der Maßnahme

Auf dem Rücksitz des Fahrzeugs wird eine Cannabispfeife gefunden. Bei der anschließenden Fahrzeugdurchsuchung wird ein Tütchen mit 6 Gramm Marihuana gefunden. Der V hat einen Verkehrsunfall verursacht. Durch die Blutprobe soll festgestellt werden, inwieweit ein möglicher Rauschgiftkonsum vorliegt, der dann auch eine Strafbarkeit nach § 316 StGB/315c StGB nach sich zieht. Insofern hat die Blutprobe strafverfolgenden Charakter.

II. Formelle Rechtmäßigkeit

Entfällt laut Aufgabenstellung.

III. Materielle Rechtmäßigkeit

1. Tatbestand der Ermächtigungsgrundlage

Die Zulässigkeit für die Anordnung einer Blutprobenentnahme könnte sich aus § 81a I StPO ergeben.[10] Gem. § 81a I StPO kann beim Verdacht einer Straftat vom Beschuldigten zur Feststellung von Tatsachen, die für das Verfahren von Bedeutung sind, eine Blutprobe entnommen werden.

Im Rahmen der Verkehrsunfallaufnahme finden die Beamten eine Cannabispfeife und anschließend Marihuana im Handschuhfach. Der Verdächtige hat einen Verkehrsunfall verursacht. Es besteht insofern der Verdacht, dass er unter dem Einfluss von Drogen ein Fahrzeug geführt und damit den Straftatbestand des § 315c StGB verwirklicht hat.

Beschuldigter ist der Tatverdächtige, gegen den polizeiliche oder staatsanwaltschaftliche Ermittlungen wegen des Verdachts einer strafbaren Handlung

[10] *Bialon/Springer* EingriffsR Rn. 886 ff.

geführt werden. Der V ist durch die bereits dargelegten Umstände Verdächtiger. Da wegen dieses Verdachts gegen ihn polizeiliche Maßnahmen eingeleitet werden, ist er Beschuldigter in diesem Sinne.

Durch die Blutprobe soll festgestellt werden, ob der V Rauschmittel konsumiert hat und dann unter diesem Einfluss ein Fahrzeug geführt hat, was eine mögliche Strafbarkeit nach 315c StGB nach sich ziehen würde. Damit sind dies Tatsachen, die für das Verfahren von Bedeutung sind.

2. a) Besondere Verfahrensvorschriften[11]

Gem. § 81a III StPO dürfen entnommene Körperzellen nur für das anhängige Verfahren genutzt und müssen anschließend unverzüglich vernichtet werden. Die Untersuchung darf gem. § 81a I 2 StPO nur von einem approbierten Arzt nach den Regeln der ärztlichen Kunst vorgenommen werden. Diesem Vorbehalt wurde laut Sachverhalt entsprochen.

b) Anordnung[12]

Gem. § 81a II StPO kann nur der Richter eine Blutprobe anordnen. Bei Gefährdung des Untersuchungserfolgs kann eine Anordnung auch durch die Staatsanwaltschaft und deren Ermittlungsbeamte erfolgen.

In neuesten Entscheidungen haben verschiedene Gerichte zu dieser Problematik Stellung genommen.

1. Erst wenn ein Bereitschaftsrichter trotz nachhaltigen und wiederholten Versuchs nicht erreichbar ist, um eine Blutprobe fernmündlich anzuordnen, kann die Anordnungskompetenz wegen Gefährdung des Untersuchungserfolgs auf Ermittlungspersonen der Staatsanwaltschaft übergehen.
2. Wird ein solcher Versuch nicht unternommen, ist die Anordnung zu einer Blutprobe rechtswidrig und führt zu einem Beweisverwertungsverbot, es sei denn, dass schon der Versuch, einen Richter zu erreichen, den Untersuchungserfolg gefährden würde.

Im vorliegenden Sachverhalt ist nicht erkennbar, dass die Beamten versucht haben, eine richterliche Anordnung zu erwirken. Der V wurde zur Polizeiwache verbracht. Die damit verbundene Freiheitsbeschränkung ist durch § 81a I StPO mit abgedeckt. Weil der Betroffene nicht vor Ort verweilen müsste und damit für eine spätere Blutprobe nicht zur Verfügung stände, besteht bis zu diesem Zeitpunkt Gefahr im Verzug.

Die weitere Durchführung der tatsächlichen Blutprobe muss aber dann durch einen Richter angeordnet werden. Im vorliegenden Sachverhalt ist es 19:30 Uhr. Geht man davon aus, dass es aufgrund der notwendigen Einsatzmaßnahmen mittlerweile ca. 20.00 Uhr sein könnte, kann festgestellt werden, dass zu diesem Zeitpunkt ein Richter auf jeden Fall erreichbar gewesen wäre, sodass nicht von vorneherein von einer Unerreichbarkeit ausgegangen werden kann.

---

[11] *Bialon/Springer* EingriffsR Rn. 889 ff.

[12] *Bialon/Springer* EingriffsR Rn. 893 ff.

Aus dem Sachverhalt geht nicht hervor, dass die Beamten einen Versuch unternommen haben, eine richterliche Anordnung zu erwirken. Insofern muss unter Berücksichtigung der neuesten Rechtsprechung die Anordnung der Blutprobe als rechtswidrig angesehen werden.

Damit endet die Prüfung der Rechtmäßigkeit der Maßnahme an dieser Stelle.

Aufgabe 1d: Beschlagnahme des Rauschmittels

I. Ermächtigungsnorm

1. Grundrechtseingriff

Im vorliegenden Sachverhalt könnte ein Eingriff in Art. 14 I GG vorliegen. Mit Eigentum sind alle vermögenswerten Rechte zum entscheidungserheblichen Zeitpunkt gemeint. Unter anderem wird das Recht geschützt, Sachen, die der betroffenen Person gehören oder rechtlich zustehen, zu nutzen. Das Rauschmittel wird im Handschuhfach des Fahrzeugs gefunden. Damit ist davon auszugehen, dass der V Eigentümer ist.[13] Die Beschlagnahme bewirkt hier einen zumindest zeitweiligen Besitzverlust und schränkt die freie Nutzungsmöglichkeit ein. Die polizeiliche Beschlagnahme hat nur vorübergehenden Charakter, weil die endgültige Wirkung der Einziehung oder des Verfalls (§§ 73e, 74e StGB – Eigentumsübergang an den Staat mit Rechtskraft der Entscheidung.) erst durch das Gericht festgestellt wird. Damit bedeutet die Wegnahme einen Eingriff in Art. 14 I GG.

2. Zielrichtung der Maßnahmen

Der Besitz von Rauschmitteln, hier Marihuana, stellt einen Straftatbestand nach dem Betäubungsmittelgesetz dar, § 29 ff. BtMG. Insofern hat die Sicherstellung strafverfolgenden Charakter, der wiederum in zwei Zielrichtungen getrennt werden kann. Zum einen ermöglicht die Sicherstellung eine Beweisführung und zum anderen wird eine Vollstreckungssicherung betrieben, damit der Täter nicht im Besitz der unerlaubten Drogen bleiben kann.

II. Formelle Rechtmäßigkeit

Entfällt laut Aufgabenstellung.

III. Materielle Rechtmäßigkeit

Beweismittel

1. Tatbestand der Ermächtigungsgrundlage der Beschlagnahme als Beweismittel

Die Sicherstellung/Beschlagnahme als Beweismittel könnte sich aus § 94 I StPO ergeben.[14] Der Sicherstellung nach § 94 I StPO unterliegen Gegenstände, die

---

[13] **Hinweis:** Je nach Fallkonstellation kann an illegalen Drogen kein Eigentum erworben werden. Dann liegt mit der Sicherstellung/Beschlagnahme der Drogen kein Eingriff in Art. 14 I GG, sondern in die allgemeine Handlungsfreiheit, Art. 2 I GG, vor.

[14] *Bialon/Springer* EingriffsR Rn. 529 ff.

als Beweismittel für die Untersuchung von Bedeutung sein können. Hierbei handelt es sich um Gegenstände oder Spuren, die zur Aufklärung oder zum Nachweis der Straftat(en) Beweise erbringen können. Ausreichend ist dabei, dass die Möglichkeit besteht, dass die Gegenstände unmittelbar oder mittelbar für die Tat oder die Umstände ihrer Begehung Beweis erbringen.

Es handelt sich um eine verfahrenssichernde Maßnahme. Kommt ein Gegenstand als Beweismittel in Betracht, so besteht die Verpflichtung, Maßnahmen nach §94 I, II StPO zu ergreifen.

Auf dem Rücksitz des Fahrzeugs wird eine Cannabispfeife gefunden. Bei der Durchsuchung des Fahrzeugs wird ein Tütchen mit Marihuana festgestellt. Für das weitere Verfahren ist die „Qualität" des Rauschmittels von Bedeutung, insofern findet eine labortechnische Untersuchung statt. Damit ist das Marihuana Beweismittel.

Der V macht auf Vorhalt keine Angaben. Es ist davon auszugehen, dass er mit der Sicherstellung nicht einverstanden ist. Die Inverwahrungnahme erfolgt damit durch Beschlagnahme.

2. a) Besondere Verfahrensvorschriften[15]

Beschlagnahmeverbote aus §97 StPO sind nicht ersichtlich. Gem. §107 StPO erhält der Verdächtige ein Verzeichnis über die in Verwahrung genommen Gegenstände. Die Gegenstände sind nach §109 StPO zu verzeichnen und kenntlich zu machen. Die Beachtung der Vorschriften wird hier als gegeben unterstellt.

b) Anordnung[16]

Gem. §94 II StPO werden Gegenstände beschlagnahmt, wenn sie nicht freiwillig herausgegeben werden. Gem. §98 I StPO dürfen Beschlagnahmen nur durch den Richter, bei Gefahr im Verzug auch durch die Staatsanwaltschaft und ihre Ermittlungspersonen angeordnet werden.

Wenn der Gegenstand zurückgelassen wird, ist er als Beweismittel später nicht mehr greifbar. Damit besteht Gefahr im Verzug. Insofern durfte eine Anordnung für die sofortige Beschlagnahme erfolgen. Nach §98 II 5 StPO ist der V über sein Widerspruchsrecht bei der Beschlagnahme zu belehren. Die Beachtung der Vorschrift wird unterstellt.

3. Adressat

Adressat der Maßnahme ist hier der Beschuldigte, also V.

---

[15] *Bialon/Springer* EingriffsR Rn. 535ff.
[16] *Bialon/Springer* EingriffsR Rn. 545f.

4. Rechtsfolge

a) Zugelassene Rechtsfolge

Rechtsfolge ist die amtliche Verwahrungnahme. Das Rauschmittel wird von den Beamten auf die Polizeidienststelle verbracht und dort entsprechend asserviert.

b) Hinreichende Bestimmtheit

Hier nicht zu prüfen.

c) Ermessen[17]

Es wird auf die obigen Ausführungen verwiesen.

d) Verhältnismäßigkeit im weiteren Sinn[18]

Das Rauschmittel kann einer Untersuchung zugeführt werden. Damit ist die Beschlagnahme geeignet. Da kein milderes Mittel zur Verfügung steht, ist die Beschlagnahme auch erforderlich. Im Sinne der Verhältnismäßigkeit steht auf der einen Seite der Strafverfolgungsanspruch des Staates und auf der anderen Seite der Grundrechtseingriff in Art. 14 I GG. Straftaten unter Rauschmitteleinfluss unterliegen einem hohen öffentlichen Interesse. Eine Abwägung zwischen dem Grundrechtseingriff und dem angestrebten polizeilichen Ziel lässt kein Missverhältnis erkennen. Die Maßnahme ist verhältnismäßig.

Beschlagnahme des Marihuanas als Einziehungsgegenstand

1. Tatbestand der Ermächtigungsgrundlage der Beschlagnahme als Einziehungsgegenstand

Die Zulässigkeit zur Beschlagnahme als Einziehungsgegenstand könnte sich aus den §§ 111b I StPO iVm § 74 IV StGB iVm § 33 II BtMG ergeben.[19]

a) Gem. § 111b I StPO können Gegenstände beschlagnahmt werden, wenn Gründe für die Annahme vorhanden sind, dass unter anderem die Voraussetzungen für die Einziehung vorliegen. Gem. § 74 I StGB sind Einziehungsgegenstände solche, die entweder durch die Tat hervorgebracht oder zur Tatbegehung oder Vorbereitung gebraucht worden oder bestimmt gewesen sind. Es sind also Produkte oder Mittel der Tat.

Durch die Tat hervorgebracht sind zB gefälschtes Geld oder hergestellte Drogen.

Zur Begehung oder Vorbereitung einer rechtswidrigen Tat gebraucht oder bestimmt sind Tatmittel oder Tatwerkzeuge. Darunter fallen Gegenstände, mit denen die Tat vorbereitet oder begangen wurde, wie zB das Einbruchswerkzeug oder das Fahrzeug zum Abtransport des Rauschgifts.

---

[17] *Bialon/Springer* EingriffsR Rn. 118 ff.
[18] *Bialon/Springer* EingriffsR Rn. 124 ff.
[19] *Bialon/Springer* EingriffsR Rn. 553 ff.

Hierbei ist jedoch unbedingt zu beachten, dass die „normale" Einziehung dann zurücktritt, wenn es sich um Beziehungsgegenstände handelt. Unter Beziehungsgegenständen sind sog. tatnotwendige Mittel zu verstehen (zB die Waffe bei einem Verstoß gegen das Waffengesetz, das Kfz bei einer Fahrt ohne Fahrerlaubnis). Für derartige Gegenstände sind zur Einziehung spezielle Einziehungsvorschriften notwendig, die es im Strafgesetzbuch und in strafgesetzlichen Nebenbestimmungen an vielen Stellen gibt. Diese Einziehungsvorschriften sind dann Einziehungsvoraussetzungen iSd § 111b I StPO.

b) § 74 IV StGB verweist auf besondere Einziehungsvorschriften. Eine derartige Einziehungsvorschrift stellt § 33 II BtMG dar.

Entsprechend § 33 II BtMG können Gegenstände, die sich auf eine Straftat nach § 29 BtMG beziehen, eingezogen werden.

Der Besitz von Rauschmitteln ist gem. § 29 I Nr. 3 BtMG strafbar. Gem. § 74 II Nr. 1 StGB ist die Einziehung nur zulässig, wenn die Gegenstände zur Zeit der Entscheidung dem Täter oder Teilnehmer gehören. Das Marihuana wurde im Fahrzeug des V gefunden. Eine andere Person ist nicht in der Nähe. Es kann unterstellt werden, dass das Marihuana dem V gehört.[20]

In § 74b I StGB ist der Grundsatz der Verhältnismäßigkeit besonders normiert. Danach darf die Einziehung, wenn sie nicht vorgeschrieben ist, unter anderem in den Fällen des § 74 II Nr. 1 StGB nicht angeordnet werden, wenn sie zur Bedeutung der begangenen Tat außer Verhältnis steht. In Anlehnung an die herrschende Auslegung zu § 112 I 2 StPO wird hier die Auffassung vertreten, dass damit an dieser Stelle der Verhältnismäßigkeitsgrundsatz im weiteren Sinne zu prüfen ist. Die Beschlagnahme ist geeignet, da die Gegenstände dadurch in amtliche Verwahrung genommen werden können. Da die Beschlagnahme ein Veräußerungsverbot begründet, § 111c V StPO, ist sie geeignet, um zu verhindern, dass der V die Drogen noch verkauft. Die Beschlagnahme ist erforderlich, da kein milderes Mittel zur Verfügung steht, um die Veräußerung der Drogen vor dem rechtskräftigen Urteil zu verhindern. Der Besitz von Betäubungsmitteln als hier vorliegender strafbarer Tatbestand steht nicht außer Verhältnis zur Einziehung, denn es würde einen nicht erträglichen Rechtszustand bedeuten, wenn dem Täter das Tatmittel des strafbaren Handelns verbleiben würde.

Damit ist die Zulässigkeit der Einziehung gegeben.

2. a) Besondere Verfahrensvorschriften[21]

Gem. § 111b IV StPO gelten die §§ 102–110 StPO entsprechend. Dementsprechend ist gem. §§ 107, 109 StPO ein Verzeichnis auszuhändigen, der Gegenstand zu kennzeichnen und der Grund der Beschlagnahme bekannt zu geben. Gem. § 111e II 3 StPO kann der Betroffene jederzeit die Entscheidung des Gerichts

[20] **Hinweis:** Insofern der Eigentumserwerb an Drogen als nicht möglich angesehen wird, kann über § 74a StPO eine Einziehung erfolgen, denn § 33 II BtMG verweist auf § 74a StPO.

[21] *Bialon/Springer* EingriffsR Rn. 569.

beantragen. Über dieses Recht ist er entsprechend §98 II 5 StPO zu belehren. Die Beachtung dieser Vorschriften wird hier unterstellt.

b) Anordnung[22]

Gem. §111e I StPO obliegt die Anordnung der Beschlagnahme nur dem Gericht, bei Gefahr im Verzug auch der Staatsanwaltschaft. Bei beweglichen Sachen sind bei Gefahr im Verzug auch die Ermittlungspersonen der Staatsanwaltschaft zur Beschlagnahme befugt, §111e I 2 StPO.

Die Beschlagnahme als Einziehungsgegenstand bewirkt ein Veräußerungsverbot. Zur Verhinderung einer möglichen Gefährdung dieser Rechtsfolge ist eine sofortige Anordnung durch die einschreitenden Polizeibeamten erforderlich.

3. Adressat

Adressat der Maßnahme ist hier der Beschuldigte, also V.

4. Rechtsfolge

a) Zugelassene Rechtsfolge

Rechtsfolge ist die amtliche Verwahrungnahme. Das Rauschmittel wird von den Beamten auf die Polizeidienststelle verbracht und dort entsprechend asserviert.

b) Hinreichende Bestimmtheit

Hier nicht zu prüfen.

c) Ermessen[23]

Das Ermessen wurde bereits oben geprüft.

d) Verhältnismäßigkeit im weiteren Sinn[24]

S. Prüfung im Tatbestand.

IV. Ergebnis

Die Beschlagnahme des Rauschmittels als Beweismittel und als Einziehungsgegenstand ist rechtmäßig.

---

[22] *Bialon/Springer* EingriffsR Rn. 570f.
[23] *Bialon/Springer* EingriffsR Rn. 118ff.
[24] *Bialon/Springer* EingriffsR Rn. 124ff.

Aufgabe 1e: Beschlagnahme des Handys

I. Ermächtigungsgrundlage

1. Grundrechtseingriff

Die Sicherstellung verfolgt den Zweck festzustellen, ob der V zum unfallerheblichen Zeitpunkt tatsächlich telefoniert hat. Dies kann geschehen, indem die Daten innerhalb des Handys ausgelesen werden. Zuvor ist hierzu eine Sicherstellung/Beschlagnahme des Handys notwendig. Damit könnte ein Eingriff in Art. 14 I GG vorliegen. Zum Inhalt des Art. 14 I GG wird auf Maßnahme 4. verwiesen. Durch die Wegnahme des Handys wird dem V zumindest zeitweise die Verfügungsgewalt über sein Eigentum entzogen. Damit liegt ein Eingriff in Art. 14 I GG vor.

2. Zielrichtung der Maßnahme

Im vorliegenden Sachverhalt hat sich ein schwerer Verkehrsunfall mit Verletzten ereignet. Damit besteht der Verdacht der fahrlässigen Körperverletzung. Die Maßnahme hat insofern strafverfolgenden Charakter.

II. Formelle Rechtmäßigkeit

Entfällt laut Aufgabenstellung.

III. Materielle Rechtmäßigkeit

1. Tatbestand der Ermächtigungsgrundlage

Die Beschlagnahme des Handys könnte sich aus § 94 I StPO ergeben.[25] Der Sicherstellung nach § 94 I StPO unterliegen Gegenstände, die als Beweismittel für die Untersuchung von Bedeutung sein können. Hierbei handelt es sich um Gegenstände oder Spuren, die zur Aufklärung oder zum Nachweis der Straftat(en) Beweise erbringen können. Ausreichend ist hierbei, dass die Möglichkeit besteht, dass die Gegenstände (unmittelbar oder mittelbar) für die Tat oder die Umstände ihrer Begehung Beweis erbringen. Bei der Sicherstellung des Handys geht es um die Beweisführung hinsichtlich des Verdachts der fahrlässigen Körperverletzung durch den verursachten Verkehrsunfall.

In einem Handy werden in der Regel Daten gespeichert. Damit ist unter anderem abrufbar, zu welchem Zeitpunkt ein bestimmter Teilnehmer mit einem anderen Teilnehmer, dessen Nummer ebenfalls gespeichert ist, telefoniert hat. Mit diesem Wissen kann Beweis geführt werden, ob der V zum Unfallzeitpunkt das Handy tatsächlich genutzt hat. Damit ist das Handy Beweismittel.

2. a) Besondere Verfahrensvorschriften[26]

Beschlagnahmeverbote aus § 97 StPO sind nicht ersichtlich. Gem. § 107 StPO erhält der Verdächtige ein Verzeichnis über die in Verwahrung genommen

---

[25] *Bialon/Springer* EingriffsR Rn. 529 ff.
[26] *Bialon/Springer* EingriffsR Rn. 535 ff.

Gegenstände. Bei der Asservierung ist § 109 StPO zu beachten. Wird das Handy für das Verfahren nicht mehr benötigt, so wird es nach § 111k StPO in analoger Anwendung dem V zurückgegeben. Die Beachtung der Vorschriften wird unterstellt.

b) Anordnung[27]

Gem. § 94 II StPO werden Gegenstände beschlagnahmt, wenn sie nicht freiwillig herausgegeben werden. Aus dem Sachverhalt geht hervor, dass der V Widerspruch einlegt. Gem. § 98 I StPO dürfen Beschlagnahmen nur durch den Richter, bei Gefahr im Verzug auch durch die Staatsanwaltschaft und ihre Ermittlungspersonen angeordnet werden. Aus dem Sachverhalt geht hervor, dass die Beamten eine richterliche Anordnung herbeiführen.

3. Adressat

Adressat der Maßnahme ist der Verdächtige, hier der V.

4. Rechtsfolge

a) Zugelassene Rechtsfolge

Rechtsfolge ist die amtliche Verwahrungnahme. Das Handy wird von den Beamten auf die Polizeidienststelle verbracht und dort entsprechend asserviert.

b) Hinreichende Bestimmtheit

Hier nicht zu prüfen.

c) Ermessen[28]

Es wird auf die obigen Ausführungen verwiesen.

d) Verhältnismäßigkeit im weiteren Sinn[29]

Da das Handy zur Beweisführung untersucht werden kann, ist die Beschlagnahme geeignet. Um letztlich zu verhindern, dass die beweiserheblichen Daten nicht zur Verfügung stehen, ist kein milderes Mittel als die Beschlagnahme ersichtlich. Damit ist sie auch erforderlich. Eine Datenübermittlung beim Provider stellt eine stärkere Grundrechtsbeeinträchtigung dar, weil damit ein Grundrechtseingriff in Art. 10 I GG gegeben ist. Zudem besteht die Gefahr, dass die Daten beim Provider innerhalb kürzester Zeit gelöscht werden. Bei der Betrachtung der Verhältnismäßigkeit im engeren Sinne steht auf der einen Seite der Grundrechtseingriff in Art. 14 I GG, wodurch der Betroffene kurzfristig kein Nutzungsrecht für sein Handy ausüben kann.[30] Auf der anderen Seite steht die Vorbereitung für eine lückenlose Aufklärung eines schweren Verkehrsunfalls

---

[27] *Bialon/Springer* EingriffsR Rn. 545 f.
[28] *Bialon/Springer* EingriffsR Rn. 118 ff.
[29] *Bialon/Springer* EingriffsR Rn. 124 ff.
[30] **Hinweis:** Die Polizei muss in diesem Sinne bemüht sein, dafür Sorge zu tragen, dass

mit Verletzten. Ein Missverhältnis ist nicht erkennbar. Die Maßnahme ist verhältnismäßig.

IV. Ergebnis

Die Beschlagnahme des Handys als Beweismittel ist rechtmäßig.

Aufgabe 2: Nehmen Sie Stellung zu der Frage, unter welchen Voraussetzungen die Daten auf dem Handy tatsächlich ausgelesen werden dürfen.

1. Die Beschlagnahme verfolgt den Zweck festzustellen, ob der V zum unfallerheblichen Zeitpunkt tatsächlich telefoniert hat. Dies kann geschehen, indem die Daten innerhalb des Handys ausgelesen werden. Diese Verbindungsdaten könnten auch über den Provider erhoben werden. Hier sind zunächst einmal wesentliche Unterschiede bezüglich des dann vorhandenen Grundrechtseingriffs zu sehen. In einer Entscheidung v. 2.3.2006 – 2 BvR 2099/04 hat das Bundesverfassungsgericht entschieden:
   a) Die Auslesung von Daten der Kommunikation, die sich im Handy des Betroffenen befinden, sind nicht vom Grundrechtsschutz des Art. 10 GG erfasst, sondern an Art. 2 I GG iVm Art. 1 I GG zu messen.

      Damit ermöglichen die §§ 94 ff., 102 ff. StPO grundsätzlich die Durchsuchungen, Sicherstellungen und Beschlagnahmen von Datenträgern oder die Kopie der entsprechenden Daten und damit die Einsichtnahme in Handys um beispielsweise festzustellen, ob der Betroffene zu einer ereignisrelevanten Zeit ein Telefongespräch geführt hat.
   b) Fordert die Polizei Verbindungsdaten vom Provider an, so ist dieser Eingriff an Art. 10 GG zu messen.

      Nach § 100g und § 100h StPO können die Ermittlungsbehörden Anbieter von Telekommunikationsdienstleistungen für Auskünfte über bestimmte Kommunikationsverbindungsdaten in Anspruch nehmen. Um welche Verbindungsdaten es sich dabei im Einzelnen handelt, geht aus § 100g III StPO hervor. § 100g I StPO begrenzt den Kreis der Delikte, die Anlass für eine solche Maßnahme sein können, auf Straftaten von erheblicher Bedeutung, vor allem solche iSd § 100a StPO, sowie Straftaten, die mittels einer Endeinrichtung der Telekommunikation begangen wurden. Die Auskunftserteilung bedarf grundsätzlich einer richterlichen Anordnung; bei Gefahr im Verzug kann die Anordnung auch von der Staatsanwaltschaft getroffen werden (§ 100h I S 3 in Verbindung mit § 100b I StPO). Die Ermittlungspersonen der Staatsanwaltschaft (§ 152 GVG) verfügen – anders als bei Durchsuchung (§ 105 I S 1 StPO) und Beschlagnahme (§ 98 I S 1 StPO) – über keine eigene Eilkompetenz.
2. Das Auslesen der Daten ist der Durchsicht von Papieren gem. § 110 I StPO gleichzustellen, denn gem. § 11 III StGB stehen Schriften unter anderem Da-

---

der Staatsanwalt schnellstens über eine Auslesung des Handys entscheidet oder das Handy dem Betroffenen zurückgibt.

tenspeichern gleich. Damit ist das Auslesen von Datenspeichern rechtlich eine eigenständige Durchsuchung nach § 102 StPO, unabhängig von einer Durchsuchung, um zB ein Handy im Fahrzeug des Verdächtigen zu finden.

3. Die Handydaten sind wichtig, um letztlich nachweisen zu können, dass der V zum Unfallzeitpunkt tatsächlich telefoniert hat, was im Rahmen der Beweiswürdigung sicherlich einen Einfluss auf die Schuldfrage haben wird.

   Gem. § 102 StPO ist der V Verdächtiger. Ein Zeuge gibt an, dass er gesehen hat, wie der V während der Fahrt telefoniert hat. Der Verdächtige und seine mitgeführten Sachen dürfen dann durchsucht werden, wenn die Erfolgsvermutung besteht, dass die Durchsuchung zur Auffindung von Beweismitteln bzw. Verfalls- und Einziehungsgegenständen (s. § 111b IV StPO) führen wird (Ermittlungsdurchsuchung).

   Das Auslesen der Daten aus dem Handy wird mit an Sicherheit grenzender Wahrscheinlichkeit die Erkenntnis bringen, wann der V letztmalig mit wem telefoniert hat. Über den erkannten Gesprächspartner könnten weitere Ermittlungen erfolgen. Damit ist die erforderliche Erfolgsvermutung gegeben und die Zulässigkeitsvoraussetzungen sind erfüllt. Gem. § 105 I StPO liegt die Anordnungsbefugnis grundsätzlich beim Richter, bei Gefahr im Verzug kann die Anordnung auch durch die Staatsanwaltschaft und deren Ermittlungsbeamte erfolgen.

   Im vorliegenden Sachverhalt wurde zur Durchsuchung des Handys eine richterliche Anordnung erwirkt.

4. Gem. § 110 I StPO steht die Durchsicht von Papieren grundsätzlich der Staatsanwaltschaft und auf deren Anordnung ihren Ermittlungspersonen zu, mit Zustimmung des Betroffenen auch jedem Polizeibeamten. Andernfalls sind die Papiere, deren Durchsicht für geboten erachtet werden, mitzunehmen und bei der Staatsanwaltschaft abzuliefern, § 110 II StPO. Im vorliegenden Sachverhalt wird eine staatsanwaltschaftliche Anordnung zur Auslesung der Daten eingeholt, sodass dadurch die Auslesekompetenz vom Staatsanwalt auf die Polizeibeamten übertragen wurde.

5. Wegen des schwerwiegenden Grundrechtseingriffs kommt der Beachtung der Verhältnismäßigkeit im weiteren Sinn besondere Bedeutung zu. Bei schweren Verkehrsunfällen ist im Rahmen eines Abwägungsprozesses eine solche anzunehmen. Bei „normalen" Unfällen mit Sachschäden scheitert eine Datenauslesung idR an der Verhältnismäßigkeit.

   Im Rahmen einer Abwägung steht dabei das Datenschutzinteresse des Verdächtigen aus Art. 2 I GG iVm Art. 1 I GG gegen das Aufklärungsinteresse des Staates. Bei einem schweren Verkehrsunfall liegen Straftaten der fahrlässigen Körperverletzung oder gar fahrlässigen Tötung vor. Bei „normalen" Verkehrsunfällen handelt es sich in der Regel um Ordnungswidrigkeiten, sodass in diesen Fällen das Aufklärungsinteresse zurücktritt.